江苏第二师范学院学术出版资助成果，

江苏省"十三五"重点建设学科、江苏省哲社创新团队成果

杨思贤 著

子书与东汉学术转型

人民出版社

序

徐兴无

　　孟子说过："观水有术，必观其澜。"中国人治学术史，主张"考镜源流，辨章学术"，亦取观水之术。澜之原义为水之大波，故孟子观水，必观主流。但是古人又有见微知著之说，故观澜亦须观于微澜，以见其分流变化。王荆公诗云"其流散漫为沮洳，稍集小砾生微澜。"故微澜之生，在于水下有所累集，导致水流的形成。在中国学术史的长河中，诸子自是巨澜之一；可是两汉经学为主流的学术史中，东汉的诸子仅是微澜而已，其传世文献的数量、文本的完整程度、思想的深度前不及先秦诸子，后不如魏晋玄学。但其可观之处，正在其微澜之生，因为东汉诸子，让我们观察到汉代经学的衰微和学术文化的转型，这也是这本论著的眼光与宗旨所在。

　　中国在轴心时代的哲学突破，产生了一大批思想经典，其渊源有二，一是王官之学中的各种册命、文书、诗乐、礼典、法典经过引证、解释、编纂形成的经典，以儒家整理的"六经"为代表，是为"王教之典籍"，至汉代立为学官，成为中国思想文化的根本范式。二是"古人之言"，如《左传》《国语》中所谓"先人有言曰"、"古之人有言曰"、"史佚有言曰"、"周任有言曰"，由于春秋晚期，"师官治教分，而文字始有私门之著述"，这些古代君子追求"三不朽"的"立言"，如源泉混混，不舍昼夜，至战国形成狂涛巨澜，开启了中国思想史上个人或民间学派的时代。个体的"言"，转化为宗师的"言"，所谓"孔子曰"、"孟子曰"、"老子曰"、"庄子曰"；"言"的短章汇辑为"篇"而流行于世；诸多的"篇"再被汇集为

"书"，成为诸子类的经典。

诸子的思想被庄子概括为"道术将为天下裂"，即个体化的思想表达和辨析性的思想方式。随着封建王国政制的解体、郡县制度的统一，思想的统一也在进行。早期的思想统一是在道家和阴阳五行家的宇宙论框架下实现的，以《吕氏春秋》和《淮南子》为代表，冯友兰《中国哲学史》指出："秦汉之政治，欲统一中国；秦汉之学术，亦欲统一宇宙。"汉承秦制，立国七十多年，终于以经学为指导，通过教育与选举制度的建立，将秦朝的郡县制度的存在根据，从暴力和苛法转化为汉朝的礼乐文教，即董仲舒所说的不改之道，包括"大纲、人伦、道理、政治、教化、习俗、文义"。董仲舒代表的汉儒之所以能够成功，不仅在于他们借助"六经"的历史权威，还在于创发性地将道家和阴阳家的自然宇宙框架改造成儒家的伦理宇宙框架，为人文和道德找到了终极根据。可是，任何思想的统一都必须以牺牲个体思想和理性思辩作为代价。葛瑞汉在《论道者：中国古代哲学论纲》中，既惊讶于中国先秦诸子过早地运用关联思维实现了"帝国及天人的再统一"，也明确地认为这是"一种理智退化"。其实，董仲舒在《天人三策》中提出罢黜"不在六艺之科孔子之术"的目的，本在于罢申、韩之术，绝暴秦之政，兴王道仁政。但是汉家"独尊儒术，罢黜百家"的目的，是让所有的诸子皆随申、韩之术一并转入民间，"孔子之术"同样被削弱，失去了独立性。王国维先生《汉魏博士考》认为《论语》《孝经》以其为六经的基础教育而罢黜，尚可附属于经学，但孟子等儒家因其为诸子而遭到了罢黜。由于汉家"霸王道杂用之"，"以儒术文饰吏事"，所以申、韩虽罢，其实仍阴附于吏事而大行其道，其他诸子如道家、阴阳家、墨家、名家、农家、杂家等，其知识与思想或为经学所吸收，成为经说、谶纬的附庸；或转型为方术，以术数行于人世。因此，先秦诸子的巨澜消失，或汇入经学的主流，或散漫为沮洳，个体思想的表达形式受到巨大的压制。

自东汉到魏晋南北朝，经学在制度、思想上都出现了衰微，加上政治分裂割据、社会文化激变、佛教传入、道教和玄学兴起等因素，个体的思想和意识再度觉醒，至被视为第二次"哲学突破"，而这个"突破"发生的微澜，正是在经学主流的河床上，累积起了几个东汉诸子的砾石，以微小的力量，抵挡住一部分水流，使之分岔，向一些新的方向流淌，这就产生了东汉学术的转型。本书最大的用力之处，正是从东汉诸子的思想内涵和话语变化中，敏锐地分析出几个重要的转型方式，分别以桓谭的《新论》、王充的《论衡》、王符的《潜夫论》、应劭的《风俗通义》、荀悦的《申鉴》为代表，在学术兴趣、思想融合、内容转变、文化价值、社会批判、书写方式等诸多方面对经学的主流思想做出了修正、否定、离析，面对几百年的经学统治，表达了个体思想的独立思考，复兴了先秦诸子的内在精神，用作者的观点概括为："入道见志""在野学术""无所依傍"。

本书第二个用力之处，在于论述东汉诸子的独特之处。首先，作者以"子书"作为东汉诸子的学术特征。这就启发我们将先秦诸子的"立言"文本和东汉诸子的书写文本区分开来，因而可见东汉诸子与文本、作品的关联远远大于与学派和传承的关联，更加具备个体特征。其次，作者认为东汉诸子总体上无法突破经学的笼罩，其理性和思辨皆是针对经学和社会政治的批判与突破；东汉诸子学的复兴，也是采用经学的章句注解的形式。这就启发我们将先秦诸子的独创性、建构性与东汉诸子的批判性，矛盾性区分开来，因而可见东汉诸子思想作为儒学内部抗议的特征。上述特征，恰恰是东汉诸子未成巨澜的根本原因，东汉诸子对经学的突破，不是破堤式的冲决，而是分流式的漫延，但正因为东汉诸子们零星而伟大的努力，动摇了经学思想一统的禁锢，为玄学、道教、佛教的相继兴起，开辟了新的河床。

本书的论述简要精练，一些点到为止的观点也富有启发，相信作者还会有新的开拓与深耕。九年前，思贤提交的博士论文是《东汉诸子的兴起》，现在提交的书稿，已是他主持的国家社科基金青年项目的成果，可见他一直在这个课题上用功着力，从中把握了中国古代思想学术的一些关键性的问题，是谓"观水有术"。值此付梓之际，聊发小言，以为祝贺。

2019 年 8 月于翠屏东坡

目 录
CONTENTS

绪 论

从汉武帝（刘彻，前140—前87年在位）时期开始，经学就逐渐确立了其在汉代思想文化界的中心地位。终西汉一代，在先秦曾经风光无限的诸子学呈现出中衰的态势。两汉之交，随着王莽败亡，经学一统的合法性逐渐遭到质疑，相当数量的有识之士承接先秦汉初的传统，开始大力创作子书。从桓谭（前36—35年）[①]著作《新论》以迄徐幹（170—217年）著作《中论》，[②]东汉的子书写作十分繁盛，是先秦之后的第二个高峰。他们的成就，体现了东汉学术风貌的多样性；他们的努力，为东汉的学术转型提供了动力，直接或间接地催生了魏晋学术新范式的到来。本书即是对东汉子书的专题研究。在绪论部分，我们将对相关重要概念进行辨析，尝试解释子学的核心特质，概览东汉子书的整体风貌，并对本书的研究目标与方法予以说明。

[①] 桓谭的生卒年多有争议，此处采用孙少华的考订。孙少华：《桓谭年谱》，社会科学文献出版社2012年版，第1、294页。本书对于引证文献的出处，同一文献在该章第一次引用时，详细注明版本信息，同章重复出现时，只标注文献名、卷数或页码，常用古籍则采用随文注的方式。

[②] 徐幹位列"建安七子"之一，通行的文学史将其视作魏晋作家或三国作家。我们承认学术史的发展与王朝更迭并不完全同步，但是为了论述时断限的方便，同时也考虑到建安时期学术风貌与之前存在着较为密切的延续性，所以将曹丕代汉之前，建安时代创作的子书纳入东汉子书的研究范围内。又，汉魏六朝子书散佚严重，徐幹《中论》是建安时期留存相对完整的一部，故举之以为东汉晚期子书的代表。

第一节　诸子与子书

在传统的四部学术中，只有子学的研究范围始终难以规定，这种困境至少可以表现为以下几个疑问：先秦之后（至迟到《淮南子》时代）是否还存在诸子？如果不以"某子"命名，那么，哪些文献可以判定为子书，标准何在？如何处理中古以后目录书"子部"中出现的天文、历算、医家、艺术等文献，它们是否应该纳入子学的研究视野等。与本书研究课题密切相关的，则是"诸子"与"子书"这两个概念的内涵与外延。对于这个问题，古今学术的看法很不统一，似乎涉足其中的学者皆有一套标准，在不同标准的观照下，诸如《文心雕龙》《四书章句集注》甚至《红楼梦》等著作，都可能厕身于子书之林，[①]而其作者刘勰、朱熹等人，自然也可被视作先秦诸子的遗响。本书无意也无力对"子学"的范畴做出定性描述，而试图把"子学"看作是从先秦绵延到汉魏六朝的一个复杂的学术系统。这个系统没有固定、明确的边界，"诸子"和"子书"是这个整体系统中的两个核心概念，[②]两个概念之间有明显的繁殖关系，具备部分共通的属性，但特征并不完全一样，它们是靠着类似西哲维特根斯坦（Ludwig Josef Johann Wittgenstein）提出的"家族相似性"（Family Resembalance）[③]而同属

---

① 关于《文心雕龙》《四书章句集注》是否为子书的讨论较多，而指《红楼梦》为子书的说法较为罕见，晚清学者陈蜕庵（1860—1913 年）即持此说，详见高原：《试论作为"子书"的〈红楼梦〉》，《中国古代小说戏剧研究丛刊》2008 年第 2 期。《文心雕龙》则保存了先秦子书的诸多特征而有新的发展，体现了子书在中古时代的新风貌，详见本书第九章的论述。

② 子学系统中还应该包括"子部"与"子注"这两个重要概念，"子部"的包罗万象体现了南北朝知识主义风潮的泛滥，而"子注"从东汉开始十分兴盛，影响魏晋学术发展甚巨。但这两个概念边界清晰，指向明确。

③ 对"家族相似性"的阐释，详见韩林合：《维特根斯坦〈哲学研究〉解读》第七章"语言（Ⅲ）：语言与世界（上）"，商务印书馆 2010 年版。

于子学范畴。在绪论中，我们将回到先唐学术语境中，对这两个概念进行具体解读，为本书的研究奠定初步基础。之所以按先唐为界，一则是因为本书的关注焦点是东汉子书，下及魏晋；二则是因为子学发展的所有形式上的可能至南北朝已经穷尽，唐宋乃至明清的子学发展只是用先唐创制的形式回答各自时代的课题，《四库全书总目·子部》与《隋书·经籍志·子部》相比而表现出的著录类型的高度相似，为笔者的判断提供了文献学的依据。

在一般语境中，"诸子"和"子书"两个概念往往对举则异，散文则通。有所区别时，"诸子"指思想家，尤其是指先秦思想家；而"子书"是指和思想家们密切相关的著作。比如"孟子"是先秦诸子之一，而《孟子》是先秦孟子学派的一部书。这种印象也许可以明晰化为如下的推论：作为思想家的诸子应该有展现其学术的文字流传（如果我们今天看不到，只能归咎于其时著录条件之差或者文献流传过程中散佚），而当一些文字聚合在一起能够被称为"子书"时，它的作者（或被托名者）就应该被视为"诸子"。无论如何，我们一般认为"诸子"和"子书"是伴随而生的一对概念，或者说，是一个范畴的两个面向。但是，当结合这两个概念产生的最初语境进行综合考察时就会发现，将"诸子"和"子书"视作各有指称的历时性概念也许更为恰当。

"诸子"和"子书"的称谓都开始于汉代。虽然汉人认为"子者，男子之通称也"[①]，但是"诸子"却是一个特定称谓，指称先秦至汉初《淮南子》这一时期的情况居多，尤其是对战国学术现象的指称，《汉书·艺文志》所谓"战国纵横，真伪纷争，诸子之言，纷然殽乱"[②]是也。将"诸子"的

---

① 东汉赵岐语。焦循：《孟子正义》卷一，《新编诸子集成》本，中华书局 1987 年版，第 3 页。

② 陈国庆：《汉书艺文志注释汇编》，《二十四史研究资料丛刊》本，中华书局 1983 年版，第 3 页。

指涉范围扩大化是魏晋开始流行的现象，比如《文心雕龙·诸子》篇的观点就很具有代表性。刘勰的表述很有意思，其云：

> 研夫孟荀所述，理懿而辞雅……吕氏鉴远而体周，淮南泛采而文丽，斯则得百氏之华采，而辞气之大略也。若夫陆贾《新语》，贾谊《新书》，扬雄《法言》，刘向《说苑》，王符《潜夫》，崔寔《政论》，仲长《昌言》，杜夷《幽求》，或叙经典，或明政术，虽标论名，归乎诸子。[①]

我们可以很明显从文气上发现，刘勰用"若夫"二字把从《新语》开始的著作与此前战国著作区别对待。即便把它们归入诸子，也要详细解释理由，这就说明即使到了刘勰的时代（约465—532年），"诸子"专指先秦至汉初《淮南子》这一时期的学术，依然是较为普遍的认知。

"子书"作为一个专有称谓，在汉代文献中出现的频率并不高，汉人指称先秦诸子著作的惯常用法是"某子书"，比如"孟子书""管子书""晏子书"，泛称时则称为"诸子书"。魏晋以后，以"诸子"指称先秦子学，而以"子书"指称汉魏之后子学的认识逐步固定，比如晋代葛洪对自己著作的期许与指称就很有代表性。其《抱朴子外篇·自叙》云："洪年二十余，乃计作细碎小文，妨弃功日，未若立一家之言，乃草创子书。"[②]葛洪并未表示自己写作《抱朴子》就能跻身"诸子"的行列，而只是将自己的著作称为"子书"。当然，我们从"成一家之言"的表述中可以猜测葛洪是希望跻身于"诸子"的，但他毕竟还是遵从了当时的认知，这一点从下面这

---

① 范文澜：《文心雕龙注》卷四，人民文学出版社1958年版，第309—310页。
② 杨明照：《抱朴子外篇校笺》下册，《新编诸子集成》本，中华书局1997年版，第695—697页。

段文字中更能证明。为了说明自己何以"年二十余"即从事子书创作，在这篇自叙中，他假设了一个问难：

> 洪既著自叙之篇。或人难曰：昔王充年在耳顺，道穷望绝，惧身名之偕灭，故自纪终篇。先生以始立之盛，值乎有道之运，方将解申公之束帛，登穆藏本作枚，从旧写本改。生之蒲轮，耀藻九五，绝声昆吾，何憾芬芳之不扬，而务老生之彼务。洪答曰：……①

假设问难是古书中的惯常表现手法，我们几乎可以肯定这是葛洪的自我问答。于是他选择对比的例子就非常有趣：王充——而不是先秦诸子——一位东汉时期希望"立一家之言"的作者，或者说"文儒"②。葛洪将自己的著作称为"子书"，并与王充比肩，这个现象可以提示我们：王充、葛洪等汉魏作者模仿先秦诸子进行的创作可称作"子书"，作者本人固然有很高的自我期许，但他们并未将自己定位为"诸子"，这可能是汉魏学者们未经明言的共识。

此处需附论一个问题，即两汉人创作的子书往往别有专名，其中以"新"题名最为常见，如陆贾《新语》、贾谊《新书》、桓谭《新论》等。汉人为何以"新"来命名自创的子书？较为常见的解释认为这与刘向父子校书有关，清儒孙诒让在论贾谊《新书》时曾经指出，"《新书》者，盖刘

---

① 杨明照：《抱朴子外篇校笺》下册，《新编诸子集成》本，中华书局1997年版，第715页。

② "文儒"是王充的自我期许，见《论衡·书解》，而葛洪在《抱朴子外篇·自叙》中曾言"念精治五经，著一部子书，令后世知其为文儒而已"，愈见其自我定位于王充之流。

向奏书时所题，凡未校者为故书，已校定可缮写者为新书"①，近人余嘉锡先生论之更详：

> 其有复重残缺，经（刘）向别加编次者，皆题之曰"新书"，以别于中秘旧藏及民间之本。如《荀子书录》云："《荀卿新书》三十二篇。"《列子书录》云："《新书》有栈。"《别录》又有《蹴鞠新书》二十五篇（自注：释玄应《大般涅槃经音义》引）。由此推之，则隋、唐志之《晁氏新书》，今所传之《贾子新书》，盖皆刘向之所题，后人但以为贾谊书名者，误也。今管、晏诸子所载向之《叙录》，皆无"新书"字，盖为浅人之所删削，独《荀子》尚存其旧。②

孙诒让和余嘉锡所论，对于经过刘向父子校订的部分文献可能是适用的，但并不足以概括两汉所有以"新"命名的子书的实际情况，我们可以找到一些反例，比如陆贾的《新语》。《史记》记载其命名由来云：

> （高祖）乃谓陆生曰："试为我著秦所以失天下，吾所以得之者何，及古成败之国。"陆生乃粗述存亡之徵，凡著十二篇。每奏一篇，高帝未尝不称善，左右呼万岁，号其书曰"新语"。（《史记》卷九十七《郦生陆贾列传》）

可见《新语》之名在汉初早已出现，年代远早于刘向校书。东汉桓

---

① 孙诒让：《札迻》卷七，《孙诒让全集》本，中华书局 2009 年版，第 249 页。

② 余嘉锡：《古书通例》卷三（与《目录学发微》合刊），《余嘉锡著作集》本，中华书局 2007 年版，第 277 页。

谭也将其著作称之为《新论》，其自述云，"谭见刘向《新序》、陆贾《新语》，乃为《新论》"①，强调自己著作的命名是模仿陆贾和刘向的传统，这更与文献学因素无关。桓谭写作《新论》是为了"兴治"②，陆贾的《新语》是奉刘邦之命探讨秦亡汉兴，综合考虑，"新"是指"新的话语""新的见解"，与"新"相比照的"旧"，既可能是先秦诸子学（《新语》总结秦亡汉兴，在学理上针对的是作为秦代统治思想的法家学说），也可能是西汉经学（《新论》批评的现象，主要是西汉今文经学尤其是谶纬神学的产物）。总之，以"新"题名，体现了汉代子书开新的气象。

我们可以为这一部分作个小结："诸子"既可以指思想家个人，也可以指学派（下文将论及此点），也可以指与思想家和学派密切相关的著作，但是时限很清楚，即先秦至《淮南子》时代；而从陆贾《新语》开始的汉魏人创作的与先秦诸子著作高度相似的作品在当时有多种称谓，其中以"新"题名最为常见。魏晋以后，人们习惯于将这些作品统称为"子书"。但我们的学术传统一般并不称这些作者为"诸子"。也就是说，"子书"是一个涵盖通代的概念，而将"诸子"看作是指称先秦学术的独有概念更为合适。本书行文，指称先秦、汉初子学时，或用"诸子"，或用"子书"，"诸子"偏指先秦思想家个人或其代表的学派，"子书"则偏指该学派的作品；指称《淮南子》之后的子学时，一律只用"子书"概念，不用"诸子"。

有所区别是为了循名以责实，先秦诸子降而为汉魏子书，最大的变化在于诸子学派的消失。我们首先需要关注一个现象，即先秦诸子著作与汉魏子书存在的巨大的水平差异。这个现象古今学者都有论及，刘勰曾说汉魏子书是"体势漫弱，虽明乎坦途，而类多依傍"③，而近人章太炎的评价更低：

① 朱谦之：《新辑本桓谭新论》卷一，《新编诸子集成》本，中华书局2009年版，第1页。
② 朱谦之：《新辑本桓谭新论》卷一，《新编诸子集成》本，中华书局2009年版，第1页。
③ 范文澜：《文心雕龙注》卷四，人民文学出版社1958年版，第310页。

007

后汉诸子渐兴，讫魏初几百种，然其深达理要者，辩事不过
《论衡》，议政不过《昌言》，方人不过《人物志》。此三家差可以
攀晚周，其余虽娴雅，悉腐谈也。①

如此悬殊的水平差异是什么原因造成的？需要明确的是，无论是刘勰
还是章太炎，他们的批评都是针对汉魏子书缺乏思想创发性而言，"类多
依傍""腐谈"都是指此。由于年代悬隔，我们无法将王充、葛洪等人的
学养与先秦诸子做横向比较，但无论如何，他们都是一时之俊杰，所以，
不能将两个不同时代著作的水平差异简单地归结为作者水准悬殊。余嘉锡
先生关于古书体例的论述也许会启发我们更好地理解这个现象，其《古书
通例·案著录第一》云：

《诗》疏释"郑氏笺"三字曰："不言名而言氏者，汉承秦灭学
之后，典籍出于人间，各专门命氏，以显其家之学。故诸为训者，
皆云氏不言名。"此言深得古人之意。古书既不署名，而后人乃执
相传之说，谓某书必某人所自作。就其时与事以求之，鲜有不见
其抵牾者矣。传注称氏，诸子称子，皆明其为一家之学也……自
陆贾、贾谊以下不称子者，学无传人，未足名家也（自注：此举其
大较言之，六国子书亦有不称子者，盖皆用当时通称以题其书）②。

孔颖达解释郑玄笺注《毛诗》之所以言氏不言名，是受汉代经学"家法"
观念的影响，余嘉锡据后事推前法，认为"诸子"称"子"，也是表明该

---

① 章太炎：《国故论衡》，《蓬莱阁丛书》本，上海古籍出版社2003年版，第82页。
② 余嘉锡：《古书通例》卷三，《余嘉锡著作集》本，中华书局2007年版，第206—
207页。

学术如同汉代经学一样，乃是"一家之学"。学术能够名家的必要条件是学有传人，形成学派。考先秦诸子内涵丰富且影响后世者，莫不其然。比如学界公认现存《庄子》三十三篇中，《内篇》可能是庄周本人手笔，而《外篇》《杂篇》乃是庄周后学而成，这是诸子有学派的文献学证据。如果考虑到唐代以前文献传播基本以手抄为主，文本始终处于变动之中，那么，到刘歆时代为止，即便是《内篇》，也可能并非全然是庄周手定，更有可能是庄子学派经过数百年的讨论、辩难而最终形成。这也许能解释为什么汉魏以后的子书在水准上远远不如先秦诸子，因为汉魏子书的作者基本上是"孤军奋战"①，余嘉锡所谓"学无传人，未足名家也"。先秦诸子著作基本上是经过数十年乃至数百年往复讨论、辩难，淘沙漉金始得；而汉魏子书往往是作者奋其私智，闭门造车而成。个人的才力再过出类拔萃，也难敌历史形成的群体智慧。

"诸子"降而为"子书"，水准悬殊的背后是创作主体的变化，即由学派集体变为个人，这一变化对汉魏学术发展有两个非常明显的影响。首先，昭示了从孔子开始，绵延近四百年，通过招徒讲学，创立学派，并与其他学派往复辩难，进而创发思想的学术生产方式宣告终结。汉武帝建元五年（前136年）尽罢诸子博士，初置《五经》博士，并且为其设置弟子，这意味着汉代诸子学派终结的同时，经学学派开始发展。但是经学探究的对象规定性强，且越往后越为利禄所引诱，学派的论争不免陷入党同伐异的窠臼，其思想的创造力与先秦诸子学派不可同日而语。武帝并没有选择像秦始皇那样极端的文化政策，他没有在国家政策层面对诸子学术实行打

---

① 王充在《论衡·书解》中说："文儒之业，卓绝不循，人寡其书，业虽不讲，门虽无人，书文奇伟，世人亦传"，虽极为自重，亦不能掩饰门下无人的窘境。黄晖：《论衡校释》（附刘盼遂集解）卷二十八，《新编诸子集成》本，中华书局1990年版，第1151页。

压。[①]事实上，先秦诸子之学在两汉的传承始终不绝如缕，[②]但是，在"大一统"的帝国中，诸子学未被教育体系和仕进制度容纳，无疑是对其发展的沉重打击。桓谭、王充之流无羽翼襄助，无论敌往返，其学问本身的广博精深及其对后世的影响，都难以与先秦诸子比肩。其次，助推了文体形式的变迁。"论"作为一种文体，是从汉代开始兴盛，逐渐蔚为散文体制之大宗，在汉魏六朝，"论"几乎就是其时子书唯一的表现形态。但是，在先秦诸子散文中，"论"虽然已经出现——比如《庄子》中就有《齐物论》——但只是多种表现形态之一，其他诸如"问答""寓言""辩难"等表现形态，都需要集体创作作为支撑。[③]也就是说，由于汉魏以后的子书作者是个人而非集体，所以在很大程度上抑制了先秦诸子中呈现出的多样文体形态的发展，同时从反面助推了"论"的兴盛，《文心雕龙》在《诸子》篇之后，紧接着设置《论说》篇，反映了六朝人对这一现象的理解。

第二节　子书的核心特质

古今学界均有将子书（诸子学）视作先秦独有学术形态的看法，据笔者所寓目，近人吕思勉先生的观点最为明快决断，其《经子解题·论读子

---

① 详细分析见本书第一章第一节"两个传统论点的辨析"。

② 柳诒徵先生在其《中国文化史·两汉之学术及文艺》章中对先秦各家在两汉的传承有详细的举例，可参见。柳诒徵：《中国文化史》，上海古籍出版社 2001 年版，第 361—362 页。

③ "问答""辩难"产生于集体创作较易理解，先秦诸子多用寓言，但即使是一部书中的寓言，往往也是类型繁多，有各异的文化背景，明显是集体智慧的凝聚，非一人所能向壁虚造。

之法》云：

> 子书之精者，迄于西汉。东汉后人作者，即觉浅薄。然西汉子书之精者，仍多祖述先秦之说；然则谓子书之作，迄于先秦，可也。然远求诸西周以前，则又无所谓子。然则子者，春秋、战国一时代之物也①。

观其所云，实则内含矛盾，即吕思勉先生承认东汉以后仍有继作子书者，只不过在质量上"浅薄"，难以比肩先秦、汉初，所以断然认为应该把子书视作"春秋、战国一时代之物也"。吕思勉先生以质量高下来判断子书存亡是持相同观点者的共同视角，但所谓"浅薄"，本是见仁见智之说，②焦循论文学"一代有一代之所胜"③，但并不否认六朝有赋，宋元亦有诗，对于子书发展的研究，也应作如是观。事实上，在笔者看来，先秦之后的子书很难纳入子学或中国哲学研究的视野，一个重要原因在于后世目录分类中"子部"的无限蔓延，使得子学或哲学迷失了确定的研究对象。清代纂修《四库全书》，其"子部"共分十四类，这个现象与其说是表明了子学涵括范围的扩大，不如说是为了迁就图书"四部"分类法而造成的混乱，正如清人张之洞所批评的，"周秦诸子，皆自成一家学术，后世群书，其不能归入经史者，强附子部，名似而实非也"④。也就是说，先秦哲

---

① 吕思勉：《经子解题》，《中国文化思想史九种》上册，《吕思勉文集》，上海古籍出版社 2009 年版，第 158 页。
② 黄侃就认为东汉桓谭、王充、王符、仲长统等人著作的子书"识虽未远，而持论必辨，指事必切……诚如潦水已尽，寒潭将清；浮云欲消，白日回耀已"。黄侃：《汉唐玄学论》，滕志贤编：《新辑黄侃学术文集》，南京大学出版社 2008 年版，第 385 页。
③ 焦循：《易馀籥录》卷十五，《焦循诗文集》本，广陵书社 2009 年版，第 843 页。
④ 范希增：《书目答问补正》，上海古籍出版社 1987 年版，第 187 页。

人所创立的子书范式，其核心特质被无限扩大的文献外延所淹没。本节所欲达成的目的，即是探寻历代子书的共同本质，归纳其之所以归为同一学术范畴的核心特征。这种探寻与归纳，以先秦子书为典范，从先秦子书中抽绎出若干普遍特质，然后执简驭繁，用其来比勘后世作品。这个问题如果解决，我们基本可以判定作为思想文献载体的子书的范围，明确作为传统学术重要组成部分的子学的研究对象。当然，任何学术都处在发展变形之中，先秦之后的子学不可能与先秦诸子学若合符契，但是，一门学术在发端期及鼎盛期所展现出的特征，正是规定这门学术性质与性格的标准，而先秦恰恰既是诸子学的发端期，更是鼎盛期。通观先秦子书，似乎可用以下三点来概括其核心特质：在内容指向上关怀现实，入道见志；在精神气质上批判官学，属于在野学术；在著述形式上独立于经典，无复依傍。以下分别论之。

一、入道见志

《文心雕龙·诸子》开篇即云，"诸子者，入道见志之书"①。《文心雕龙》大致成书于齐建武年间（494—498 年），其时子书已历经九百年左右的发展（以《论语》为第一部子书），其特征已经充分显现。如果我们认同刘勰的这个判断是建立在充分观察子书发展史后得出的结论，那么，对"入道见志"进行深入的分析，将有助于揭示子书的核心特征。

在人类文明早期，哲学与政治生活的关系非常密切。在古希腊，从苏格拉底到亚里士多德，无不强调良好政治生活的重要性，但正如金岳霖所说，"这个传统在西方没有完全贯彻……然而它在中国几乎一直保持到今天。中国哲学毫无例外地同时也就是政治思想"②。概观之，古希腊之后西方哲学史的发展有这样一种倾向，即哲学讨论的内容，如本体、知识、道

---

① 范文澜：《文心雕龙注》卷四，人民文学出版社 1958 年版，第 307 页。"入"，一作"述"。
② 金岳霖著，钱耕森译：《中国哲学》，《哲学研究》1985 年第 5 期。

德等问题，同时也是讨论的目的；与之相反，先秦诸子的终极关怀却是如何恢复（其实是再造）古代的理想社会。套用马克思的名言，西方哲学的目的"是用不同的方式解释世界"，而先秦诸子的目的却是"改造世界"①。诸子学与西方哲学显著差异之一在于它们与政治生活的关系不同。

西汉是先秦诸子学的总结时期，他们都认为诸子是起于救世的需要。司马谈总结先秦六家均是"务为治者也"（《史记》卷一百三十《太史公自序》），刘向、刘歆父子认为，诸子"皆起于王道既微，诸侯力政，时君世主，好恶殊方，是以九家之术蜂出并作，各引一端，崇其所善，以此驰说，取合诸侯"②。他们的判断更有诸子的自我表白作为佐证，孟子云："予岂好辩哉？予不得已也！天下之生久矣，一治一乱……我亦欲正人心，息邪说，距诐行，放淫辞，以承三圣者。岂好辩哉？予不得已也！"（《孟子·滕文公下》）"一治一乱"是历史的循环，孟子生当乱世，以"好辩"而闻名，论辩是古代西方哲学产生与发展的重要方式，也是先秦思想的重要载体。但是，诸子的"论辩"绝不是踏入思维王国的阶梯，而是实现"治"，也就是理想社会的手段与工具，所以孟子才会有"不得已"的慨叹。即便是表面上隔绝尘世的道家，老子依然有着"小国寡民"（《老子》第八十章）的理想；庄子看似飘然物外，但他的后学依然认为这只是由于"天下为沈浊，不可与庄语"（《庄子·天下》）。概而言之，诸子憧憬的"治"，是针对当时乱世而寻找的政治社会新模式。他们探讨的"道"，是对世界的哲学化理解，显示出超越的一面，但这种超越还是为了现实提供最高依据；他们的"志"，则是为改良政治提供的各自理论学说与解决方案。刘勰所说的"入道见志"，理应作如是观。

---

① 马克思：《关于费尔巴哈的提纲》："哲学家们只是用不同的方式解释世界，而问题在于改变世界。"《马克思恩格斯选集》第 1 卷，人民出版社 1995 年版，第 57 页。

② 陈国庆：《汉书艺文志注释汇编》，《二十四史研究资料丛刊》本，中华书局 1983 年版，第 164 页。

汉代以后，统一的郡县制社会的政教结构趋于稳定，经学确立了其在官方学术体系中的中心地位，诸子学已经不可能像先秦时期那样，通过学派进行论辩和传承，但是，它们的学说和社会建设方案却在更深的层次上融入了大一统帝国的社会架构与意识形态之中。具体来说，以儒家学说为基础，搭建了社会的框架，划分了社会阶层，并明确了各阶层的责任与义务；法家提供了法律和统治技巧；阴阳家从宇宙论和历史论层面为体制提供了合法性论证；墨家的尚贤与功利主张分别被儒家和法家吸收；道家总是在王朝建立之初为社会与人民恢复生机提供理论指导。① 也就是说，汉代开始的大一统社会模式，其实是先秦诸子学妥协与融合的结果。但是，在不同的时期，各家之间的关系并非融合无间，每当社会或意识形态出现危机，在某种程度上都是其时占主流的一家思想独大并最终腐朽的时刻，其他各家思想的承继者就会乘势而出，提出批评，乃至提供解决方案，先秦诸子之间的论争在异代得以复活。比如本书关注的东汉末年，王朝面临危机，道家、法家思想借以复兴，以挽救儒家的困境，东汉中后期创作的子书中，道家、法家学说逐渐兴盛，最终改造了两汉的儒学，为魏晋学术的形成创造了条件。

从这个意义上说，先秦诸子的志向、理想与学说在后世始终存在，后世子书是其主要载体，"入道见志"是历代子书永恒不变的主题。厘清这一点，有助于我们确定子书的边界，尤其是处理后世目录书中"子部"的庞杂情况。如果取最宽泛的标准，即凡入"子部"皆为子书，那么从《汉书·艺文志》的"九流十家"到《四库全书总目》的"十四类、二十五属"，所谓"子书"的范围已经泛滥无归。《四库全书》收入子部的十四类分别是儒、道（道书附）、法、杂、农、小说、兵、天文算法、术数、医

---

① 关于先秦诸家思想如何在汉代以后有机的生存于传统社会之中，详见聂学慧、刘思禾：《"诸子问题"与帝国逻辑的演绎》，《探索与争鸣》2013 年第 7 期。

家、释家、艺术、类书、谱录。前七类《汉书·艺文志》已收（从《七录》开始，兵书即与诸子合并）；后七类中，除"释家"外，均属于较为纯粹的知识文献。知识通过分门别类把握世界，与哲学通过智慧从整体上把握世界迥然有别。知识固然是哲学的基础，但是并不能自足地呈现哲学，遑论为批判、改造现实提供理论学说与解决方案。即使是先秦即有的思想流派，在后世的发展中，也有思想性消退、知识性增强的情况。比如先秦的农家，除了"播百谷、劝耕桑"外，依然还有"以为无所事圣王，欲使君臣并耕"①的政治理想。而后世的农家之书，比如东汉崔寔的《四民月令》，只是单纯地叙述一年例行的农事活动，并不涉及思想和政治诉求，这也从根本上背离了先秦诸子的传统，因而不属于作为思想文献的子书。

二、在野学术

《汉书·艺文志》曾指出，先秦诸子是"《六经》之支与流裔"②，章学诚等人对此续有讨论，近人钱穆先生总结其言，明确"王官学"与"百家言"之分：

> 古代学术分野，莫大于王官与家言之别。鲍白令之有言："五帝官天下，三王家天下"，"官"言其公，"家"言其私。百家言者，不属于王官而属于私家，易辞言之，即春秋以下平民社会新兴之自由学术也。王官学掌于"史"，百家言主于诸子。③

---

① 陈国庆：《汉书艺文志注释汇编》，《二十四史研究资料丛刊》本，中华书局 1983 年版，第 158 页。

② 陈国庆：《汉书艺文志注释汇编》，《二十四史研究资料丛刊》本，中华书局 1983 年版，第 164 页。

③ 钱穆：《两汉博士家法考·论秦博士与诗书六艺之关系》，载《两汉经学今古文平议》，商务印书馆 2001 年版，第 191 页。

将先秦诸子学定位为"平民社会新兴之自由学术",既反映了春秋、战国社会结构变迁对学术的影响,也体现了其时文化与西周礼乐文明的本质区别,是非常恰当的。考虑到"平民"与"自由"均体现了诸子学对于王官学的疏离,我们就简要地将先秦诸子学定位为"在野学术"。先秦诸子虽然相互之间往返论争,但是他们有一个共同的言说背景,即三代王官之学。他们对三代王官之学的态度并非道一风同,但无一例外都是建立在批判基础上的,即便是最为持重的儒家,也依然主张因革损益。[1]面对官学,诸子都是批判者和改革派,只不过有的态度温和,有的态度激烈而已。

如果说战国时期的王官与诸子之分,是当时学术发展的自然呈现,那么,从西汉中期开始,子书和诸子学的在野地位就被国家文化政策牢牢固定下来,其原因就是汉武帝选择承载三代文化的《五经》作为国家经典,并被后世继承。一直到二十世纪初,《五经》以及庞大的注疏和衍生品(如《四书》),始终占据着古代中国意识形态领域的核心地位。在战国时期就以批判三代之学面貌出现的诸子学,其学术生存空间愈发逼仄。以两汉为例,西汉的扬雄已经有"小诸子"之论;[2]王凤指出子书"反经术,非圣人"[3],不能任其传播;东汉的郑玄认为子书乃是"小道"和"异端"[4]。凡此种种,表明在经学的不断挤压下,诸子学的边缘化和在野地位已经十分明显。即便汉代以后的社会与学术发展依然需要诸子学提供思想资源,但在很多时候都需要借助经学的外壳实现重生。比如王安石的变法思想实则是

---

[1]《论语·为政》:孔子说"殷因於夏礼,所损益,可知也;周因於殷礼,所损益,可知也。其或继周者,虽百世,可知也"(《论语·为政》)。孔子提出"其或继周者",表明他虽然崇尚周礼,但非常清楚周礼被改造是不可避免的。

[2] 汪荣宝:《法言义疏》十八,《新编诸子集成》本,中华书局1987年版,第498页。

[3] 王先谦:《汉书补注》,上海古籍出版社2008年版,第5079页。

[4] 刘宝楠:《论语正义》,中华书局1990年版,第739页。

儒、法、刑名之学的混合，但是依然需要通过著作《三经新义》来为他的改革主张提供合法性和理论支撑。

可以说，从源头开始，诸子学就具备了批判官学的"基因"，经过汉代以后国家文化政策的强化，"在野学术"已经成为诸子学挥之不去的特征。① 本书的研究对象：东汉的子书及其作者，很好地继承了这一属性，这主要体现在两个方面：子书在内容上对官方学术的批判与作者身份的界定。

在批判官方学术这点上，以东汉前期的两部子书为例。在西汉获得独尊地位之后，经学自然就成了子书写作的比照背景，就如同先秦诸子的发展背景是西周王官学一样。经学，尤其是今文经学，其全部特征发展到东汉前期，已经全部呈现，集中体现在章句之学的流行上，而其时的子书如《新论》《论衡》等，对此展开了集中批判。对新"王官学"——章句之学的批判，恰能体现新"子学"的在野学术特征。

章句之学最大的弊病就是繁琐、封闭，经生为利禄所诱，沉迷其中，大都是"幼童守一艺，白首而后能言；安其所习，毁所不见，终以自蔽"②。"专守自蔽"的反面自然就是"博览多闻"，而这正是桓谭与王充的共同追求，在子书写作中，他们表达并实践了这种追求。《后汉书》载桓谭上疏光武帝云：

---

① 西汉前期的部分子书，情况较为复杂。比如陆贾《新语》是根据应答刘邦诏问的奏疏而结集，董仲舒的《春秋繁露》则是以经书《春秋》为基础阐发天人观念，与官方或经典都有一定联系。但是在刘邦时代，汉朝并无明确的官方意识形态，所以也就并无对应的在野思想，《新语》对秦政多有批判，针对的恰恰是刚刚奔溃的秦代官学。从文、景至武帝前期，汉家以"黄老"治国，"黄老"思想可以说是当时的官学，无论是《天人三策》还是《春秋繁露》，董仲舒都欲杂糅儒家与阴阳家，以替代"黄老"思想，也有反对官学的色彩。

② 陈国庆：《汉书艺文志注释汇编》，《二十四史研究资料丛刊》本，中华书局1983年版，第98页。

陛下宜垂明听，发圣意，摒群小之曲说，述《五经》之正义，略雷同之俗语，详通人之雅谋①。

所谓"群小之曲说"，是指掺杂了谶纬的章句之学，桓谭在这里的表达是"述《五经》之正义"，可见他的"博通"是要在摒弃谶纬的基础上，并不专守一经，而是博通《五经》。他在《新论》中对经学的批判贯彻了这份奏疏中的主张。但是，他的"博通"基本上还是局限在经学体系内部的拨乱反正，王充继承了桓谭的这一观点而别有新义，其《论衡·别通》云：

夫富人不如儒生，儒生不如通人。章句之儒，不览古今，论事不实……或以说一经为是，何须博览？夫孔子之门，讲习《五经》，《五经》皆习，庶几之才也。颜渊曰："博我以文"……颜渊之曰博也，岂徒一经哉？不能博《五经》，又不能博众事，守信一学，不好广视，无温故知新之明，而有守愚不览之暗，其谓一经是者其宜也。②

王充这段议论最值得注意的是它对桓谭观点的突破，所谓"览古今""博众事"云云显然已经不能局限在经学内部了，王充的"博通"实际已经在向更加广阔的范围里延伸。观其《论衡》所载，主要体现在三个方面，即向百家之言取资，向历史知识延伸和通过实践或者阅读而达到博物的目的。（详见本书第七章）

---

① 范晔：《后汉书》卷二十八（上），中华书局1965年版，第960页。
② 黄晖：《论衡校释》（附刘盼遂集解）卷十三，《新编诸子集成》本，中华书局1990年版，第590—592页。

　　应该说，王充的"博通"意识至少从理论上大大拓宽了汉代士人的知识范围。桓谭与王充在东汉初期所开拓的这种"博通"风气对整个汉魏六朝子学的学风走向有着巨大的影响，在仲长统、应劭、荀悦、徐幹等人的著作中，都可以找到对这种"博通"之风的呼应，[①] 这种呼声不仅体现在态度上反抗官方学术，也体现在子书内容的选择上，比如汉魏六朝子书特别关注对整体社会风俗乃至具体民俗的考察。（详见本书第八章）

　　除了对官方学术的批判，子书作者的身份也很能体现子学的"在野学术"特征。子书作者中有一些长期沉沦民间，这使得他们能够天然地疏离于官方学术体系。比如王充，《后汉书》称其"归乡里，屏居教授，仕郡为功曹，以数谏争不合去"，以至于他的《论衡》长期不为人所知。《后汉书·王充传》李贤注引谢承《后汉书》云：

　　　　王充所作《论衡》，中土未有传者。蔡邕入吴，始得之。恒秘玩以为谈助。后王朗为会稽太守，又得其书，及还许下，时人称其才进，或曰：不见异人，当得异书。问之，果以《论衡》之益，由是遂见传焉。[②]

　　所谓"异人""异书"，都是在强调默默无闻或流传不广。在后世子书作者中，也有社会地位很高者，比如著作《典论》的曹丕，更典型的是《金楼子》的作者梁元帝萧绎。田晓菲教授通过对《金楼子·聚书》的分析，认为"萧绎不是作为天子，而是作为夫子，作为金楼子，作为私人藏书家，在进行写作……萧绎希望自己的《金楼子》是一部高度个人化与私人

① 晋代开始出现"四部"分类法，其"子部"包罗万象，与这种开始于东汉的，基于反对官方学术的"博通"风气之间的关系，是可以继续讨论的话题。
② 范晔：《后汉书》卷四十九，中华书局1965年版，第1629页。

化的著作"①。萧绎作为帝王，不可能在自作的子书中对官学作明显的批判，但是他依然遵循了子书的在野传统，只不过是通过重新界定自己的身份来实现。《金楼子》的例子也提示我们：作为一种在野学术，子书的内容除了大力批判官学的激烈之外，还有主动疏离政教的温和与冷漠。《金楼子》主要关注于作者个人的不朽，乃至于描写家庭的生活，发表对文章的批评，②呈现出高度个人化的特征。大致说来，离先秦时代越远，子书批判官学的色彩越淡，而疏离政教的色彩越浓厚。批判与疏离，相反而相成，两者都体现了在野学术的本质。

三、无复依傍

"无复依傍"是指子书的形式特征，如果给这个动词短语加一个宾语的话，就是"无复依傍于经典"。在文本形式上，子书一直是摆脱经典束缚、注重思想家自我表达的独立作品，这主要是针对"注疏"而言。

从现存文献来看，在先秦，并无严格的"注疏"体存在。即便《左传》的确是为了解释《春秋》而作，至少在形式上，它是独立成书的。虽然也有部分解经言辞，比如"段不弟，故不言弟；如二君，故曰克；称郑伯，讥失教也，谓之郑志。不言出奔，难之也"（《左传·隐公元年》），但是主体内容自成完整体系。《礼记》中有部分篇章可释《仪礼》，《韩非子》的《解老》《喻老》阐说《老子》，它们的文本情况都与《左传》类似，皆是独立成篇，而不像后世解经体著作那样，首先一字一句地训释原文，然后阐发意义。先秦之所以没有产生"注疏"体著作，最重要的原因当是还未形成具有普遍约束力和权威性的经典体系。时代共同认可的经典代表了人

---

① 田晓菲：《烽火与流星：萧梁王朝的文学与文化》第二章"重构文化世界版图之一：经营文本"，中华书局 2010 年版，第 60 页。

② 参见许逸民和田晓菲的介绍。许逸民：《金楼子校笺》，中华书局 2011 年版，第 1—15 页。田晓菲：《诸子的黄昏：中国中古时代的子书》，《中国文化》第 27 期。

类超出个体经验之外的历史权威，所以才值得字斟句酌地诠释，后人通过诠释以理解古圣先贤的教诲，以更好地应付当下与未来。但是春秋、战国时期，周天子的王权已经沦丧，礼崩乐坏造成了三代文化的权威性也随之降低，作为三代文献的《诗》《书》等文献，虽然是诸子百家共同的知识背景，但是各家对它们的尊崇度并不一致。作为战国晚期对先秦学术的总结，《庄子·天下》中说，"其在于《诗》、《书》、《礼》、《乐》者，邹鲁之士、缙绅先生多能明之"（《庄子·天下》），也就是说，只有儒家经常研习这些古书，决绝者如法家，甚至以焚书的手段来对待古典文化。① 在百家争鸣如火如荼之时，新的经典体系是难以形成的，必须等待政治一统，思想意识形态达成共识的到来。相反，缺乏权威的先秦则是子书最为兴盛的时期，三代的文献以及文献背后代表的价值观，是诸子们质疑、批判与超越的对象，我们不能想象意欲挣脱三代束缚的诸子们，在表达思想的形式上还接受被他们批判的文本的限制。

降及汉初，对古代文献的诠释，比如我们熟知的《尚书大传》《韩诗外传》等，相比于《左传》《解老》《喻老》等作品，与诠释对象的关系并未更加密切，依然采用比较开放的形式，脱离文本，自作发挥。《毛诗故训传》应该是现存汉初文献中，第一部比较成型的"注疏"体著作。自此以后，伴随着今文章句的兴盛，与对象文本关系密切的"注疏体"逐渐蔚为大观。至东汉郑玄融通今古文，遍注《五经》，注疏体遂成为学术发展的主要生产方式。与先秦相对照，汉代以后注疏体兴盛的原因不难分析。第一个原因是汉武帝时期国家经典体系的形成。一方面，《五经》被宣示为代表了古代圣人的意志，囊括了宇宙、自然、社会与人生的所有法则，所有人都必须通过直接（研读经书）或间接（接受教化）地理解《五经》

---

① 焚书并不始自秦始皇，商鞅变法时，就曾"燔《诗》、《书》而明法令"。王先慎：《韩非子集解》卷四，《新编诸子集成》本，中华书局1998年版，第97页。

来获取行动与发展的依据；另一方面，经典学习与利禄之途结合，注疏体的发展有了现实利益的诱惑和文教制度的保障。第二个原因，汉代以后，去古愈远，时人理解上古汉语的难度越来越大，理解经典，首先需要训释字词。春秋时，孔子与子夏探讨《硕人》，可直接得出"绘事后素"与"礼后乎"的意义理解（《论语·八佾》）；战国时，孟子为咸丘蒙说诗，倡导"以意逆志"（《孟子·万章上》），直探诗人本心。《论语》《孟子》中的师生对话是教学场景的再现，孔、孟在教导学生时皆不纠缠于字词的理解，一个可能的原因是他们去古未远，语言相近。而后世随着语言的不断发展、变化，训诂学在理解经典的过程中就愈发重要，在训释字词的基础上进而阐发意义，就成了注疏体的固定模式。

我们不否认许多杰出的注疏体著作有独创的思想，比如王弼的《老子注》、郭象的《庄子注》、朱熹的《四书章句集注》等。西方诠释学甚至认为"解释者在理解作品时不把自己的意义一起带入就不能说出作品的本来意义"①，正是强调诠释文本中蕴含着诠释者的主观理解。但是，无论这些作者的思想主体性有多么强，他们的理解还是要不同程度地贴近诠释对象，"疏不破注，注不破经"，经、注、疏之间构成了贯穿的依循关系，经典就像风筝的线一般，始终控制着思维飞行的方向与高度。钱穆先生对于焦循的批评，对我们理解注疏与子书的形式对比有所启发。焦循是清代扬州学派的通儒，其在《易》学与《孟子》学领域都有突破前人的创见，但是钱穆认为：

> 然里堂虽力言变通，而里堂成学格局，实仍不脱据守范围，凡其自创通之见解，必一一纳之《语》《孟》《周易》。里堂虽自

①［德］伽达默尔著，洪汉鼎译：《真理与方法·第3版后记》，《诠释学Ⅱ：真理与方法》，商务印书馆2007年版，第577页。

居于善述，然自今观之，与当时汉学据守诸家，仍不免五十步
之于百步耳。其解"攻乎异端斯害也已"，及解"格物"诸篇，
若脱离旧文，自造新说，固足成一家之见耳，若以此为述古，
则不惟不通核，抑且难据守，又何以服当时汉学家专于考据训
诂之业哉？①

  钱穆认为焦循的著作多以注疏体的"考据"面貌示人，阻碍了"自创
通之见解"的表达。所谓"格物诸篇"，是指《雕菰集》中以"格物"命名
的单篇论文，类似的论文还有《性善解》《知命解》《一以贯之解》等，这
些论文虽然都有精辟的见解，但是因为还是以来源于经典的命题为依据，
所以招致了钱穆的批评。钱穆实则认为，若能突破注疏体的形式限制，焦
循在思想探究上当能取得更大的成绩。笔者在探讨清代考据学的方法困境
时曾指出："乾嘉考据从本质上来说属于考史之学，考史可以获得真实的
知识，亦可看清一定范围内的历史规律，却无法解决义理的困境，因为义
理的获得必须要超脱形而下的考据手段而进行形而上的抽象与超越，单纯
的历史学方法无法取得哲学的突破，这是清代考证学共同的桎梏"②，这个
结论依然可以适用于大部分注疏体著作，只不过程度有所不同而已。

  注疏体在思想创造方面的缺陷，正是子书的优势所在。子书无论是从
形式还是形式背后昭示的本质来说，都构成了注疏体的反题。从形式上
说，子书的发展大致经历了从对话体到论说体的过程。《论语》《墨子》等
早期子书，基本是对话的形式；《孟子》是一个转折点，代表着从对话向
论说的过渡；《庄子》以后，"论说"逐渐成为子书的主要表现形式而固定
下来。无论是对话还是论说，都是以具体的问题为言说中心，而不将某个

---

① 钱穆：《中国近三百年学术史》，商务印书馆1997年版，第525页。

② 杨思贤：《论陈澧〈汉儒通义〉》，《孔子研究》2011年第2期。

特定的经典文本作为展开讨论的依据（就整本子书而言，某些篇章或段落可能例外，比如上举《孟子·万章上》基本上是在研讨《诗经》），与经典文本之间不存在直接、可靠的关联。

结合上节关于诸子学在野特征的揭示，我们能更好地理解子书形式与特质之间的表里关系。在《五经》体系确立之后，子书无复依傍于经典的形式保证了它的在野性和独创性，它在写作时不用时刻挂念于圣人的意志与教诲，而有了更多创发的空间。作者可以根据自己的意愿来灵活地建构文本的结构关系（注疏体则只能依赖经典框架而展开），并遵循自己建构的结构关系打开思想的路径。无论是先秦时期流传的三代文献，还是汉代确立的《五经》，子书对它们的意义与价值都有所讨论，且必须有所讨论。但这种讨论却不依赖于对经典的积累性和技术性地阅读与研究，因而就天然呈现出与注疏不同的表达方式与意义指向。

然而遗憾的是，就实际效果而言，汉代以后的子书，却并未能充分利用这一自由的形式，承担起如先秦诸子一般的对官方学术的挑战重任，思想创发的效果远逊先秦。究其原因，究竟是因为在大一统的政治、文化模式下，利禄诱惑与文教制度导致士人更热情于注疏体，还是由于中国文化天然具有崇尚历史权威的传统，所以"离经叛道"的子书不符合社会文化的价值取向？这是一个需要继续探讨的话题。但无论如何，不依傍经典，自铸伟辞，是子书重要的形式特征。

最后需要说明的是，以上揭示的子书的三点核心特质，即在内容指向上关怀现实，入道见志；在精神气质上批判官学，属于在野学术；在著述形式上独立于经典，无复依傍，都是高度概括性质的。由于对子书的外延如何界定，见仁见智，难免有少部分子书，在某些特质上，会与之相抵牾。但是整体判断与个体未必融合无间，也是概括性结论中常有的情形，笔者绝不敢自以为是，希望关于子书特质的三点认识能够指导本书的研究方向，并引起读者的进一步讨论。

第三节 东汉子书概览

范晔《后汉书》无志，续补之司马彪《续汉书》亦无《艺文志》或《经籍志》，据郑樵、章宗源等人考证，晋袁山松《后汉书》有《艺文志》，今亦不存。① 又因《隋书·经籍志》所载东汉书籍，缺漏甚多，后世辑补东汉著述者代不乏人，尤以清人功绩最显。今存清人辑补东汉书目者著者凡五家，分别是侯大昭《补续汉书艺文志》二卷、侯康《补后汉书艺文志》四卷、顾櫰三《补后汉书艺文志》二十七卷、姚振宗《后汉艺文志》四卷、曾朴《补后汉书艺文志并考》十一卷，以姚振宗所收书目最多，别择亦精审。② 今据姚振宗书目，将东汉子书列表以明（表1）。需要说明的是，姚书子部分类，略依《隋书·经籍志》，而增"杂艺术家"，共分十二类，即：儒家、道家、法家、兵家、农家、杂家、小说家、天文家、历算家、五行家、医家、杂艺术家。如前文所言，本书的研究对象是能够继承先秦传统，"入道见志"的东汉子书，所以表中只统计与《汉书·艺文志·诸子略》相对应的诸家，即儒、道、法、农、杂、小说六家，而兵家在《汉志》属《兵书略》，天文、历算、五行属《数术略》，医家属《方技略》，均不在本书讨论范围内。③ 在断限问题上，姚振宗云："其人物撰著，悉以献帝逊位之年为断。其卒在是年之前，则无论乃心魏室，如王粲、陈琳；尽事吴

---

① 章宗源言："山松有《天文志》，《通志·校雠略》言有《艺文志》。"章宗源：《隋书经籍志考证》，《二十五史补编》本，中华书局1955年版，第4944页。

② 姚名达云："姚《志》所收，多逾千种，倍于《汉志》，后汉著述，有可考者，殆无复遗漏。非独为《隋志》所不及详，且亦远非范晔《后汉书》所能包。欲考究后汉遗书者，其道固有由矣。"姚名达：《中国目录学史》，《蓬莱阁丛书》本，上海古籍出版社2002年版，第172页。

③ 兵、天文、历算、五行诸家不纳入严格意义上的子书范围进行研讨，主要因为其缺乏直接的思想性，详细分析还可以参考吴根友、黄燕强的探讨。吴根友、黄燕强：《博明万事为子——诸子学在当代开展的新思考》，《社会科学战线》2013年第7期。

朝，如张纮、陆绩。皆比之诸侯王官属，不以汉之统系，豫假于魏吴，故亦阑入《三国志》所载，非牵合时代，漫无断限。"① 与本书对研究对象的时限处理相一致。

表 1　东汉子书一览表（儒、道、法、农、杂、小说）

流别	书目	合计（种）	总计（种）
儒家	1. 桓谭《新论》二十九篇 2. 邹邠《检论》 3. 牟融《牟子》二卷 4. 韦彪《韦卿子》十二篇 5. 唐羌《唐子》三十余篇 6. 陈忠《搢绅先生论》 7. 王灌《王子》五篇 8. 王逸《正部论》八卷 9. 王符《潜夫论》十卷 10. 冯颙《刺奢说》 11. 应奉《后序》十二卷 12. 魏朗《魏子》三卷 13. 陈纪《陈子》数十篇 14. 荀爽《新书》百余篇 15. 荀悦《申鉴》五卷 16. 荀悦《崇德正论》及诸论数十篇 17. 徐幹《中论》二十余篇 18. 王粲《去伐论集》三卷 19.《文检》六卷 20. 杜笃《女诫》 21. 曹大家《女诫》一卷 22. 荀爽《女诫》一篇 23. 蔡邕《女诫》一篇	23	50
道家	1. 巫光《养性经》 2. 王乔《养性治身经》 3. 王充《养性书》十六篇 4. 牟子《理惑论》三十七条	4	
法家	1. 王充《政务书》 2. 李尤《政事论》七篇 3. 崔寔《政论》六卷 4. 刘陶《反韩非》	4	
农家	1.《春秋井田记》2. 王景《蚕织法》3. 秦彭《度田条式》4. 崔寔《四民月令》一卷	4	
杂家	1.《郅恽书》八篇 2.《周党书》上下篇 3.《梁鸿书》十余篇 4. 杜笃《明世论》十五篇 5. 王充《论衡》八十五篇 6. 何汶《世务论》三十篇 7. 唐檀《唐子》二十八篇 8. 应奉《洞序》九卷 9. 应劭《风俗通义》三十一卷 10.《司马朗论》 11.《王粲书》数十篇 12. 仲长统《昌言》三十四篇	12	
小说家	1. 郭林宗著书一卷 2. 许劭《月旦评》 3. 陈寔《异闻记》	3	

① 姚振宗：《后汉艺文志·叙录》，《二十五史补编》本，中华书局 1955 年版，第 2305 页。

六类相加共五十种。从本质上说，《后汉艺文志》仍然属于辑佚之作，所以这个数字并无严格的统计学价值，但仍然可以看出东汉子书写作之盛。如前文所言，东汉的农家著作，已经蜕变为较为纯粹的技术之书，相比于先秦，思想性已明显褪色。小说家在先秦即是"街谈巷语、道听途说"①，《汉志》视其不入流。所以本书的研究对象主要集中在上表的儒、道、法、杂四家。

据李零《现存先秦两汉古书一览表》的统计②，上表书目中，桓谭《新论》、王充《论衡》、王符《潜夫论》、应劭《风俗通义》、荀悦《申鉴》和徐幹《中论》六种保存相对完整，或辑佚较成规模，它们一并构成本书的研究主体。

其他子书的散佚情况严重。唐人继承六朝的积累，开始有意识地搜罗，比如《意林》和《群书治要》的汇集就较为可观。在类书（如《北堂书钞》《艺文类聚》《初学记》《太平御览》等）和古注（如《三国志》裴松之注、《世说新语》刘孝标注、《文选》六臣注等）中，东汉子书的篇章与文字亦有一定数量的留存。清人在前人的基础上，对东汉子书开始总结式的辑佚。从成绩看，以严可均《全上古三代秦汉三国六朝文》和马国瀚《玉函山房辑佚书》为代表，但淘沙漉金，仅余残璧，较佳者如崔寔《政论》、仲长统《昌言》等，亦可管中窥豹。

东汉除了子书写作昌盛之外，其时学人还热心于注解先秦和西汉子书，显示出在经学一统的局面下，东汉学者向前代诸子学汲取资源，对经学思想进行反拨的尝试，子注实则是东汉子学昌盛的一个侧面。由于本书的部分章节论及了当时的诸子注疏，现也根据姚振宗书列表以明（表2），分类与取舍标准依照表1。

---

① 陈国庆：《汉书艺文志注释汇编》，《二十四史研究资料丛刊》本，中华书局1983年版，第163页。

② 李零：《简帛古书与学术源流》，生活·读书·新知三联书店2004年版，第36页。

表2　东汉子注一览表（儒、道、法、农、杂、小说）

流别	书目	合计（种）	总计（种）
儒家	1.程曾《孟子章句》2.郑玄《孟子注》七卷 3.赵岐《孟子章句》十四卷 4.高诱《孟子章句》5.刘熙《孟子注》七卷 6.刘陶《复孟子》7.侯芭《太玄经注》8.邹邠《玄思》9.张衡《玄图》一卷 10.张衡《太玄经注》11.崔瑗《太玄经注》12.宋衷《太玄经注》九卷 13.陆绩《太玄经注》九卷 14.宋志《玄测》一卷 15.侯苞《法言注》六卷 16.宋衷《法言注》十三卷	16	25
道家	1.马融《老子注》2.《想余注老子》二卷 3.刘陶《匡老子》	3	
法家	1.滕抚《慎子注》十卷	1	
农家		0	
杂家	1.高诱《吕氏春秋注》二十六卷 2.许慎《淮南鸿烈间诂》二十一卷 3.马融《淮南子注》4.高诱《淮南子注》5.高诱《淮南鸿烈音》二卷	5	
小说家		0	

对儒家诸子的注解，集中在《孟子》与扬雄。《孟子》与《论语》情况不同，《论语》在汉代虽未列为经典，但一直作为研习《五经》的辅助，入《汉书·艺文志·六艺略》。而《孟子》则一直作为子书存在，赵岐所谓"逮至亡秦，焚灭经术，坑戮儒生，孟子徒党尽矣！其书号为诸子，故篇籍得不泯绝"①是也。七十子之后，战国中后期儒学的发展，孟子与荀子两派二分天下。若粗略比较，孟子偏"尊德性"，而荀子偏"道问学"，战国末期到西汉初年，荀子门徒遍布天下，传经讲学，开汉代经学先河，汉初诸多经学大师均为荀子再传或三传，②从这个意义上讲，孟、荀相较，西汉时荀学占据上风。至东汉，一方面，古文经学大昌，专注于知识与事实

① 焦循：《孟子正义》卷一，《新编诸子集成》本，中华书局1987年版，第16页。
② 汪中《荀卿子通论》所言甚详。李金松：《述学校笺》，中华书局2014年版，第451—466页。

的探求，经学学术重心下移；另一方面，学术界也在寻求新的资源来改造今文经学的天道性命理论，这个改造虽然最终完成于以王弼为代表的魏晋玄学家之手，但《孟子》人性学说中包含的多重面向成为这一转变的思想渊薮之一，尤其是赵岐的《孟子章句》，援道家学说入《孟子》以释"性情"，做出了重要贡献，学者赞之为"儒道互补，作玄学之蝶蛹"①。高诱是东汉注疏学的重要代表人物，但是他的关注点却是经学体系之外的著作。他的《吕氏春秋注》和《淮南子注》，在继承汉代发达的经注传统的基础上，有所突破，②表现出浓厚的博通之风，这些都可以和东汉子书体现的某些学术风潮相印证，本书在写作中根据需要予以揭示。

第四节　研究回顾与研究目标

一、东汉子书及其作者研究回顾

如前文所说，由于东汉子书散佚较为严重，我们的研究回顾就以保存较好的六部子书：桓谭《新论》、王充《论衡》、王符《潜夫论》、应劭《风俗通义》、荀悦《申鉴》、徐幹《中论》以及辑佚较成规模的崔寔《政论》、仲长统《昌言》为主体，并且以影响最大的王充《论衡》为代表。回顾分为两大部分，即古典时期和现代。古典时期又分为唐以前和宋以后。现代则以中华人民共和国成立为限，划分为两个时期。

---

① 徐兴无：《论赵岐〈孟子章句〉》，《古典文献研究》第一辑，南京大学出版社 1992 年版，第 422 页。

② 关于高诱注解对经注的继承与突破，可参见何志华：《高诱注解体例探微——兼论高〈注〉于群经考据之用》，收入《高诱注解发微：从〈吕氏春秋〉到〈淮南子〉》，香港中文大学 2007 年版，第 45—108 页。

（一）古典时期

1. 唐以前

由于年代久远，文献不征，六朝、隋唐时期对东汉子书及其作者的论述可见较少，但是经过勾稽，依然可以勾画出大致轮廓。

首先，本书的研究对象，在六朝、隋唐人看来，确实可以归为一个群体。成书于刘宋时期的《后汉书》设有《儒林传》和《文苑传》，但是，东汉子书的作者并未厕身其中（徐干入《三国志》除外），而是单独列传，说明范晔已经将其视为不同于"儒林"和"文苑"的特殊群体，《后汉书》乃至将王充、王符和仲长统合传，充分体现了这一认知。唐代韩愈作《后汉三贤赞》，表彰二王与仲长统，继承了这样的认知。

其次，六朝隋唐人认为，这个群体最突出的特征是博通多学，这从《后汉书》诸贤的传记中就可以明显地看出来：

（桓谭）博学多通，遍习《五经》，皆诂训大义，不为章句。能文章，尤好古学。[1]

（应劭）少笃学，博览多闻。[2]

（王充）好博览而不守章句。家贫无书，常游洛阳市肆，阅所卖书，一见辄能诵忆，遂博通众流百家之言。[3]

（仲长统）少好学，博涉书记，赡于文辞。[4]

（崔寔）少沈静，好典籍。[5]

---

① 范晔：《后汉书》卷二十八，中华书局 1965 年版，第 955 页。

② 范晔：《后汉书》卷四十八，中华书局 1965 年版，第 1609 页。

③ 范晔：《后汉书》卷四十九，中华书局 1965 年版，第 1629 页。

④ 范晔：《后汉书》卷四十九，中华书局 1965 年版，第 1643 页。

⑤ 范晔：《后汉书》卷五十二，中华书局 1965 年版，第 1725 页。

（荀悦）年十二，能说《春秋》。家贫无书，每之人间，所见篇牍，一览多能诵记。①

经学仍然是其时知识界的主流，东汉的官方经学在门户之见和谶纬之学的共同作用下，愈发封闭保守。"博通多学"从本质上来说，是对今文经学知识论的反动，所以诸贤及其创作的子书均被视为游离于体制之外的"异数"，以王充及其《论衡》为代表：

王充所作《论衡》，中土未有传者。蔡邕入吴，始得之。恒秘玩以为谈助。后王朗为会稽太守，又得其书，及还许下，时人称其才进，或曰：不见异人，当得异书。问之，果以《论衡》之益，由是遂见传焉②。

"异人""异书"之说，可充分彰显当时人的认知。

最后，由于从东汉开始，一直绵延到六朝，子书被视为个人不朽的象征，所以诸贤发愤著书受到了广泛的赞誉，可举曹丕对徐幹的称羡之辞为例：

伟长（徐幹）……著《中论》二十余篇，成一家之言，词义典雅，足传于后，此子为不朽矣。德琏（应玚）常斐然有述作之意，其才学足以著书，美志不遂，良可痛惜。③

---

① 范晔：《后汉书》卷六十二，中华书局1965年版，第2058页。
② 《后汉书·王充传》李贤注引谢承《后汉书》。范晔：《后汉书》卷四十九，中华书局1965年版，第1629页。
③ 曹丕：《与吴质书》，萧统：《文选》，上海古籍出版社1986年版，第1897页。

"建安七子"俱以诗文名世，曹丕对徐幹的评价高出侪辈，全因其留下了《中论》这部公认的子书，进而优入不朽之域。他对应玚未能著子书而深为惋惜，更加深了子书可以不朽的印象。东晋王隐对应劭、崔寔也有相同评价："应仲远（应劭）作《风俗通》，崔子真（崔寔）作《政论》，蔡伯喈作《劝学篇》，史游作《急就章》，犹行于世，便为没而不朽。"①

2. 宋以后

从宋代开始，由于文献留存较多，对东汉子书及其作者的评论较为丰富，学者对东汉子书的研究与评论基本上是以单条的读书札记来展现，收录东汉子书札记较多的文集、笔记有：黄震《黄氏日抄》、王应麟《困学纪闻》、胡应麟《少室山房笔丛》、方孝孺《逊志斋集》、俞樾《诸子平议》《诸子平议补录》、孙诒让《札迻》、陶鸿庆《读诸子札记》等。

与唐以前相比，宋以后的评价发生了明显的转向。以王充《论衡》为例，正如明人胡应麟（1551—1602年）所说，"王充氏《论衡》八十四篇，其文猥冗尔沓，世所共轻，而东汉、晋、唐之间特为贵重"②。宋以后对东汉子书及其作者的批评，主要集中在子书的著作动机与内容倾向两方面。比如南宋黄震（1213—1280年）对王充《论衡》的批评：

> 王充尝师班，博学有独见。既仕不偶，退而作《论衡》二十余万言。蔡邕、王朗尝得其书，皆秘之以为己助。盖充亦杰然以文学称者。惜其初心发于怨愤，持论至于过激，失理之平，正与自名"论衡"之意相背。如谓穷达皆出于命，达者未必贤，穷者未必不肖，可矣。乃推而衍之，至以治和非尧、舜之功，败亡非

① 房玄龄等：《晋书》卷八十二，中华书局1974年版，第2142页。
② 胡应麟：《少室山房笔丛》卷二十八《九流绪论》，收入《论衡校释》附编三。黄晖：《论衡校释》（附刘盼遂集解），中华书局1990年版，第1243页。

桀、纣之罪，亦归之时命焉，可乎？甚至讥孔、孟而尊老子；抑
殷、周而夸大汉；谓龙无灵；谓雷无威；谓天地无生育之恩，而
譬之人身之生虮虱，欲以尽废天地百神之祀，虽人生之父母骨
肉，亦以人死无知，不能为鬼，而忽蔑之。凡皆发于一念之怨
愤，故不自知其轻重失平如此。①

东汉诸贤或沉沦下僚，或隐居民间，其著述皆不平则鸣，可以说都或
多或少带有"发于一念之怨愤"的动机。而其内容，自然要对官方提倡的
经典记述提出反驳，或对时代风俗提出批评，如前文对子书特质的揭示所
论，这是子书的本质要求。而我们要追问的是，何以宋代以后对东汉子书
会提出如此严苛的批评？还以黄震为例，他对荀悦《申鉴》的批评，会给
我们带来启发：

> 如曰"善治民者治其性，故跖可使与伯夷同功"，则喜于立
> 论之过。论性情者屡章，而当于理者殊少。②

汉学与宋学是古典学术的两大分野，"性"论与"情"论是汉代哲学
与宋明理学共同关注的重要命题，但汉学与宋学对"性情"的理解和表
述有明显的不同。荀悦关于"性情"的讨论集中在《申鉴·杂言》中，
以"性"而言，荀悦认为，"生之谓性也，形、神是也"③，全本先秦告子
之说。南宋朱熹在继承张载、程颐等人观点的基础上提出，"性，不是

---

① 黄震：《黄氏日抄》卷五十七《诸子》三，收入《论衡校释》附编三。黄晖：《论衡校释》
　（附刘盼遂集解），中华书局 1990 年版，第 1242—1243 页。

② 黄震：《黄氏日抄》卷五十七，收入《申鉴注校补·附录二》。孙启治：《申鉴注校
　补》，《新编诸子集成》本，中华书局 2012 年版，第 229 页。

③ 孙启治：《申鉴注校补》，《新编诸子集成》本，中华书局 2012 年版，第 195 页。

有一个物事在里面唤作性，只是理所当然者便是性，只是人只当如此做底便是性^①，并进而区分"理之性"与"气质之性"^②。两相对比，东汉人荀悦对"性情"的理解，与南宋人黄震对"性情"的理解，自然不在同一个话语体系中，黄震批评其"当于理者殊少"就不难理解了。进而言之，他对王充与《论衡》的批评，基本上也可以看作是汉学与宋学两大学术范式的冲突。宋代以后，君臣大防趋严，贤与不肖的分际愈发明显，圣人的道统谱系建立，对本体论、伦理学的探究愈发精细、严密。对于粗拙重大的汉学，宋学本来就有不屑之意，更遑论作为汉学旁出的东汉子书。

清代朴学兴盛，清人除了在义理方面继承了前人对东汉子书的批评（以《四库全书总目》为代表）之外，又从文献学的角度，对东汉子书做了有限的肯定，比如谭宗浚（1846—1888 年）对《论衡》的评价：

> 其中议论甚详，颇资证据。其足考古事者；如谓尧为美谥（见《须颂》篇），则三代以前之谥法。引孔子云："诗人疾之不能默，丘疾之不能伏"（见《对作》篇），则足见孔门之轶事。引公孙尼子、漆雕子、宓子诸家之言（见《本性》篇），按《汉志》，《公孙尼子》二十八篇，《漆雕子》十二篇，《宓子》十六篇，则足见古时之旧说。谓《论语》之篇但八寸尺，不二尺四寸者，取怀持之便（见《正说》篇），则足见古人书册之制。谓始皇未尝至鲁（见《实知》篇），谓孔子至不能十国（见《儒增》篇），则

---

① 黎靖德：《朱子语类》卷六十，中华书局 1986 年版，第 1426 页。
② 参见张岱年：《中国古典哲学概念范畴要论》，中国社会科学出版社 1987 年版，第 182—189 页。

足订太史公之误。此皆足考古事者也。[①]

三代两汉之书是清人考史的圭臬，东汉子书虽然旁支别出，但毕竟是传世不多的汉人文字，又因为子书在其时属于经书正史之外的补充，具有重要的文献勘正价值，所以受到清人的青睐。[②]

综合以上的梳理，在古典学术中，对东汉子书及其作者的评价，经历了宋代以后的重要转折。但是从总体上看，古典研究还是偏于印象式的点评和文献学的模式，从整体上将其定位为汉代学术的异端。随着十九世纪末、二十世纪初西方学术的传播，中国的学术范式发生了巨大的改变，东汉子书的研究迎来了新的时期。

（二）现代

1. 二十世纪上半叶

进入现代学术初期，由于受西方科学精神和进化论思想的影响，当时学界倾向于将汉代经学笼统地视为黑暗的神学思想，而作为经学对立面的东汉子书及其作者逐渐受到重视，由于王充的思想在东汉诸贤中十分突出，且在东汉子书中，《论衡》的文献保存最为完整（原书八十五篇，现存八十四篇，缺《招致》），体系性较强，所以王充及其《论衡》的研究最为热门，我们还是以其作为代表，来梳理现代学术研究在这一领域的基本状况。

---

① 谭宗浚：《论衡跋》，《学海堂》四集，收入《论衡校释》附编三。黄晖：《论衡校释》（附刘盼遂集解），《新编诸子集成》本，中华书局1990年版，第1246页。

② 吕思勉先生在《经子解题·论读子之法》中指出，"读诸子书者，宜留意求其大义。昔时治子者，多注意于名物训诂、典章制度，而于大义顾罕研求。此由当时偏重治经，取以与经相证；此仍治经，非治子也"，即是对清人治子方法的批评。吕思勉：《经子解题》，《中国文化思想史九种》上册，上海古籍出版社2009年版，第165页。

胡适先生是中国现代哲学学科的奠基者，他深受其老师约翰·杜威（John Dewey）的影响，服膺实验主义，崇尚科学实证。在这样的学术背景下，1931年，胡适在《现代学生》杂志第一卷第4、6、8、9期，连载长文《王充的论衡》，对后来的东汉子书研究产生了深远的影响。这篇文章从经过科学精神洗礼的现代价值观出发，论述了王充与汉代官方经学的对立，深入地发掘了王充"实验的态度""批判的精神"，称其为"自然主义的新道家"。胡适认为，汉代《四分历》与《太初历》的争论，推动了当时自然科学尤其是天文学的发展，"王充的哲学，只是当时的科学精神应用到人生问题上去"[①]，并进而详细分析了王充实验方法的类型与成就。在此基础上，胡适对王充及其《论衡》在中国学术史上的地位，给予了全新的界定：

> 王充在哲学史上的绝大贡献，只是这种评判的精神，这种精神的表现，便是他的怀疑的态度。怀疑的态度，便是不肯糊里糊涂的信仰，凡事须要经我自己的心意"诠订"一遍，"订其真伪，辨其实虚"，然后可以信仰。若主观的批评还不够，必须寻出证据，提出效验，然后可以信仰。这种怀疑的态度，并不全是破坏的，其实是建设的，因为经过了一番诠定批评，信仰方才是真正可靠的信仰，凡是禁不起疑问的信仰，都是不可靠的。[②]

胡适先生是一位天才学者，相比于古典时代对东汉子书印象式的点评，他的这篇文章角度新颖、持论鲜明、论证缜密、结构完备，辅以

---

① 胡适：《王充的论衡》，原载《现代学生》第1卷第4、6、8、9期，《论衡校释》附编四。黄晖：《论衡校释》（附刘盼遂集解），《新编诸子集成》本，中华书局1990年版，第1272页。

② 黄晖：《论衡校释》（附刘盼遂集解），中华书局1990年版，第1280—1281页。

个性化的语言，① 对后来学者影响巨大，在王充研究乃至整个东汉子书的研究中具有发凡起例的地位。尤其是他将王充与《论衡》定位为汉代官方学术与神学思潮的反动，几乎成为后来研究东汉子书的固定出发点。

冯友兰先生在其成名作《中国哲学史》中特设"古文经学与扬雄、王充"一章，讨论了王充的《论衡》，并附带讨论桓谭。因桓谭、王充都曾批判谶纬之学，因此将他们视为不信谶纬的、与古文经学同调的学者。冯先生对桓谭、王充的评价虽然囿于两汉经学今古文之争的范围内，但是却揭示了汉代经学系统内部的复杂性，引导后来学者探讨子书与汉代经学的关系。

相比于王充及其《论衡》研究的繁荣，东汉其他子书及其作者的研究相对落寞。根据台湾"汉学研究中心"所编《两汉诸子研究论著目录（1912—1996）》的统计，从 1912 年至 1949 年，东汉其他子书及其作者研究文献的数量分别为：桓谭与《新论》，4 篇（含著作与文献整理，下同）；王符与《潜夫论》，12 篇；荀悦与《申鉴》，4 篇；徐幹与《中论》，0 篇；仲长统与《昌言》，5 篇（同期王充与《论衡》研究论著的数量高达 53 篇）② 。并且除了文献考证之外，研究的角度、方法和评价立场，都基本上遵循了胡适研究王充的范例。

---

① 胡适在此文中，对汉代学术整体风貌的判断，明显持科学实证的立场，并且受清末今文学辨伪古文经的影响，与"古史辨"的立场同调。比如他说："汉代是一个骗子的时代。那两百多年中，也不知造出了多少荒唐的神话，也不知造出了多少荒谬的假书。我们读的古代史，自开辟至周朝，其中也不知道有多少部分是汉代一班骗子假造出来的。王莽、刘歆都是骗子中的国手。谶纬之学便是西汉骗子的自然产儿。"文风恣肆，胆气充沛，与其后期温和、雍容的行文风格明显不类。

② "汉学研究中心"编：《两汉诸子研究论著目录（1912—1996）》，（台北）"汉学研究中心"1998 年版，第 273—280、331—334、359—364、365—368、369—372、281—330 页。

2. 二十世纪下半叶

一九四九年之后，《新论》《论衡》《潜夫论》等东汉子书的研究乃是大陆学界的一个热点，研究论著和论文数量之多，在古典学术研究领域十分醒目。以王充《论衡》为例，据《两汉诸子研究论著目录（1912—1996）》的统计，从 1949 年至 1978 年，中国大陆地区关于王充与《论衡》的研究文献数量为 196 篇，[①] 是 1912—1949 年的近 4 倍（1912—1949 年的统计包含了少数日本学界的研究）。改革开放之前，中国大陆学界提倡用马克思主义世界观和方法论重新解释中国古代哲学，在这样的背景下，绝大多数的研究者都从唯物论与唯心论相斗争的角度出发，对《论衡》的内在结构进行了细致的梳理，从"天论""气论""性命论""知论""形神论"等角度对王充哲学进行了详尽的分析。应该说，虽然这些研究从一开始就带有浓厚的意识形态色彩，但是，其研究的细致程度却远超前人，带有哲学研究独有的深刻性。相对例外的是侯外庐先生对王充的研究，侯先生早年致力于社会史领域，对中国古代的社会阶层有着深湛的研究，他在《中国思想通史》等著述中对王充的研究，偏重将王充放入两汉乃至整个中国皇权社会的背景下进行考察，虽然结论仍带有形而上学的色彩，但是研究方法和角度已经有所突破。从纯哲学角度研究王充以及东汉诸子，固然有思辨深刻等特点，但这种研究往往是从特定的哲学立场出发，进行繁复的理论推演，而将哲学家生活的政治环境和文化环境作简单化、模式化的处理，作为其哲学观点的注脚。

改革开放以后，中国大陆学界的研究已经逐步扭转这个倾向，同时在部分中国港台学者那里也得到了一定程度的纠正。徐复观先生在其代表作《两汉思想史》第二卷中，专辟"王充论考"一章，对王充生平中的一些

---

① "汉学研究中心"编：《两汉诸子研究论著目录（1912—1996）》，（台北）"汉学研究中心" 1998 年版，第 281—330 页。

重要问题，如"乡里称孝""受业太学、师事班彪"等进行了考察，拓展了王充研究的范围；龚鹏程先生《世俗化的儒家：王充》一文则从文化史学的角度对王充做出了一些切实的解释，尤其是他对王充与汉代"作者观"之间关系的揭示，尤具启发性。在王充以外的研究领域中，陈启云先生的成绩较为突出，其专著《荀悦与中古儒学》可称代表。陈氏治学，早年专攻中国古代政治制度史，兼及经济史，后转治中古思想史，故其荀悦研究从文本细读出发，将荀悦的生存状态、心路历程和著作寄托均落实到东汉的社会文化变迁之中，言无虚发，亦可视为东汉子书及其作者研究的一个成功范例。

东汉魏晋之际，也是文学发展的一大转折点，东汉子书在这个变迁过程中亦占有一定地位，程千帆与程章灿先生合著之《程氏汉语文学通史》第八章"子书的衰落与论说、文论的勃兴"，继承章学诚"子史衰而文集盛"之说，从文体变迁的角度，对汉魏子书做了文学史考察。而子书文学的个案研究，已经取得成果，可以周勋初先生《王充与两汉文风》为代表。

另外，由于东汉子书的作者基本为下层学者，其著作中多涉及民俗生活及对政府的批评，故在政治史、社会史、民俗史等研究领域中，东汉子书经常被用作佐证观点的材料，尤以《论衡》《潜夫论》和《风俗通义》三书为甚。在这些领域中，子书并非研究的主体。

综上所述，现代学术中的东汉诸子研究，基本上从哲学思辨角度出发，对东汉子书思想的内涵与外延，做出了相当细致的剖析。其不足之处是这种剖析基本上是以"唯物""唯心"等西方哲学概念为利器，以"科学""迷信"等现代价值观为评价标准，一定程度上呈现出概念化、模式化的倾向；同时亦缺乏以东汉子书为研究主体的专题研究（近十年的中文、历史、哲学诸学科的博士论文，已经开始逐渐重视东汉子书的综合研究）。

"一代有一代之胜"的观念不仅在古代文学的研究中有重大影响，在广义的中国传统学术研究领域，这个观念也依然在相当程度上控制着人们的认知。贺昌群先生曾言，"周末百家争鸣，至汉而整齐之，以名物训诂之实救其虚，实之蔽必流于繁琐，魏晋六朝玄学以虚救之，虚之弊空疏，隋唐义疏乃以实救之，宋明理学复以虚救隋唐之实，清代朴学又以实救宋明之需"[1]。于是，我们提及传统学术，就会习惯性地用先秦诸子学、两汉经学、魏晋玄学、隋唐佛学、宋明理学、清代朴学等语汇为各个时期贴上"标签"。不可否认，这些"标签"揭示并强调了各个时期学术的主要特征，但需要警惕的是，对某一部分的强调同时也往往意味着对其他部分的遮蔽，在先秦盛极一时的诸子学如何会在汉初突然衰落？它的衰落与东汉子书兴起之间有什么关系？两汉经学独尊表象之下，诸子学有着怎样的表现？在章句谶纬之学的笼罩下，该如何解释子书在两汉学术格局中所占的地位？他们给东汉学术带来了哪些新的气象？为魏晋学术的发展提供了什么样的资源？这些都是需要进一步解决的课题。

二、本书研究方法与目标

胡适先生在论及王充与《论衡》在中国学术史中的地位时曾云：

> （王充的哲学）大半都是侧重批评破坏一方面的。王充的绝大贡献就在这一方面。中国的思想若不经过这一番破坏的批评，决不能有汉末与魏、晋的大解放。王充的哲学是中古思想的一大转机。他不但在破坏的方面打倒迷信的儒教，扫除西汉的乌烟瘴气，替东汉以后的思想打开一条大路；并且在建设的方面，提倡自然主义，恢复西汉初期的道家哲学，替后来魏、晋的自然派哲学打下一个伟大的新基础。[2]

---

[1] 贺昌群：《魏晋清谈思想初论》，辽宁教育出版社1998年版，第44页。

[2] 黄晖：《论衡校释·附编四》（附刘盼遂集解）卷第二十八，《新编诸子集成》本，中华书局1990年版，第1284—1285页。

　　胡适这段话中的某些具体结论——如王充是在恢复西汉初期的道家哲学——还有商榷的余地，但是，他的整体判断是极有见地的，这个判断可以移植到整个东汉子书的评价上，即以子书写作为表现形式的东汉诸子学（包括对先秦和西汉子书的注解）是汉代经学与魏晋玄学转换过程中的重要变量。本书的研究即继承胡适等人的基本判断而详细考察之。[①]概括而言，以东汉子书以及其作者为研究对象，以此考察诸子学术在东汉的发展变迁，通过这一角度，进而揭示东汉相对于西汉的学术转型，以及对魏晋学术的导源。从经学切入一直是考察东汉学术的主要角度，但考察一时代之学术，在坚持正面突破的同时，若能适当地转换角度，从侧面进入，往往能够看到以往研究中容易忽略的现象，启发新的思考。本书的研究将尝试为考察两汉之交、汉魏之际的学术转型提供新的视角，同时也力图对诸子学在先秦之后的发展、变形与衰落做出新的解释。

　　基本思路分纵向和横向两个维度展开。

　　纵向研究是指以东汉子书为中心，对从先秦到汉魏诸子学术的变迁做历时考察。这个历时考察以"学术精神演变"和"子书形式变迁"为问题导向。战国秦汉的子书，经历了一个思辨性逐渐消退、结构性逐渐增强的发展历程。结构性的增强说明了子书要为战国秦汉之际逐渐到来的新秩序建构存在的依据；而思辨性逐渐减退则消解了先秦诸子赖以生存的批判特征，这个此消彼长的过程使得诸子学不再具备鼎盛时期的破坏与批判的风采，最终泯灭于汉代王官之学中。但是详考西汉学术，我们可以发现，虽然从形式上讲，诸子学在西汉已经走向衰微，但是，先秦诸子学以"以家言上抗王官"的传统却被西汉经学所继承，这集中体现在西

[①] 冯友兰也有类似说法："（王充）在积极方面，虽皆无甚新见；然其结两汉思想之局，开魏晋思想之路。"冯友兰：《中国哲学史》（下册）第二篇"经学时代·古文经学与扬雄·王充"，华东师范大学出版社2000年版，第58页。

汉经学所展现的"革命"精神上。从这个角度来说，西汉经学对先秦诸子学有所继承。因为西汉经学是一门典型的经世致用的学问，因此，王莽代汉是西汉经学的极致，它的最终失败导致了两汉之交知识阶层用世理想的破灭。秩序的崩溃使得知识阶层由此对支撑西汉一朝的今文经学产生了反思，他们的学术取向也以此为基点发生了转变，部分学者从经学系统逃离，著作子书，东汉诸子学由此兴起。以东汉诸子学兴起的过程为主线，可以考见从战国末期到两汉之交学术发展的历程。东汉的子书，虽然已经不再具备像西汉今文经学那样勇于干预时政的特征，但是，学术视野发生了重要转移，同时开始努力汲取道家、法家的思想来思考现实问题，显示出对经学的疏离，为魏晋学术的开展提供了可能的路径。从纯粹的子书形式来说，从先秦诸子到东汉子书，也有一个逐渐演变的过程。先秦及西汉子书，其著作最先皆单篇独行，并且大部分并非有为而作，多是经后人整理而结集。但是，东汉子书则基本上是诸贤生前的有为而作，生前亲自定本，作者本人对整个著作有较为详细的规划和自我期待，成为后世"集部"的雏形，是汉魏之际文学变迁的一个源头。本书将较为详细地考察和解释这个演变过程，并力图揭示这个过程背后的学术史意义。

　　横向研究首先是指将东汉诸子学术与汉代的主流学术——经学——做比较和交叉研究。东汉子书兴起的直接原因是今文经学在两汉之交的僵化，因此，诸贤对于今文经学的态度不仅展现了东汉诸子学自身的学术特征，同时也是考察今文经学的重要视角。本书将抓住桓谭、王充等人对谶纬、灾异的批判，展现两汉之交学术评价标准由信仰向理性的转变。古文经学是经学系统内部对今文经学的反拨，它以博学考证为特征，以注疏之学为主要学术表现形式，在学术的主旨与趣味等诸多方面都是对章句谶纬之学的反动，但也存在注重细节考订而忽视大义等缺陷，与章句谶纬之学相比，似乎是从一个极端走到了另一个极端。东汉子书因为始终处于经学系统之外，所以对于古文经学的这种缺陷有着较为清醒的认识。他们通过自己的著作表现了对古文经学缺陷的反拨，展现了东汉始终存在的对经学的反思，代表了汉代除经学之外的学术风貌，也是后世学术发展突破经学牢笼可资借鉴的资源。根据需要，我们也会附论子注的相关问题。每当学术或者思想出现僵化，自身无法取得突破时，学术界或思想界总是会向古典之中取资，寻找继续前进的源泉，其中注解古典是一个重要的手段。东汉子注就是在汉代经学发生危机之时产生的，说明渐趋僵化的经学已经无法满足士人们对知识的渴求，以及对新的信仰的追寻，而对子注做详细的内部研究（包括注释的技艺、内在结构和逻辑演进等），则是进一步探究时代学术演进的有效途径。

在具体的研究方法上，首先是推源溯流。一般认为，诸子学术发源于西周末的王官失守，大盛于春秋战国，发展变形于嬴秦西汉。研究东汉的诸子学，就必须对从春秋到西汉的诸子学术做推源溯流的考察，以此显现东汉诸子学术对战国秦汉的继承与新变。同时也要关照经过东汉子书的过渡，诸子学术尤其是子书写作在中古时期的发展。

其次是交叉结合。第一是子学与经学的交叉结合。经学是汉代的主流学术，对汉代诸子学的研究必须以经学为背景，要特别注重二者的相互影响。第二是知识与思想的交叉结合。两汉之交，理性主义思潮复归，使得知识阶层的兴趣逐渐从追求信仰转向追求知识，此风尚与诸子学术的泛滥有密切关联。第三是个案的提炼与群体的推广交叉结合。现存较成规模的几部东汉子书，《新论》《论衡》《风俗通义》《潜夫论》《申鉴》等，它们之间也并非道一风同。某部具体子书所得出的结论，如何与东汉诸子学术的整体评价相协调，是研究中特别需要注意的问题。

第五节　主要内容概览

为方便读者迅速而全面地了解主要研究内容，特将全书分章概要如下：

绪论

在一般语境中，"诸子"专指先秦诸子学，汉魏以后模仿先秦诸子的作品称作"子书"，但其作者一般不称"诸子"。从先秦到汉魏，子学都具有"入道见志向""在野学术"和"无复依傍"三个特征。东汉子书和子注都十分繁盛。传统学术对于东汉子书的研究流于印象式的点评，现代学术则主要褒奖它们反对汉代经学，尤其是谶纬神学的一面。

第一章　战国秦汉之际诸子学的衰微与变形

诸子学在战国秦汉之际的衰微是中国思想史上的重大课题，过往的研究一般认为秦始皇"焚书"和汉武帝"罢黜百家、独尊儒术"是导致这一现象的重要原因，这两种观点都偏重从政治史角度的考察；若从思想发展的内在结构出发，则可发现战国秦汉之际的诸子学发展经历了一个思辨性逐渐消退、结构性逐渐增强的过程：结构性的增强说明子书要为即将或已经到来的新秩序建构存在依据，而思辨性减退则消解了先秦诸子对旧秩序批判的特征，最终导致诸子学的衰微。

第二章　《新论》：源于"古学"的突破

桓谭出身于郎官，他治经学，崇尚博通，实事求是，与今文博士截然相反，号称"古学"。《新论》则在古学的基础上，继续有所突破，主要体现在学术兴趣的转移，开始关注先秦诸子学，尤其对道家思想发生兴趣。《新论》对先秦诸子的一些重要命题进行了探究，对诸子学的整体地位给予了肯定。

第三章 《论衡》：作者观的新变

先秦文化具有神圣性的作者观念，将重要的器物发明或文化创造归名于圣人，这个观念也制约了知识阶层的思想与书写。从西汉开始，这种神圣性作者观不断开始受到冲击，王充在《论衡》中公开宣示凡人拥有著作之权，去除了作者身上的神圣特征，建构了汉代的作者谱系，并将扬雄、桓谭和自己纳入其中，完成了作者身份的转移。作者观的新变，不仅造就了《论衡》的鸿篇巨制，也为东汉以后的知识阶层突破经学束缚，直接表达思想、情怀扫清了重要障碍，是促成东汉子书写作兴盛和魏晋文学觉醒的重要因素。

第四章 知识阶层的分化与《潜夫论》的写作

随着文教制度的完善，汉代士阶层的数量急剧扩张，并由此产生了在朝和在野的明确区分。东汉子书的作者，除了桓谭和应劭终身在体制内，其他诸人或终身在野，或有过隐逸经历。现存关于王符生平的三条材料，可以证明王符的"潜夫"身份，而作为"潜夫"，他拥有了批判时代的独特视角。在《潜夫论》的批判中，王符对"本末"等带有哲学色彩的命题有所思考，其思考的路径与倾向，展示汉代思想走向中古的潜流。

第五章 《风俗通义》：援史入子与子书视野转移

经学的兴趣，在于通过对经典的阐发，获得圣人的教诲，然后自上而下地构建意识形态，指导人伦日常。应劭在《风俗通义》中体现的关怀与经学并无二致，但是，他的方法却是从观察社会风俗入手，通过形而下的考察，获得形而上的思考，与经学反向而行。应劭又是一名史学家，他在《风俗通义》中用史家的方法记述世情，不同于传统子书单纯的以"立意"为宗，丰富了子书的样式，同时也给后世留下了考察汉代社会的珍贵材料。

第六章 《申鉴》：道、法夹缝中的儒家宣言

荀悦是著名的颍川荀氏家族的成员，在党锢之祸中，这个家族遭受了打击，也促使荀悦感同身受地去理解时代。进入朝廷之后，荀悦首先编纂了《汉纪》，从历史学的角度总结了西汉的兴衰，随后，他在《申鉴》中，从哲学角度对历史学教训进行了反思。反思的过程，伴随着儒、道、法三家学说的反复冲突，荀悦试图借用先秦道家和法家的理念来改造汉代的儒学，体现了汉末诸子学复兴并进而融合的趋势。

第七章 东汉子书与经学

经学是汉代的"王官之学"，同时也是汉代所有知识阶层共同的知识背景。虽然子书作者们不在经学的传承体系之内，但经学仍是他们无法绕开的"话语环境"，他们的学术思想在很大部分上是针对经学而展开，尤其以桓谭和王充为代表。子书对今文经学的突破主要体现在用理性对抗信仰，对古文经学的突破主要体现在超越知识层面，关注本体问题。

第八章 子书与史学之关系及风俗批评

东汉子书体现了浓厚的历史思维，主要体现在贬斥《公羊传》，推崇《左传》，认为历史就是事实的贮藏所，要用事实来表达人在复杂情势下的微妙特性和处境。除了《风俗通义》，东汉其他子书也对风俗问题进行了探讨，通过对风俗的性质与利弊的辨析，凸显理性与思辨精神。

第九章 汉魏南北朝子书形式的发展

东汉子书是作者有意识的著作规划下的产物，这与西汉的大部分子书截然不同，主要体现在东汉子书普遍存在"自序"；东汉子书也有比较完整的、自足的结构，而不是许多可能并无内在关联的单篇的集合。魏晋南

北朝，子书形式发生变化，但子书的精神却得到了继承，以《文心雕龙》为代表。《文心雕龙》不再像先秦两汉子书那样"博明万事"，转而"研精一理"，这个现象也反映了子书创作主体由学派向个人的转变；刘勰持"宗经"立场，《文心雕龙》也因此弱化了先秦诸子的批判性格，而代之以建构特征；这种建构以个人的智慧与意志为枢轴，反过来又体现了中古士人在"宗经"氛围下寻求个人主体性的努力。

附论：《孟子正义》的诠释特色与启示

东汉除了子书写作兴盛，对先秦和西汉子书的注解同样兴盛，在本书的引论中，我们已经用图表的形式展现了这一盛况。非常可惜的是，大部分子注作品都已经散佚，只有高诱注《淮南子》《吕氏春秋》和赵岐注《孟子》得以留存。其中，高注以音义训诂为特色，思想性不强。赵注则比较明显地体现了晚汉学术的新变，焦循的《孟子正义》则在其基础上有了进一步发展，展现了子学注疏的生命力。

第一章　战国秦汉之际诸子学的衰微与变形

第一节　两个传统论点的辨析

在先秦时期风光无限的诸子学，发展到西汉，已经不可挽回地走向了衰败，这是学术史不争的事实。而对这一事实做出合理有效的解释，则一直是汉代学术和中国思想史研究所追寻的目标。在这一节中，我们将在学界已取得的成果之上，做进一步的梳理和辨析，所得出的结论，则是本书的研究起点。

一、"焚书"辨

秦始皇"焚书"一般是我们首先会想到的导致诸子学衰微的原因。关于"焚书"导致古代文化中绝的说法，古今皆有辩驳。郑樵《通志·校雠略》云：

> 其所焚者，一时间事耳。后世不明经者，皆归之秦火，使学者不睹全书，未免乎疑以传疑。然则《易》固为全书矣，何尝见后世有明全《易》之人哉！臣向谓秦人焚书而书存，诸儒穷经而经绝，盖为此发……自汉以来，书籍至于今日，百不存一二，非

秦人亡之也，学者自亡之耳①。

而在现代学术中，胡适先生则较早地对这一观点提出不同意见，他在讨论古代哲学之中绝时曾言：

> 政府禁书，无论古今中外，是禁不绝的。秦始皇那种专制手段，还免不了博浪沙的一次大惊吓；十日的大索也捉不住一个张良。可见当时犯禁的人一定很多，偷藏的书一定很不少。试看《汉书·艺文志》所记书目，便知秦始皇烧书的政策，虽不无小小的影响，其实是一场大失败②。

郑樵认为书籍在流传过程中的自然淘汰远过于秦火的焚毁；胡适先生则从秦时政府的控制力角度推测书籍的保存程度。郑、胡二氏都强调了"焚书"政策影响的有限性，而钱穆先生的研究则告诉我们，即使"焚书"政策确实起了相当的作用，但是，诸子书则是各类书籍中受到影响最小的一类：

> 秦廷此次焚书，其首要者为六国之史记，以其多讥刺及秦，且多涉及政治也。其次为诗书，即古代官书之流传民间者，以其每为师古议政者所凭藉也。再次乃及百家语，似是牵连及之，并

① 郑樵：《通志二十略》，中华书局1995年版，第1803页。
② 胡适：《中国哲学史大纲》，《蓬莱阁丛书》本，上海古籍出版社1997年版，第278—279页。

不重视……故自西汉以来，均谓秦焚书不及诸子①。

根据钱先生的论证，触及现实政治的六国史记是焚书的首要目标，而在学术文献中，焚毁的重点是《诗》《书》古文，而并非代表后起百家新学的诸子书。另有学者指出，"焚书"的做法在先秦时期早已存在，甚至认为孔子感叹的"文献不足征"的状况就是"焚书"导致的。②虽然这个推论目前还难以得到文献的普遍证实，但是秦国的情况却是如此。秦国的焚书并非始自秦始皇，据《韩非子·和氏》记载，"商君教秦孝公以连什伍，设告坐之过，燔《诗》《书》而明法令"③，王应麟《困学纪闻》云："与李斯之焚无异也。"④秦始皇焚书固然有现实因素的触发，同时也是继承了秦国一贯的文化政策，这个政策的依据就是韩非所说的"明主之国，无书简之文，以法为教；无先王之语，以吏为师"⑤。对以"诗书"为代表的"先王之语"的排斥，实际上却给了代表新兴学术的诸子学相对宽松的生存空间。我们知道，作为先秦学术的总结，《吕氏春秋》是诸子文献中唯一具有官方背景的子书，而它恰恰产生于具有"焚书"传统的秦国；秦国之所以能够强盛并进而统一的文化根基也是作为诸子之一的法家思想；而秦统

---

① 钱穆：《两汉博士家法考》，《两汉经学今古文平议》，商务印书馆2001年版，第188页。钱先生同时还引证《论衡》之《书解》《佚文》《正说》诸篇以及赵岐《孟子题辞》、王肃《家语后序》《后汉书·天文志》《文心雕龙·诸子》等文献均有"秦焚书不及诸子"的说法。

② 钱存训先生言："焚毁书籍的方法，实际上早已为一些封建诸侯所采用，因为早在春秋时代，已有文献不足征之感了。"钱存训：《书于竹帛》，上海书店出版社2006年版，第10页。

③ 王先慎：《韩非子集解》卷四，《新编诸子集成》本，中华书局1998年版，第97页。

④ 王应麟：《困学纪闻》卷十《诸子》，翁元圻等注，上海古籍出版社2008年版，第1266页。

⑤ 王先慎：《韩非子集解》卷第十九，《新编诸子集成》本，中华书局1998年版，第452页。

一后，诸子皆立博士，① 更可见秦对诸子学的宽容。据此推论，秦始皇"焚书"对诸子学衰微的影响是微乎其微的。

二、"罢黜百家，独尊儒术"辨

与秦始皇"焚书"一样，汉武帝"罢黜百家，独尊儒术"的政策一般也被认为是导致诸子学衰微的一个重要原因，而这个观点亦有继续辨析、申论的必要。

众所周知，"罢黜百家，独尊儒术"的政策来源于董仲舒的建议，董仲舒在其著名的"天人三策"的末尾有言：

> 臣愚以为诸不在六艺之科、孔子之术者，皆绝其道，勿使并进。邪辟之说灭息，然后统纪可一，而法度可明，民知所从矣。②

所以，班固说"推明孔氏、抑黜百家……皆自仲舒发之"③。而与董仲舒对策几乎同时，丞相卫绾也有类似的奏言，《汉书·武帝纪》云：

> 建元元年冬十月，诏丞相、御史、列侯、中二千石、二千石、诸侯相举贤良方正直言极谏之士。丞相卫绾奏："所举贤良，或治申、商、韩非、苏秦、张仪之言，乱国政，请皆罢。"奏可。④

各级官吏举荐了大量治习法家学术或纵横家言的"贤良"，作为丞相

---

① 王国维先生在《汉魏博士考》中考证曰："殆诸子、诗赋、术数、方伎皆立博士，非徒六艺而已。"王国维：《观堂集林》，中华书局 1959 年版，第 175 页。

② 王先谦：《汉书补注》卷五十六，上海古籍出版社 2008 年版，第 4052 页。

③ 王先谦：《汉书补注》卷五十六，上海古籍出版社 2008 年版，第 4055 页。

④ 王先谦：《汉书补注》卷六，上海古籍出版社 2008 年版，第 224 页。

的卫绾对此表示了不满。而汉武帝对卫绾建言的首肯，也说明了此时汉廷在选拔人才时，已经对候选人的文化背景有了主动的甄别和区分。又据杨树达先生的推测，卫绾所批评的"贤良"中未包括汉初盛行的"黄老"之学，乃是避窦太后锋芒。[①] 由此，我们可以得出结论，卫绾的建言其实是打击了除儒家以外的其他所有诸子学术。

董仲舒在对策时还不具备官方背景，作为一名深受六艺之学熏染的民间学者，他提出独尊孔子之术，可以说是合情合理；而卫绾则是可以代表决策层的高级官员，从汉初至武帝即位，朝中一直弥漫"黄老"之风，强调无为而治，他对诸子学术的打击似乎有悖风尚。当朝与在野为什么对这个问题有如此吻合的态度？卫绾为何有如此的建言？我们自然可以从西汉"大一统"的政治形势和与之相适应的意识形态需求这个角度作出解释，得出这是"必然趋势"的结论。但是，历史的发展并非总有一定的规律可循，所谓"历史的必然趋势"其实充满了偶然性，在每个历史转折的关头，重要人物（尤其是最高统治者）的个人喜恶往往会对历史的走向起决定性的作用，武帝之于西汉学术即是如此。在武帝之前，从高祖立国到文景之治，儒生们（或者有儒家学术背景的士人）一直试图利用自己的学说或政策建议对当政者施加影响，希望这个来源于平民阶层的新兴政权能够按照儒家的理论运转，从陆贾、叔孙通到贾谊莫不如此。但是，由于缺乏最高统治者的首肯，儒家学说始终未能在诸子中脱颖而出。景帝时，齐师大师辕固生与黄生的争论就是典型例子：

> （辕固生）与黄生争论景帝前。黄生曰："汤、武非受命，乃弑也。"辕固生曰："不然。夫桀、纣虐乱，天下之心皆归汤、

---

① 杨树达先生言："汉初文、景崇尚黄老，贤良中亦必有其人。此历举申、商、韩非、苏、张二不及黄老者，盖恐触怒好道家言之窦太后避而不言耳。"杨树达：《汉书窥管》卷一，上海古籍出版社 2006 年版，第 49 页。

武，汤、武与天下之心而诛桀、纣，桀、纣之民不为之使而归汤、武，汤、武不得已而立，非受命为何？"黄生曰："冠虽敝，必加于首；履虽新，必关于足。何者，上下之分也。今桀、纣虽失道，然君上也；汤武虽圣，臣下也。夫主有失行，臣下不能正言匡过以尊天子，反因过而诛之，代立践南面，非弑而何也？"辕固生曰："必若所云，是高帝代秦即天子之位，非邪？"于是景帝曰："食肉不食马肝，不为不知味；言学者无言汤武受命，不为愚。"遂罢。是后学者莫敢明受命放杀者。（《史记》卷一百二十一《儒林列传》）

汤、武伐桀、纣是否合理？这是一个在先秦时就颇为流行的话题，其中，孟子向齐宣王的解说最为著名，[①]而辕固生则完全继承了孟子的意见。《孟子》书中并未记载齐宣王对这种解释的态度，《史记》却生动地展示了汉景帝的立场。作为守成之君，好"黄老"、喜刑名的景帝在内心中自然倾向黄生的意见，但是又要为刘邦代秦寻找合法性的依据，所以，他也不能公然批驳辕固生。但是，所谓"食肉不食马肝，不为不知味；言学者无言汤武受命，不为愚"，实际上就是把"取消问题"作为问题的答案，用回避表明了自己的立场，儒家"受命放杀"的理论终因帝王的反感而暂时消歇。辕固生又因为讥讽《老子》为"家人言"而差一点命丧好"黄老"的窦太后之手（《史记》卷一百二十一《儒林列传》），更说明了最高统治者个人的好恶对学术走向的影响，而文景之后，儒家在诸家中脱颖而出无疑与汉武帝个人的"好儒"有重要关系。

"好儒"与"罢黜百家"是紧密关联的，因此，对武帝"好儒"原因

[①]《孟子·梁惠王下》："贼仁者谓之贼，贼义者谓之残，残贼之人，谓之一夫。闻诛一夫纣矣，未闻弑君也。"又：《荀子》之《议兵》《正论》亦有类似说法。

的探究就成了解释"罢黜百家"的前提。与普遍采用的从"大一统"的政治形势和与之相适应的意识形态需求这个角度做出的解释不同，钱穆先生的观点则从另一个角度给我们带来了启发：

> 丞相卫绾之徒，皆椎朴非学士。武帝以十七龄少主，初即位，制诏贤良，已卓然有复古更化之意，比必有其所由来。考《史记·儒林传》："兰陵王臧，受《诗》申公，事孝景帝为太子少傅，免去。今上即位，臧乃上书宿卫上，累迁，一岁中卫郎中令。"郎中令掌宿卫宫殿门户，职属亲近……是王臧尝傅武帝，特见亲信。帝之好儒，渊源当在此。制诏文字，亦当出王臧之徒①。

钱先生认为武帝"好儒"与他的老师王臧出身儒家有关，亦即与帝王个人所受的教育有关，应该说，这个观点与西汉的实际情况是相符的。西汉皇室特别重视对贵族子弟（尤其是太子）的教育，这应该与贾谊的大力提倡有关，而贾谊本人也两次担任皇室的师傅。② 在著名的《治安策》中，贾谊就认为暴秦的覆亡与其皇室教育的失败有关，并进而阐述了皇室教育的重要性：

> 夏为天子，十有余世，而殷受之。殷为天子，二十余世，而周受之。周为天子，三十余世，而秦受之。秦为天子，二世而亡。人性不甚相远也，何三代之君有道之长，而秦无道之暴也？

---

① 钱穆：《两汉博士家法考》，《两汉经学今古文平议》，商务印书馆2001年版，第196—197页。

② 贾谊先后为长沙王太傅与梁怀王太傅，其被贬与召回后都担任皇子师傅，固然由于其博才多学，恐怕亦和其大力提倡皇室教育的态度有关。见《史记》卷八十四《屈原贾生列传》。

其故可知也。古之王者，太子乃生……皆选天下之端士孝悌博闻有道术者以卫翼之，使与太子居处出入。故太子乃生而见正事，闻正言，行正道，左右前后皆正人也。夫习与正人居之，不能毋正，犹生长于齐不能不齐言也；习与不正人居之，不能毋不正，犹生长于楚之地不能不楚言也……夫三代之所以长久者，以其辅翼太子有此具也。及秦而不然。其俗固非贵辞让也，所上者告讦也；固非贵礼义也，所上者刑罚也。使赵高傅胡亥而教之狱，所习者非斩劓人，则夷人之三族也。故胡亥今日即位而明日射人，忠谏者谓之诽谤，深计者谓之妖言，其视杀人若艾草菅然。岂惟胡亥之性恶哉？彼其所以道之者非其理故也。夫三代之所以长久者，其已事可知也；然而不能从者，是不法圣智也。秦世之所以亟绝者，其辙迹可见也；然而不避，是后车又将覆也。夫存亡之变，治乱之机，其要在是矣。天下之命，悬于太子；太子之善，在于早谕教与选左右。夫心未滥而先谕教，则化易成也；开于道术智谊之指，则教之力也。若其服习积贯，则左右而已。夫胡、粤之人，生而同声，嗜欲不异，及其长而成俗，累数译而不能相通，行者有虽死而不相为者，则教习然也。臣故曰选左右早谕教最急。夫教得而左右正，则太子正矣，太子正而天下定矣。《书》曰："一人有庆，兆民赖之。"此时务也[1]。

强大的秦帝国在短短十几年间经历了从统一到土崩瓦解的剧烈转折，这个事实给了汉人强烈的刺激。虽说"汉承秦制"，但是，汉初的许多措施却是针对暴秦的改弦更张，贾谊在《治安策》中的许多建议就是针对此

---

[1] 王学谦：《汉书补注》卷四十八，上海古籍出版社 2008 年版，第 3676—3684 页。此段文字并见《新书·保傅篇》，阎振益、钟夏：《新书校注》卷五，《新编诸子集成》本，中华书局 2000 年版，第 183—186 页。

而发，重视皇室教育，注意对接班人的培养，就是他非常重视的一条。贾谊在《治安策》中同时提出了教育的内容，即理想中的"三代文化"。《诗》《书》《礼》《乐》是三代文化的代表，它们同时也是三代时期的教育内容，[①]而我们同时又知道，至少在战国中晚期，儒家就被认为是这些经典文献的直接继承者，《庄子·天下》就说"（古之学）其在于《诗》《书》《礼》《乐》者，邹鲁之士搢绅先生多能明之"。儒家并没有像墨家那样的固定的组织结构以及一以贯之的学术理论，所依据经典的一致性（《五经》）是儒家唯一能够确定的标识，因此，贾谊所提倡的三代文化教育其实也就是儒家教育。

西汉皇室推行儒家教育的效果在汉武帝身上得到了初步的体现，但是在董仲舒对策和卫绾建言的武帝初年，皇室和社会的主流思潮仍是"黄老"，所以，力推儒术的王臧、赵绾皆被迫自杀，征召而来的《鲁诗》大师申公也被病免。虽然董仲舒在"天人三策"中已经从理论上详细阐发了儒学成为国家意识形态的必要性，但是，武帝还是认识到了强制推行儒术、罢黜百家可能会招致崇奉"黄老"的势力的反扑，而公孙弘切实的建议使他选择了一种更加策略性的措施，即将施行于皇室的儒家教育推广到整个国家的教育制度中，并与仕进制度挂钩。《史记·儒林传》载：

> （公孙弘等曰）闻三代之道，乡里有教，夏曰校，殷曰序，周曰庠。其劝善也，显之朝廷；其惩恶也，加之刑罚。故教化之行也，建首善自京师始，由内及外。今陛下昭至德，开大明，配天地，本人伦，劝学修礼，崇化厉贤，以风四方，太平之原也。古者政教未洽，不备其礼，请因旧官而兴焉。为博士官置弟子五十人，复其身。太常择民年十八已上，仪状端正者，补博士弟子。

[①]《周礼·地官·保氏》："保氏：掌谏王恶，而养国子以道，乃教之六艺。"《周礼·春官·大师》："教六诗。"孙诒让：《周礼正义》卷二十六、卷四十五，中华书局1987年版，第1010、1842页。

郡国县道邑有好文学，敬长上，肃政教，顺乡里，出入不悖所闻者，令相长丞上属所二千石，二千石谨察可者，当与计偕，诣太常，得受业如弟子。一岁皆辄试，能通一艺以上，补文学掌故缺；其高弟可以为郎中者，太常籍奏。即有秀才异等，辄以名闻。其不事学若下材及不能通一艺，辄罢之，而请诸不称者罚。臣谨案诏书律令下者，明天人分际，通古今之义，文章尔雅，训辞深厚，恩施甚美。小吏浅闻，不能究宣，无以明布谕下。治礼次治掌故，以文学礼义为官，迁留滞。请选择其秩比二百石以上，及吏百石通一艺以上，补左右内史、大行卒史；比百石已下，补郡太守卒史："皆各二人，边郡一人。先用诵多者，若不足，乃择掌故补中二千石属，文学掌故补郡属，备员。请著功令。佗如律令。"制曰："可。"自此以来，则公卿大夫士吏斌斌多文学之士矣。

武帝建元五年（前 136 年）初置《五经》博士，而公孙弘的建议（此奏当在元光年间，前 134—前 129 年）使得《五经》博士的设立真正成为西汉学术发展的转折。由先前的诸子皆立博士到专设《五经》博士，并且官方为其设置弟子，使得发源于战国稷下的博士由顾问的闲职转变为职掌国家意识形态、对备选官吏进行教育的学官。至此，汉代整个的国民教育内容被儒家崇奉的经典垄断，[①]而官员的选拔又以对儒家经典的熟悉程度为标准。武帝并没有选择像秦始皇那样极端的文化政策，他没有对诸子学术实行打压，事实上，先秦诸子之学在两汉的传承始终不绝如缕，[②]但是，

---

① 王国维先生考证，汉代除了较高级别的《五经》教育之外，普通学校传授的内容分为两部分：一是《尔雅》等小学之书，另外就是《论语》《孝经》这两部儒家经典。王国维：《汉魏博士考》，《观堂集林》，中华书局 1959 年版，第 179 页。

② 柳诒徵先生在其《中国文化史·两汉之学术及文艺》章中对先秦各家在两汉的传承有详细的举例，可参见。柳诒徵：《中国文化史》，上海古籍出版社 2001 年，第 361—362 页。

在"大一统"的帝国中，诸子学未被教育体系和仕进制度容纳，无疑是对其发展的沉重打击。因此，从这个意义上说，"罢黜百家"与"独尊儒术"并非同时施行的政策，并不是并列关系，"罢黜百家"应该是"独尊儒术"所导致的自然结果。

第二节　思辨性与建构性的消长：战国秦汉之际诸子学衰微考论

在本章第一节中，我们对造成先秦诸子学在秦汉之际衰微的两个传统论点："焚书"和"罢黜百家，独尊儒术"进行了辨析申论。虽然汉武帝"独尊儒术"的政策导致了诸子学从西汉的教育体系和仕进制度中被清除，的确对诸子学的发展产生了重大的影响，但是，诸子学的兴衰毕竟是思想史研究的主要课题，而并非政治史或制度史。据说，海德格尔（Martin Heidegger）在回答学生关于亚里士多德生平的提问时，有如下的作答："亚里士多德出生，思考，而后死去（Aristotcles geboren, philosophierte, und gestorbon）。"在海德格尔心目中，这是一位思想家最典型的生平：他的思想就是他的生平。[1] 海德格尔的态度是在反击将哲学或思想研究转移为经济、政治研究的错位。同样，我们认为，单纯从社会发展或政治制度变迁等角度对诸子学进行研究，并且当这一类型的研究成为一种风尚时，实际上是规避了思想本身的挑战。因此，从思想发展的内在逻辑出发去研究诸子学在秦汉之际的衰微，就成为本节和下一节所力图达成的目标。

研究仍然从过往学术的回顾开始。在现代学术中，胡适先生较早从思想本身对先秦诸子学的衰微做出解释，他在《中国哲学史大纲》末章《古

---

① 靳希平：《亚里士多德传》，河北人民出版社1997年版，第1页。

代哲学之中绝》中有如下表述：

> 现今且问：中国古代哲学的中道断绝究竟是为了什么缘故呢？依我的愚见看来，约有四种真原因：（一）是怀疑主义的名学，（二）是狭义的功用主义，（三）是专制的一尊主义，（四）是方士派的迷信。[①]

《中国哲学史大纲》乃是胡适根据其博士论文《先秦名学史》修改扩充而来，其前后研究的旨趣一脉相承。胡适在《先秦名学史》中对他的研究对象和目的有明确说明：

> 哲学是受它的方法制约的，也就是说，哲学的发展是决定于逻辑方法的发展的……这篇文章是要研究中国哲学的最初期，特别是关于哲学方法的发展。因此，这一研究的主题构成了中国古代逻辑产生和发展的历史。哲学的其他方面，如道德、政治及教育等理论，只在它们用以说明逻辑理论的实际含意，从而有助于我们了解它们的历史意义和价值的范围内才加以讨论。[②]

胡适的这个说法与我们前引的海德格尔的立场非常相似，他要从思想本身来研究哲人或学派，而不是其他外缘因素。具体来说，就是每一位哲人或学派的知识思考的方法。胡适很明确地认为，先秦诸子学在中国哲学史乃至整个思想史上独树一帜的主要标志就是诸子们知识思考的方法——

---

① 胡适：《中国哲学史大纲》，《蓬莱阁丛书》本，上海古籍出版社1997年版，第280页。

② 胡适著：《先秦名学史》(*The Development of the Logical Method in Ancient China*)，学林出版社1983年版，第4、11页。

逻辑思辨——而不是其他 ①。胡适为古代哲学（即诸子学）之中绝所找出的四个原因是否能组成一个有效的解释体系，我们将在下文进行讨论，而在这之前，首先需要对诸子知识思考的方法——先秦逻辑思辨的发展做简单的梳理考察。

众所周知，在古代文明研究领域，德国学者卡尔·雅斯贝斯（Karl Jaspers）的"轴心时代"（Axial Period）理论颇为风行，为理性文明的发生研究提供了不同于以往的立场。雅斯贝斯指出，在经历了史前和前理性时代之后，在公元前800—公元前200年这段时期内，在世界范围内，各大文明区域几乎不约而同地发生了理性的启蒙，"在中国，孔子和老子非常活跃，中国所有的哲学流派，包括墨子、庄子、列子和诸子百家都出现了" ②。而在中国文献中，《庄子·天下》对这段历史的总结最为精辟：

> 古之人其备乎！配神明，醇天地，育万物，和天下，泽及百姓，明于本数，系于末度，六通四辟，小大精粗，其运无乎不在。其明而在数度者，旧法世传之史尚多有之。其在于"诗"、"书"、"礼"、"乐"者，邹鲁之士搢绅先生多能明之……其数散于天下而设于中国者，百家之学时或称而道之。天下大乱，贤圣不明，道德不一，天下多得一察焉以自好。譬如耳目鼻口，皆有所明，不能相通。犹百家众技也，皆有所长，时有所用。虽然，不该不遍，一曲之士也。判天地之美，析万物之理，察古人之全，寡能备于天地之美，称神明之容。是故内圣外王之道，暗而

---

① 耿云志、王法周：《〈中国哲学史大纲〉导读》,《中国哲学史大纲》，上海古籍出版社1997年版，第10—13页。

② ［德］卡尔·雅斯贝斯著，魏楚雄、俞新天译：《历史的起源与目标》（*The Origin and Goal of History*），华夏出版社1989年版，第8页。

不明，郁而不发，天下之人各为其所欲焉以自为方。悲夫，百家往而不反，必不合矣！后世之学者，不幸不见天地之纯，古人之大体，道术将为天下裂。

《天下》篇的作者所悲叹的"道术将为天下裂"的局面首先导源于因西周末天下秩序变动而造成的王官失学，《史记·历书》曰：

幽、厉之后，周室微，陪臣执政，史不记时，君不告朔，故畴人子弟分散，或在诸侯，或在夷狄。

这种情形并非是生于汉代的司马迁或者刘向、歆父子的历史想象，作为古典文化集大成者的孔子已经相信了这样的说法，《左传·昭公十七年》：

仲尼闻之，见于郯子而学之。既而告人曰："吾闻之，'天子失官，官学在四夷'，犹信。"

王官之学的散落自然导致了作为平民学术的代表的诸子学的兴起，面对以三代文化为代表的旧有秩序的崩溃，诸子们的智慧被极大地激发，开始对先前世界和固有观念展开大胆的怀疑与批判，对"构成人类处境之宇宙的本质发生了一种理性的认识，从而对人类处境及其基本意义获得了新的理解"[1]，他们讨论的内容包含了宇宙时空、社会秩序和个人存在[2]，讨论的方法——也就是胡适所强调的知识思考的方法——则基本上是就各个命

---

[1] 陈来：《古代宗教与伦理——儒家思想的根源》，生活·读书·新知三联书店1996年版，第3页。

[2] 参见葛兆光《中国思想史》第一卷第二编之第七、八、九节。葛兆光：《中国思想史》第一卷，复旦大学出版社2005年版，第143—187页。

题展开逻辑思辨，这从诸子发展的顺序上有着更为明显的体现。

关于诸子出现的先后顺序，一直以来都是一个争论不休的话题，我们认为，由于先秦去今久远，文献与实物遗存均是零星散落，因此，从考据学上断定诸子的年代顺序几无可能，在这种背景下，以各家思想的内在逻辑来推定应该是唯一可行的办法。李零有如下的判断：

> 儒、墨相诋是正统和异端，批判和反批判的关系，彼此对立，道是对立的超越……关于儒、墨、道三者的关系，我的看法是，如果不管具体的"人"或具体的"书"（每一派的"人"和"书"都有早有晚），从思想发展的脉络讲，从大的潮流和趋势看，正像《老子》说的"一生二，二生三，三生万物"，它们的关系是儒一、墨二、道三。[①]

笔者认同这样的判断。以孔子为代表的早期儒家无疑是最先出现的诸子学派，所谓"正统"，无疑是因为他们直接继承了三代文化，他们产生思想的方式是对代表三代文化的"六经"进行整理、重新编排和诠释，而非建立在破坏基础上的重建，西方学者指出，在"轴心时代"所发生的"哲学的突破"（Philosophical Breakthough），中国的方式和态度最为温和，即是指此。[②] 但是，继孔子而起的墨家的阐述思想的方法却与早期儒家很不同，他们并不对古代经典进行重新诠释，而是通过对早期儒家所提出的概念进行批驳辨析来展现。我们在《论语》中看不到孔子对其他学派的批判，但是，《墨子》中却是大量的对孔子的言论主张进行的概念

[①] 李零：《简帛古书与学术源流》第九讲"简帛古书导读三：诸子类"，生活·读书·新知三联书店 2004 年版，第 292 页。

[②] 参见余英时在《道统与政统之间——中国知识分子的原始型态》一文的介绍。余英时：《士与中国文化》，上海人民出版社 2003 年版，第 83 页。

对称式的反驳。到了《孟子》(也许从"七十二子"时代就已开始),儒家打破了早期的"温柔敦厚",对墨子、杨朱等展开了激烈的回击。而老子虽然像一个孤独的智者在一旁独语,《老子》全书几乎都是无头无尾、背景缺失的片段箴言,但它其实"是采取釜底抽薪的方法,绕到孔子的后面,跳到孔子的上面,用更具终极思考的东西,贬低它、消解它、超越它、包围它,把它浓缩在自己的概念里"①,可见《老子》的针对性依然很强。而到了诸子后期,我们所熟知的《庄子·天下》《荀子·非十二子》《韩非子·显学》等文献,都是通过对其他学派乃至本学派内部的其他派别进行批驳、辨析而展开自己的思想。这些学派之间的发展线索之所以在逻辑上有比较清晰的线索可循,正是由于他们知识思考的方法基本上采用逻辑思辨——对先前或同时的其他学派,或者本学派内部的其他派别所提出的概念主张进行辩驳——此刻对先前进行辩驳所得出的结论,又成为后来辩驳的起点。

现在让我们回到胡适为诸子学中绝所列出的四条理由。仔细分析,我们会发现,除了第四条理由"方士派迷信的盛行"之外(这一条所牵涉的问题将在下一节中继续阐发),其他三条其实都可看作诸子逻辑思辨发展过程中的三个阶段,或者三种类型。比如所谓的"怀疑主义的名学",胡适分析到:

在哲学史上,"怀疑主义"乃是指那种不认真理为可知、不认是非为可辩的态度。中国古代哲学莫省于"别墨"时代……看那些人所用的方法和所研究的范围,便可推想这一支学派,若继

---

① 李零:《人往低处走——〈老子〉天下第一》,生活·读书·新知三联书店2008年版,第13页。又,根据新出土文献的分析,《老子》应大致成书于战国中前期,其年代顺序与其在诸子书中的逻辑发展顺序大致相符。参见李学勤:《申论〈老子〉的年代》,《古文献丛论》,上海远东出版社1996年版,第137—145页。

续研究下去，有人继长增高，应该可以发生很高深的科学和一种"科学的哲学"。不料这支学派发达得不多年，便受一次根本上的打击。这种根本上的打击就是庄子一派的怀疑主义。因为科学与哲学发达得第一个条件，就是信仰知识的精神：以为真理是可知的，是非是可辩的，利害嫌疑治乱都是可以知识解决的……到了庄子，忽生一种反动。庄子以为天下本没有一定得是非，"彼出于是，是亦因彼"；"是亦彼也，彼亦是也"。因此他便走入极端的怀疑主义，以为人生有限而知识无穷，用有限的人生去求无穷的真理，乃是最愚的事。①

胡适受十九世纪西方实证主义哲学的影响极为深刻，所以，他比较偏爱墨子、惠施和公孙龙等倾向科学验证的思辨类型。②但是笔者认为，"信仰知识的精神"对于科学来说是前提，但对于哲学来说却并非必需。《庄子》的"怀疑主义"也有其深刻的内在逻辑，《庄子》内七篇已经建构起比较完整的思辨体系。也就是说，他在用思辨的方法反对思辨的立场或风尚，其本身就是思辨的一个阶段，他的内在体系展现了思辨的一个类型。所以，即使我们认同胡适对《庄子》立场的判断，但也无法直接推论出所谓的"怀疑主义"对整个先秦诸子的逻辑思辨有遏制作用，因为在先秦，并没有政治权威为庄子的主张作支撑，"墨辩"等与《庄子》只是平等的并列关系，后者并非是前者消解的原因。胡适提出的另两条导致诸子学中绝的理由："狭义的功用主义"和"专制的一尊主义"（主要是《荀子》和《韩非子》），亦可作如是观。因此，对于诸子学中绝的原因，我们必须另寻可

---

① 胡适：《中国哲学史大纲》，《蓬莱阁丛书》本，上海古籍出版社1997年版，第280页。
② 温公颐：《关于胡适的〈先秦名学史〉》，见《先秦名学史》所附，学院出版社1983年版，第3页。

以贯通的内在理路。

　　胡适对惠施、公孙龙等有极高的评价，而他们的"名辩"之学也确实是诸子逻辑思辨的顶峰，但顶峰其实也往往是衰亡的开始，我们考察的目光就从他们身上展开。《庄子·天下》曰：

　　　　惠施以此为大，观于天下而晓辩者，天下之辩者相与乐之：卵有毛，鸡三足，郢有天下，犬可以为羊，马有卵，丁子有尾，火不热，山出口，轮不蹍地，目不见，指不至，至不绝，龟长于蛇，矩不方，规不可以为圆，凿不围枘，飞鸟之景未尝动也，镞矢之疾而有不行不止之时，狗非犬，黄马骊牛三，白狗黑，孤驹未尝有母，一尺之捶，日取其半，万世不竭。辩者以此与惠施相应，终身无穷。桓团、公孙龙辩者之徒，饰人之心，易人之意，能胜人之口，不能服人之心，辩者之囿也。惠施日以其知与人之辩，特与天下之辩者为怪，此其柢也。然惠施之口谈，自以为最贤，曰天地其壮乎！施存雄而无术。南方有倚人焉曰黄缭，问天地所以不坠不陷，风雨雷霆之故。惠施不辞而应，不虑而对，遍为万物说，说而不休，多而无已，犹以为寡，益之以怪。以反人为实而欲以胜人为名，是以与众不适也。

　　这里列出的"卵有毛"等二十余个命题，都带有浓厚的诡辩色彩，而从《天下》作者的描述中我们可以看出，论辩的内容在惠施、公孙龙那里已经退居到了次要的地位，重要的是能够达成"天下辩者相与乐之"、论辩"终身无穷"的效果，获得"胜人"的满足。此时，正如葛兆光在《中国思想史》中所说，"语言和事实发生了分离，成了纯粹运思的符号，进而辩者把这些符号任意挪移，并有意识地违反语言约定俗成的内涵与外延，使变异的语言本身成为哲理思辨的内容"①，成了真正的"离事而言理"。但是，我们同时也知道，以"六经"为文献载体的三代文化的重要特点是"事理结合"，章学诚所谓"古人未尝离事而言理，六经皆先王之政典"②即是此意。"六经"中类似"殷鉴不远"的观念还有很多，因此，惠施、公孙龙（也包括墨翟、魏牟、邓析等人）的这种极端的"离事而言理"，与传统的历史思维有着极大的落差；不仅如此，战国中后期的时势也要求各家的理论能够给现实开出可资借用的良方，③所以，这种"职业论辩"招致了普遍的批评，《荀子·非十二子》认为它嚣、魏牟、惠施、邓析等人的论辩"持之有故、言之成理"，却又批评他们"好治怪说、玩琦辞""枭乱天下"④；而《战国策》虽然是以言辞著称的纵横之士的教科书，却也有"明言章理，兵甲愈起；辩言伟服，战攻不息；繁称文辞，天下不治"⑤的感叹。这一切都向我们表明，诸子以思辨为特征的思维方式已经走到了尽头，人们对宇宙、社会和自身的思考需要运用新的方法，开启新的方向，而其代表文献，就是战国末年的《吕氏春秋》。

先秦诸子的逻辑思辨以批判为手段，以破坏和解构为主要目的，为了战胜对方的学说，他们的论辩经常出现"攻其一点，不及其余"的情形乃至"诡辩"的局面。而《吕氏春秋》的情况却是：在它的行文里，我们几

---

① 葛兆光：《中国思想史》第一卷，复旦大学出版社 2005 年版，第 193 页。

② 叶瑛：《文史通义校注》卷一《易教上》，中华书局 1985 年版，第 1 页。

③ 这与胡适所提出的"狭义的功用主义"有所区别。荀子、韩非等人的理论虽然是"功用主义的"，但是它们仍然有自足的思辨架构，仍是一种理论学说。导致一种理论消亡的并不是另一种理论本身，而是另一种理论背后所代表的现实诉求。

④ 王先谦：《荀子集解》卷三，《新编诸子集成》本，中华书局 1988 年版，第 91 页。

⑤ 诸祖耿：《战国策集注汇考（增补本）》卷三《秦一》，凤凰出版社 2008 年版，第 119 页。

乎见不到那种在先前诸子中普遍存在的智慧且犀利的辩驳。相反，它却广泛征引其他各家各派的言论主张来为自己的理论大厦添砖加瓦。根据徐复观先生的粗略统计，《吕氏春秋》之中引述《诗》十五、《逸诗》一、《书》十、《易》四、《春秋》《论语》《孝经》各一，言音乐者多与《乐记》相通，提及孔子二十四次、墨子六次、孔墨并称八次、孔墨弟子多次、老子四次、孔老并称一次、庄子二次、列子二次、詹何三次、子华子五次、田骈二次、尹文、慎子、田子方、管子各一次、与邹衍密切联系之黄帝者十一次、邓析一次、惠施六次、公孙龙四次、白圭三次、神农、后稷各二次、孟荀提及思想而未出其名多次。[①]统计的数字表明，《吕氏春秋》确实体现出了一种对三代经典与诸子百家的大融合姿态，而这种融合又不仅体现在文献引用的形式上，更体现在它对新的宇宙、社会和人生体系的建构上，最典型的表现就是关于"十二纪"的设置。"十二纪"依照天道循环往复，以四季十二月为纲，建构起一个能够包容万物、沟通古今的解释体系。在这个体系中，宇宙时空、社会历史、物候天象乃至人生道德伦理，都可以得到有序的安置。正如《吕氏春秋》的作者自己所说的那样，此书"上揆之天，下验之地，中审之人，若此，则是非可不可无所遁矣"[②]。而这个体系的建构，却是综合了道家、阴阳家乃至儒家的思想和数术方技的知识为基础的。先前的诸子们通过思辨去怀疑乃至破坏旧有的秩序，《吕氏春秋》则通过融合出新来建构新的秩序。两相比较，诸子书的思辨性明显消退，而结构性显著增强。

这种融合与建构是主动的，司马迁说：

[①] 徐复观：《两汉思想史》第二卷《〈吕氏春秋〉及其对汉代学术与政治的影响》，华东师范大学出版社 2001 年版，第 1—2 页。

[②] 陈奇猷：《吕氏春秋新校释》卷第十二《序意》，上海古籍出版社 2002 年版，第 654 页。

> 吕不韦乃使其客人人著所闻，集论以为八览、六论、十二纪，二十余万言。以为备天地万物古今之事，号曰《吕氏春秋》。（《史记》卷八十五《吕不韦列传》）

但是，我们不免要对这种主动性背后的原因做一番探究。首先，融合来自沟通，来自各家之间的交集越来越多。这种沟通不仅是地域之间的交往越来越频繁，[①]更是由于相互论辩所产生的借鉴、吸收与创新。批评乃是沟通的开始，比如脱胎于道家的《韩非子》中就有《解老》《喻老》这样的文章，说明了法家对道家的批判吸收。

其次，思想与理论的出新离不开知识的拓展与进步。战国时期数术方技的极大发展为新宇宙观、人生论的建构提供了知识基础。[②]我们知道，《吕氏春秋》新体系的建构与以邹衍及其后学为代表的阴阳家的思路有莫大关联，而在《汉书·艺文志》中，阴阳家分别置于《诸子略》"阴阳家"和《数术略》"五行类"，所以，陈振孙说"阴阳之于数术，亦未有以大异也"，他们是"此论其理，彼具其术"[③]，由此亦可见思想与知识之关联。

再次，建构是由于原有体系的缺失。我们知道，作为诸子的开山，在孔子及早期儒家的思想体系中，有一个比较明显的不足，那就是缺乏对"形而上学"的建构，他们的目光比较多地关注于现实世界中的道德伦理和治乱得失，在关注的过程中逐渐形成了一套属于自己的价值评价体系，但是，这个体系却并没有所谓的"终极依据"作为支撑，子贡曾经感叹道，

---

① 这方面的研究，以钱穆的《先秦诸子系年》最为详尽。另可参考严耕望：《战国学术地理与人才分布》，载《严耕望史学论文选集》，中华书局2006年版；李零：《先秦诸子的思想地图》，载《何枝可依》，生活·读书·新知三联书店2009年版。

② 具体分析见李零：《数术方技与古代思想的再认识》，《中国方术正考》，中华书局2006年版，第1—24页。

③ 陈振孙：《直斋书录解题》卷十二"阴阳家类"，上海古籍出版社1987年版，第369页。

"夫子之文章，可得而闻也，夫子之言性与天道，不可得而闻也"(《论语·公冶长》)，而这种对本体论建构回避的态度也被处在儒家对立面的老、庄、墨、韩以及名家所继承，在群经及大部分诸子文献中犹如空谷足音，[1]而《吕氏春秋》的建构则在理论上弥补了这种缺憾，虽然《吕氏春秋》建构的宇宙体系和道德体系并没有被汉儒完全照搬，[2]但它对建构风尚有滥觞之功。

最后，时代需要这种包容性极强的解释体系。从西周末的天崩地解，一直到战国末年，处于动荡之中的不仅是政治、军事、制度，更是思想。弗雷泽（J.G.Frazer）在其名著《金枝》中有这样一个形象的比喻：

　　我们的原始哲学家，当他的思维之船从其古老的停泊处被砍断系绳而颠簸在怀疑和不确定的艰难的海上时，当他原来那种对自身以及对他的权力的愉快信心被粗暴地动摇之后，他必曾为此悲哀、困惑和激动不已，直到他那思维之船，如同在充满风暴的航行之后进入一个安静的避风港一样，进入一种新的信仰和实践的体系之中为止。这种体系似乎解答了那些使他陷入烦恼的怀疑。[3]

的确，思维之船如同真实的船一样，在经历了过多的颠簸之后，一样

---

[1] 杨树达先生在其所著《论语疏证》之《凡例》中说："(《论语疏证》)首取《论语》本书之文前后互证，次取群经诸子及四史为证，无证者则阙之。老庄韩墨说与儒家违异，然亦时有可发明孔子之意者，赋诗断章，余窃私取义尔"，故其书对先秦两汉文献中能与《论语》发明者广征博引，但于"性与天道"之说下却付之阙如，可见此说的寂寥。杨树达：《论语疏证》，上海古籍出版社2006年版，第1、123页。

[2] 战国秦汉之际的儒家对以《吕氏春秋》为代表的建构体系有所增饰和发展，定型于董仲舒。参见钱穆：《〈易传〉与〈小戴礼记〉中之宇宙论》，《中国学术思想史论丛》第二册，安徽教育出版社2004年版，第15—38页。

[3] 弗雷泽著，徐育新等译：《金枝》(*The Golden Bough*)，新世界出版社2006年版，第60页。

需要稳定的停歇下来，这是一种自然律，不需要过多的论证。而这种停歇不是放任的消沉，相反，必须有一种能够使各种思想"自然臣服"的体系将其包容，《吕氏春秋》所建构的正是这样一种体系。

《吕氏春秋》之后最重要的一部子书当属《淮南子》，虽然《淮南子》的理论基础、思想来源与建构目标与《吕氏春秋》都不尽相同，但是，其变思辨为建构的特征却与《吕氏春秋》一脉相承，甚至其自我期待都与《吕氏春秋》极为相似。其《要略》云：

> 夫作为书论者，所以纪纲道德，经纬人事，上考之天，下揆之地，中通诸理。虽未能抽引玄妙之中才，繁然足以观终始矣。①

到了西汉建立，随着天下形势的稳定，这股发端于战国末期的学术建构风潮愈发显示出它的优势和必要性，因为它启发了整个知识阶层在一个全新社会环境中的学术努力方向：为这个亘古未有的全新帝国寻找合法的依据。而具体到诸子学，这种方法论上的建构倾向又逼出了"定于一"的思维模式，所以，尽管先秦诸子之间的复杂性和差异性显而易见，但是司马谈在论述他们时，却要以"天下一致而百虑，同归而殊途"（《史记·太史公自序》）来开头，为他们找出最终的一致性。当然，这种思维模式最明显的体现当然是《汉书·艺文志》：

> 诸子十家，其可观者九家而已。皆起于王道既微，诸侯力政，时君世主，好恶殊方，是以九家之说蜂出并作，各引一端，崇其所善，以此驰说，取合诸侯。其言虽殊，辟犹水火，相灭亦

---

① 刘文典：《淮南鸿烈集解》卷二十一，《新编诸子集成》本，中华书局1989年版，第700页。

相生也。仁之与义，敬之与和，相反而皆相成也。《易》曰："天下同归而殊途，一致而百虑。"今异家者各推所长，穷知究虑，以明其指，虽有蔽短，合其要归，亦六经之支与流裔[①]。

这段对诸子的总论最核心的观点是强调诸子乃同出于古王官之学，仍然是强调他们的一致性的一面。无论是刘向、歆父子还是班固，都试图将异彩纷呈的诸子纳入一个可言说的、稳定的结构中，虽然这个关于古王官之学的体系虽非空穴来风，但其基于西汉现实诉求的建构色彩仍然十分浓厚。"定于一"的观念发展到汉武帝时期，已经显现出从诸子思想变为官方意识形态的趋势。思想和意识形态有一个重要的区别，那就是思想可以讨论，是非标准不一，而意识形态则只能被证明是正确的。既然是王官之学分裂之后的碎片，那么，在汉代的新王官之学——也就是意识形态——经学建立之后，诸子存在的学理依据就被消解了。在同一个结构之中，在"定于一"的大背景下，学术的努力方向是解释这个结构的合理性而非质疑、批判它，诸子在汉初的衰微是不可避免的，而它的下次兴起则需要这个结构或者这个结构所代表的秩序再次发生危机之时。

第三节　西汉经学与王莽：先秦"百家言"的变态发展

冯友兰先生在其《中国哲学史》中，将《淮南子》作为中国哲学"子学时代"的终结，而我们上一节的讨论也以《淮南子》结尾。本论文的研究对象是东汉子书，那么，从《淮南子》时代（也就是汉武帝"罢黜百家，

① 陈国庆：《汉书艺文志注释汇编》，《二十四史研究资料丛刊》本，中华书局1983年版，第164—165页。

独尊儒术"的开始）一直到新莽覆亡，则是东汉子书发生、发展的直接背景。所以，对这百余年学术的考察也就成为本节所欲达成的目标。当然，这种考察应该从与诸子学相关的角度展开。

传统学术对于西汉经学的研究偏重于从今、古文学对立的角度出发，这一点在清儒身上体现得更为明显，而现代学术则力图打破这一陈规，其中，钱穆先生提出的"王官学"与"百家言"之分，不仅为我们考察汉代经学提供了新的视角，也有助于我们更深刻地理解诸子学的本质：

> 古代学术分野，莫大于王官与家言之别。鲍白令之有言："五帝官天下，三王家天下"，"官"言其公，"家"言其私。百家言者，不属于王官而属于私家，易辞言之，即春秋以下平民社会新兴之自由学术也。王官学掌于"史"，百家言主于诸子，诸子百家之势盛而上浮，乃与王官之史割席而分尊焉，于是有所谓"博士"。故博士者，乃以家言上抗官学而渐自跻于官学之尊之一职也。《诗》《书》"六艺"初掌于王官，而家学之兴实本焉。百家莫先儒、墨，儒、墨著书皆原本《诗》《书》，故《诗》《书》者，乃王官故籍下流民间而渐自泯灭于家言之间者。故《诗》《书》与官史有别，（如孔子《春秋》不同于鲁《春秋》；儒门《诗》《书》既经孔子修订，亦必与官史旧本有出入也）亦复与新兴百家言不同。(《诗》《书》乃旧典，百家言乃新著，且百家言亦不尽据《诗》《书》)《诗》《书》之下流，正可与博士之上浮，交错相映，而说明春秋、战国间王官之学与百家私言之盛衰交替过接之姿态焉。①

---

① 钱穆：《两汉博士家法考·论秦博士与诗书六艺之关系》，《两汉经学今古文平议》，商务印书馆2001年版，第191页。

在本章的第一节中，笔者论述了由于武帝、公孙弘君臣将诸子学从教育体系和仕进制度中清除，诸子学失去了生存的制度基础；第二节的末尾，笔者又指出，由于诸子学是古王官之学的碎片，随着汉代新王官之学的建立，诸子学生存的学理依据也渐次丧失。于是我们看到，《淮南子》之后，终西汉一朝，诸子的学脉虽然不绝如缕，却也无法恢复先秦的荣光。但是，上引的这段钱穆先生的分析却启发我们：既然作为百家开端的儒、墨两家都原本自与官史有别的《诗》《书》，并且传至西汉的"六艺"都经过了孔子的修订重编，那么，以"六艺"为经典的西汉经学在精神气质上就应该与诸子百家言有相似之处。在另一篇文章中，钱先生用汉代《春秋》学的例证使这个观点具体化：

> 照公羊家所说，则孔子《春秋》又断当是家言，非官学。换言之，《春秋》乃孔子私家的著述，绝非依照当时政府官定的史例而记载。因此说孔子《春秋》有"大义"与"微言"。[1]

众所周知，在《春秋》学史上，孟子最先对孔子作《春秋》进行了表述：

> 世衰道微，邪说暴行有作，臣弑其君者有之，子弑其父者有之，孔子惧，作《春秋》。《春秋》，天子之事也。是故孔子曰："知我者其惟《春秋》乎，罪我者其惟《春秋》乎？"（《孟子·滕文公下》）

但是，孟子并没有说明孔子所作《春秋》的文献依据和著作方法以及孔子《春秋》与传统的《春秋》究竟有何不同，这就给后人留下了不同的解释空间，比如杜预的解释：

---

[1] 钱穆：《孔子与春秋》，《两汉经学今古文平议》，商务印书馆 2001 年版，第 270 页。

周德既衰，官失其守，上之人不能使《春秋》昭明，赴告策书，诸所记注，多违旧章。仲尼因鲁史策书成文，考其真伪，而志其典礼。上以遵周公之遗制，下以明将来之法。其教之所存，文之所害，则刊而正之以示劝诫，其余则皆即用旧文。①

若依杜预的理解，那么，孔子就是一个标准的文献学家，虽然他作《春秋》也有劝诫后世的目的，但却是通过恢复古籍真相的手段。在这种解释中，孔子是古代王官学的守护者，《春秋》里并没有他的原创因素。与之相比，公羊家与谶纬学说主导下的西汉《春秋》学对这个问题的解释却大相径庭。《史记·太史公自序》司马迁转述董仲舒之语云：

余闻董生曰："周道衰废，孔子为鲁司寇，诸侯害之，大夫壅之。孔子知言之不用，道之不行也，是非二百四十二年之中，以为天下仪表，贬天子，退诸侯，讨大夫，以达王事而已矣。子曰：我欲载之空言，不如见之于行事之深切著明也。夫《春秋》，上明三王之道，下辨人事之纪，别嫌疑，明是非，定犹豫，善善恶恶，贤贤贱不肖，存亡国，继绝世，补敝起废，王道之大者也……拨乱世反之正，莫近于《春秋》。"

《春秋纬》：

麟出，周亡，故立《春秋》，制素王，授当兴也②。

---

① 杜预：《春秋经传集解》序，《春秋左传正义》，阮刻"十三经注疏"本，艺文印书馆 2007 年版，第 10 页。
② ［日］安居香山、中村璋八：《纬书集成》，河北人民出版社 1994 年版，第 905 页。

显然，西汉的《春秋》学认为孔子在《春秋》中寄寓了他的善恶褒贬，有"拨乱反正"的作用，并且更进一步，认为孔子《春秋》是为汉制法。笔者认为，造成汉人与杜预的解释出现差异的原因就在于西汉经学具备"家言"精神，而杜预所持的是"王官"立场。"百家言"产生于旧秩序崩溃之时，发展于动荡不安之中，所以通过对当下进行批判而达到重建是它的先天特征，虽然钱穆先生指出"为汉制法"说的根本目的是要建立汉代自己的"王官学"①，但是，这并不妨碍以《春秋》学为代表的西汉经学对"百家言"精神气质的传承。

"家言"精神在西汉经学中最明显的体现当是"革命论"的流行。由于儒家思想早在文、景时期就进入了皇室教育，到了武帝时，儒家经典又占据了整个的国家教育体系，所以武帝之后，儒学得到了充分的发展，在元帝、成帝前后，终于取得了国家意识形态争夺的最终胜利。皮锡瑞说：

> 经学自汉元、成至后汉，为极盛时代……元帝尤好儒生，韦、匡、贡、薛，并致辅相。自后公卿之位，未有不从经术进者。青紫拾芥之语，车服稽古之荣，黄金满籯，不如教子一经。以累世之通显，动一时之美慕……元、成以后，刑名渐废。上无异教，下无异学。皇帝诏书，群臣奏议，莫不援引经义，以为依据。②

可以说，在经过了和其他诸家的思想交锋以及上层喜好变动所带来的不确定之后，以儒家思想为主体的经学终于成了西汉的新"王官学"。但是，翻阅《汉书》就会发现，就在形势一片大好的时候，儒家的知识分子

---

① 钱穆：《孔子与春秋》,《两汉经学今古文平议》,商务印书馆 2001 年版，第 276—277 页。

② 皮锡瑞：《经学历史·经学极盛时代》,中华书局 1959 年版，第 101—103 页。

却对他们所服务的王朝频频提出"更高"要求，较早的发端比如昭帝时的眭弘：

> （眭弘）说曰："先师董仲舒有言，虽有继体守文之君，不害圣人之受命。汉家尧后，有传国之运。汉帝宜谁差天下，求索贤人，嬗以帝位，而退自封百里，如殷周二王后，以承顺天命。"①

继之而起的比如宣帝时的盖宽饶和成帝时的谷永：

> （盖宽饶）引《韩氏易传》言："五帝官天下，三王家天下，家以传子，官以传贤，若四时之运，功成者去，不得其人则不居其位。"书奏，上以宽饶怨谤终不改，下其书中二千石。时执金吾议，以为宽饶指意欲求禅，大逆不道。②

> 臣（谷永）天生烝民，不能相治，为立王者以统领之，方制海内，非为天子，列土分疆，非为诸侯，皆以为民也。垂三统，列三正，去无道，开有德，不私一姓，明天下乃天下人之天下，非一人之天下也。王者躬行道德……（则）符瑞并降，以昭保右。失道妄行，逆天暴物……终不改窜，（则）不复遣告，更命有德。③

在整个的西汉中后期，这种要求汉室退位的呼声在儒家知识分子中一直存在，无论在朝在野，且有愈演愈烈之势。关于"天命"的讨论是一个渊源有自的话题，并非始自汉朝。《五经》之中，关于"天命"的讨论主

---

① 王学谦：《汉书补注》卷四十五，上海古籍出版社 2008 年版，第 4870 页。
② 王学谦：《汉书补注》卷四十七，上海古籍出版社 2008 年版，第 4992 页。
③ 王学谦：《汉书补注》卷五十五，上海古籍出版社 2008 年版，第 5249—5250 页。

要集中在《尚书》和《诗经》的"二雅"中，代表了殷周之际上层统治者对于"天命的理解与初步反思"①。从这个角度讲，"天命"是一个不折不扣的发源于"王官学"的命题。②但是，真正把"天命"的命题充分发展到"革命"说的阶段，却是战国秦汉时的"百家言"来完成的。《周易·革卦》之《象传》曰：

> 天地革而四时成，汤武革命，顺乎天而应乎人，革之时大矣哉。③

在这个解说中，"汤武革命"虽然也被认为是"应乎人"的，但似乎更加强调"顺乎天"的一面，"革命"应该是如四时更替一般的必然行为。需要注意的只是"时"，所以，今人高亨先生对此分析到：

> 改革乃自然界与社会之普遍规律，但必适应时之需要。天地应时而革，所以四时成。汤武应时而革桀纣之命，所以顺天应人。革之应时，乃能成其大也。④

《易传》是在强调"汤武革命"符合自然律的一面，而到了孟子、荀子那里，"革命"则被赋予了更多的道德因素，强调其符合道德律的一面。

---

① 具体的讨论参考陈来：《古代宗教与伦理》第五章"天命"，第182—217页。

② 《诗经》与《尚书》中的"天命"思想当然也有它更早的来源，但是这个来源我们无法通过文献记载来确认。对于西周以后的思想史来说，"古王官学"是它们直接发源地，殷周以前的"天命"观念乃是遥远的可以忽略的背景。

③ 孔颖达：《周易注疏》卷五，阮刻"十三经注疏"本，艺文印书馆2007年版，第111页。按：《易传》的具体成书时间虽无法确考，但其为战国秦汉间文献当无疑，故其也当属"百家言"。

④ 高亨：《周易大传今注》，齐鲁书社1998年版，第308页。

在第一节中，我们已经介绍了孟子对"汤武革命"的解释，与其看法相同且解释得更为具体的是荀子的说法，《荀子·正论》曰：

> 世俗之为说者曰："桀、纣有天下，汤、武篡而夺之。"是不然。以桀、纣为常有天下之籍则然，亲有天下之籍则不然，天下谓在桀、纣则不然……圣王没，有执籍者罢不足以县天下，天下无君，诸侯有能德明威积，海内之民莫不愿得以为君师，然而暴国独侈，安能诛之，比不伤害无罪之民，诛暴国之君若诛独夫，若是，则可谓能用天下矣。能用天下之谓王。汤、武非取天下也，修其道，行其义，兴天下之同利，除天下之同害，而天下归之也。桀、纣非去天下也，反禹、汤之德，乱礼义之分，禽兽之行，积其凶，全其恶，而天下去之也。天下归之之谓王，天下去之之谓亡。故桀、纣无天下而汤、武不弑君，由此效之也。①

将《易传》与孟、荀进行对比，我们可以说，孟、荀的解说基本上是从君主的政治伦理出发，是所谓的"天命因于人世的修德论"，而《易传》则更加强调人事应该像天时那样进行有规律的变动，类似于"人事决于天命的畏天论"②。而在西汉儒那里，"天时"所代表的自然律和"人事"所代表的道德律虽然在一定程度上得到了贯通的发展，但明显偏向于对"天时"的强调，前引眭弘、盖宽饶和谷永的上疏即是如此，蒙文通先生指出，西汉经学对"革命"主要保存在齐诗、京氏易和公羊春秋之中③，而这三家学说都倾向于强调"革命"与"天时"相符的重要性，所以，齐诗大师

① 王先谦：《荀子集解》，中华书局1988年版，第322—324页。
② 这是今人许倬云先生分析先秦诸子对"天"的看法时的判断，此借用。许倬云：《先秦诸子对天的看法》，《求古编》，新星出版社2006年版，第317页。
③ 蒙文通：《孔子与今文学》，《经史抉原》，巴蜀书社1995年版，第166—175页。

翼奉说：

> 天地设位，悬之日月，布星辰，分阴阳，定四时，列五行，以视圣人，名之曰道。圣人见道，然后知王治之象，故画州土，建君臣，立律历，陈成败，以视贤者，名之曰经。贤者见经，然后知人道之务，则《诗》、《书》、《易》、《春秋》、《礼》、《乐》是也。《易》有阴阳，《诗》有五际，《春秋》有灾异，皆列终始，推得失，考天心，以言王道之安危[①]。

刘小枫先生则补充指出，纬书是汉代革命思想的集成者，[②] 而纬书的"革命观"更充满了对"天时"的注重，比如《诗汎历枢》的解说：

> 卯酉为革政，午亥为革命。神在天门，出入侯听。卯，《天保》也。酉，《祈父》也。午，《采芑》也。亥，《大明》也。[③]

不可否认，汉儒（包括纬书）对"革命"的言说，其背后一定有深刻的现实关注。比如谷永的上疏中就有对人君暴政的激烈批评，但是，他们却更希望通过对自然律、对"天时"的强调来展开他们的"革命观"。我们知道，政治伦理的批评是以现实的政治状况为基础的，或者说是受现实的政治状况制约的，当政治状况良好时，这种批评的声音应该是微弱的或销声匿迹。从政治史和社会史的角度考察，西汉武帝以后，帝国的政治状

---

① 王学谦：《汉书补注》卷四十五，上海古籍出版社 2008 年版，第 4896—4897 页。

② 刘小枫：《儒家革命精神源流考》，载《儒教与民族国家》，华夏出版社 2007 年版，第 133 页。

③ ［日］安居香山、中村璋八：《纬书集成》，河北人民出版社 1994 年版，第 480 页。

况并非一无是处，并非时时处于风雨飘摇之中。但是，朝野知识阶层中的"革命"呼声却是此起彼伏，与朝政的好坏并不一定成正比关系，这就说明，汉儒的"革命观"有其超越现实的一面，甚至成为西汉知识阶层的共同理想。

在西汉，无论是《齐诗》《京氏易》还是公羊学，他们都被立为学官，拥有博士，是西汉的"王官之学"，为什么政治权力所置立的官方学术却反过来要对政治权力本身进行猛烈的抨击乃至瓦解，这是一个需要继续追问的问题。固然，《齐诗》《京氏易》或者公羊学，它们都拥有较为完整的理论体系，这些理论体系推演到最后，"革命"是其逻辑上的不二选择；但是，我们同时也知道，这些学说从形式上讲都是对先秦经典的解释，经典本身并不蕴含如此明晰的"革命"倾向，这就涉及后世解说的主观立场。面对同样一部经典，不同的立场会带来反差巨大的解释。比如同样是对《诗》和《春秋》的解说，我们若想从《毛诗》和《左传》中解读出"革命"的观念，无异于缘木求鱼。因此，问题最后被归结为：西汉儒何以会用如此偏激的立场来解读古代的"六艺"之学，并借此来达到其"革命"的目的？答案又回到"王官学"和"百家言"的分别上来。一般来说，"王官学"应该是现有的秩序的保护者和解释者，它是现有秩序的文化表现，所以"保守"是它的标识；而"百家言"作为秩序崩溃的产物，批判的手段和重建的目的是它与生俱来的特征，这也是先秦诸子学的精髓所在。汉武帝虽然将诸子学从教育体系和仕进制度中清除，但是，在先秦绵延数百年的诸子学的精神气质不可能随着制度的变更而迅速消亡，它必定要在西汉儒生的身上有所体现；而前文引述钱穆先生的观点时已经指出，"六艺"经孔子之手的重新编纂和改造，早在春秋战国之时就已经不同于原先的官书，而具有了"百家言"的特征。因此，无论是从精神血脉来说，还是从经典文献来讲，西汉儒都应该受到了"百家言"（或者说诸子学）气质的浸润，其"革命"学说背后的精神渊源有据可查，从这个角度讲，西汉经学在一定程度上是先秦"百家言"的变态发展。

这个发展的极致自然是王莽代汉。王莽代汉的主要理论基础乃是春秋公羊学的三统受命之说，[①] 是西汉儒"革命"学说的最高发展。它的具体兴起过程和败亡原因，乃是政治史、制度史或经济史所要探究的课题，与本论文密切相关的则是王莽代汉从成事一直到败亡之后知识阶层的态度与表现，这与东汉诸子学的兴起有着密切关联。

王莽代汉乃是从西汉知识阶层的共同理想发展而来，这在前文中已有论述，而王莽当政后的实际政策亦是秉公意而为，比如著名的"公田制"，钱穆先生说：

> "公田"即"井田"也……其事在哀帝初即位时已有意创行。莽朝一切新政莫非其时学风群议所向，莽亦顺此潮流，故为一时所推耳。[②]

政治史或经济史的研究普遍认为，王莽的施政措施因照搬古代经典，缺乏可操作性而遭到了地方官员的反对，这些最终导致了上下对王莽的离心离德直至最终败亡。但是，瑞典学者毕汉思（Hans Bielenstein）的相关研究则告诉我们，以儒家知识分子为主体的西汉地方官员对王莽并不持明显的反对态度，虽然他的那些政策只是美好的空中楼阁。据陈启云先生介绍，毕汉思在其巨著《汉室复辟》（*The Restoration of the Han Dynasty*）中，对儒生官吏对于王莽的态度，"做了别开生面的分析，他认为汉代的祥瑞灾异，多由地方上报，对朝廷有警戒的用意和功能；如果地方人士赞同朝

---

① 钱穆：《刘向歆父子年谱》，《两汉经学今古文平议》，商务印书馆 2001 年版，第 111 页。

② 钱穆：《刘向歆父子年谱》，《两汉经学今古文平议》，商务印书馆 2001 年版，第 98 页。

廷的行事，则多报祥瑞，反之则多报灾异……这些灾异大多集中在若干汉帝朝，而不是在时间上平均分布，这是不符合自然常规的，大多是受到政治动机的影响。毕汉思把前汉高、惠、文、景、武、昭、宣、元、成、哀、平、王莽、光武朝的灾异记录，做成统计表，显示灾异的次数在成帝哀帝时最高，王莽末年次高，惠帝、吕后时期为第三高峰……王莽末期儒士大姓离心离德，但与汉初惠帝时比较，尚不十分严重。纵然王莽败亡在即，儒士大姓对新莽政权还不是极端的排斥……而其晚年的灾异数字达到高峰，与王莽改变钱币的措施有关。除此之外，儒士官员们对王莽个人及他的其他改革措施均不十分反对，纵然在公元22年王莽败亡在即，儒士官员们对他的态度并未苛于公元9、14、16年王莽声望的高峰期"[1]。毕汉思的研究充分说明了包括地方各级官员在内的知识阶层对王莽的态度：虽然王莽在具体的政策方面是失败的，但是由于地方各级官员与王莽同是在西汉经学的大背景下成长，因此，王莽是他们理想的汇聚，在王莽身上，他们念兹在兹的"革命"理想终于得到了实现。

王莽的败亡充分说明，继承了先秦"百家言"精神的西汉"革命"理想只能是纸上的理论，而不能成为现实的选择。但是，对于西汉儒来说，现实的崩塌导致了理想的幻灭。历来对王莽的评价基本都是以《汉书·王莽传》的基调展开，但是，由于《汉书》写作于东汉，所以，它对王莽的评价以及对其时知识阶层心态与表现的叙述，难免受刘汉正统观的影响，事实上，"新朝之覆，为之殉者颇不乏人"[2]，而陈启云先生则进一步指出：

---

[1] 陈启云：《儒学与汉代历史文化》，《陈启云文集》第二卷，广西师范大学出版社2007年版，第36页。

[2] 钱穆：《刘向歆父子年谱》，《两汉经学今古文平议》，商务印书馆2001年版，第174页。

部分坚持到底支持王莽并与之共存亡的人士，由于《汉书·王莽传》是在推翻新莽的东汉政权下写成的，对于此类人士会多所讳言；在新莽政权中的众多士人中，除了刘歆、扬雄及后来若干改仕汉室者外，《汉书》《后汉书》关于他们的史料极少，这正说明了，这些"无身后名"的人士不在少数。[1]

当然，其时士人并非只有与新莽共存亡这一种选择，关于这一点，后文续有讨论。但总的来说，王莽的败亡在精神气质上真正终结了先秦"百家言"的余脉，而面对这个巨大的变动，两汉之际的知识阶层因不同的选择产生了分化，这也是东汉子书兴起的先决条件之一。

王莽败亡之于东汉诸子的影响不仅限于知识阶层的分化，也体现在思维模式的转变上。王莽代汉的过程，以及齐诗、京氏易、公羊春秋等学说理论的展开，都要依靠对"天道""天意"或者"天时"的征引，靠自然律来印证，以证明它们的权威。按照现代考古学的研究，这种将人事的终极依据归之于"天"的意识，早在文字出现以前就已萌芽，[2] 而这种意识的继续发展，导致了人们习惯于将"天"的变动与"人"发展进行关联思考。在这种认知模式下，"天"与"人"被认为是可以相互影响的，它们在现象上有相似的或者可彼此印证的表现，而这背后，则是"天"与"人"在精神本质上的相通。阴阳五行是这种认知模式的集成，而正如荀子所说，战国时期的五行理论乃是"案往旧造说"[3]，早在子思、孟子之前，这个学说就有了相当充分的发展，《左传·昭公二十九年》：

---

[1] 陈启云：《儒学与汉代历史文化》，《陈启云文集》第二卷，广西师范大学出版社 2007 年版，第 97 页。

[2] 参见俞伟超：《含山凌家滩玉器和考古学中研究精神领域的问题》，《文物研究》 1989 年第 5 辑。

[3] 王学谦：《荀子集解》卷三《非十二子》，中华书局 1988 年版，第 94 页。

> 故有五行之官，是谓五官，实列受氏姓，封为上公，祀为贵
> 神。社稷五祀，是尊是奉。木正曰句芒，火正曰祝融，金正曰蓐
> 收，水正曰玄冥，土正曰后土。

这里已经出现了"五行"与"五神"相配的观念，类似的说法在《左传》《国语》等春秋史料中还有很多。但是，在这些史料中，"五行"观念的表现还是杂乱的，如学界所公认，是战国诸子之一的邹衍将阴阳五行的观念进行了整理，使之系统化，并深刻地影响了整个战国秦汉的思维模式，《史记·孟子荀卿列传》：

> 邹衍……深观阴阳消息而作怪迂之变，《终始》、《大圣》之
> 篇十余万言。其语闳大不经，必先验小物，推而大之，至于无
> 垠。先序今以上至黄帝，学者所共术，大并世盛衰，因载其禨祥
> 度制，推而远之，至天地未生，窈冥不可考而原也。先列中国名
> 山大川，通谷禽兽，水土所殖，物类所珍，因而推之，及海外人
> 之所不能睹。称引天地剖判以来，五德转移，治各有宜，而符应
> 若兹。

值得注意的是邹衍整合建构阴阳五行学说所用的方法，就是所谓的"推"。在《史记》这段百余字的介绍中，司马迁三次用"推"这个字来描述邹衍的建构方法，所以，日本学者金谷治认为，"邹衍很重视'推'的方法，并把它作为一个基本方法贯穿其整个思想"，并进而分析到，"这一方法是由已知推导出未知，由经验事实推导出未经验的未知世界，而且把这一类推法运用到一切领域中去，所谓'先验小物，推而大之'，则意味着通过对小的个别的具体事物的验证，并以此为根据，类推出未经验的未

知世界"①。对于这种从经验出发的扩充式的主观类推逻辑，邹衍运用得十分娴熟，他用这种逻辑将道家、阴阳家乃至数术方技家的宇宙意识进行了整合，使得阴阳五行学说正式定型。

邹衍的逻辑代表了一种"关联式的思考"（correlative thinking），②虽然阴阳五行学说在汉儒手里有了进一步的发展，③但其基本的思维方式仍然是邹衍式的"关联式的思考"，包括前文提到的《齐诗》《京氏易》《公羊春秋》莫不如此。

除了将人事与天道自然相关联外，汉儒还习惯于将这种思维方式运用于现实和历史的关联上，这就是董仲舒《春秋繁露》开篇即强调的"《春秋》之道，奉天而法古"④。

现实无不是从历史发展而来，现实与历史的联系是天然的，不可割断的，但这只是从宏观意义上来讲，到了具体的层面，现实与历史的联系必须是特定的，有真实逻辑关系的关联才是正当而有意义的，而西汉儒的历史关联却往往并非如此，王莽代汉的种种手段就是这种关联的显著表现。⑤《汉书·平帝纪》：

---

① 金谷治著，司有伦、葛荣晋译：《邹衍的思想》，载《日本学者论中国哲学史》，中华书局1986年版，第144页。

② 这是西方汉学提出来的一个概念，可参考葛瑞汉：《阴阳与关联思维的本质》，《中国古代思维模式与阴阳五行说探源》，江苏古籍出版社1998年版，第1—57页。

③ 要是指董仲舒将道德因素融入了阴阳五行的架构，进行了"以德配天"的努力，所以李约瑟说，"把中国在这方面的观念解说得最好的，莫过于公元前2世纪的董仲舒"。李约瑟著，陈立夫主译：《中国古代科学思想史》，江西人民出版社2006年版，第348页。

④ 苏舆：《春秋繁露义证·楚庄王第一》，《新编诸子集成》本，中华书局1992年版，第14页。

⑤ 王莽虽然是一个政治人物，但其"受《礼经》，师事沛郡陈参，勤身博学"，本质上仍是一个儒生。详见《汉书·王莽传》。

> 元始元年春正月，越裳氏重译献白雉一，黑雉二，诏使三公以荐宗庙。①

这个事件很容易使人们想起经典文献《尚书》中也有类似的记载：

> 交趾之南有越裳国，周公居摄六年，制礼作乐，天下和平。越裳以三象重译而献白雉。②

而《汉书·王莽传》的记载则告诉我们，这起与古典记载一般模样的越裳氏献白雉，乃是王莽的一手策划，他从中直接获利，得到了与周公一样的地位：

> 始，（王莽）风益州令塞外蛮夷献白雉，元始元年正月，莽白太后下诏，以白雉荐宗庙……于是群臣乃盛陈"莽功德致周成白雉之瑞，千载同符。圣王之法，臣有大功则生有美号，故周公及身在而托号于周。莽有定国安汉家之大功，宜赐号安汉公。"③

王莽希望通过复活古史来暗示现实，越裳氏献白雉本是对周公治理下的周成盛世的赞誉，是针对特定历史的特定表现，但正因为被经典所记载，所以，它在汉人的心目中超越了特殊而具备了一般的意义，王莽就是要使这个具备一般意义的事件神奇地再现于当下，以此来暗示自己与周公的相似。用巫鸿先生的话来说，他其实是在"运用历史隐喻于现在和过去、

---

① 王学谦：《汉书补注》卷十二，上海古籍出版社 2008 年版，第 476 页。
② 陈寿祺：《尚书大传辑校》卷四，《皇清经解续编》本第十册，凤凰出版社 2005 年版，第 1862 页。
③ 王学谦：《汉书补注》卷六十九，上海古籍出版社 2008 年版，第 6045 页。

自己和古代圣贤之间建立起平行关系。这个方式使他得以混淆历史时间、复活古史中的章节，将程式化的文字化为真实的存在"①。

从发展角度来看，西汉儒的这种关于"天道"和"历史"的关联式思考方式，是对邹衍、《吕氏春秋》以及《淮南子》建构方式的继承，从这个意义上讲，西汉经学也是战国诸子学的继续发展。而随着王莽的败亡，这种思维方式也作为遗产被东汉子书反思、批判，这集中体现在桓谭、王充等人对章句谶纬之学的批判上。因此，无论是从精神气质还是思维方式上来看，王莽与西汉经学不仅是战国诸子学"以家言上抗王官"传统的继承，也是东汉诸子学的发端。

---

① 巫鸿：《中国古代艺术与建筑中的纪念碑性》，李清泉、郑岩等译，上海人民出版社2009年版，第241页。

第二章 《新论》：源于"古学"的突破

　　从本章开始，迄第六章，我们拟从历史发展的角度梳理东汉子书写作的演变。东汉子书的内容涉及面相当广，我们在论述时，不追求面面俱到。而是将紧扣对汉代官学的突破与魏晋学术的导源这两个视角，每部子书各选取一个具体面予以探讨。这样做虽然难免挂一漏万，但也是整体研究的不得已而为之。同时，本书虽然将东汉子书视作一个整体，但因为从本章到第六章是历时研究，所以也特别注意某些时代、个别作品所呈现出的断裂与变异。

第一节　郎官与古学

　　桓谭的《新论》是东汉子书写作的开端。两汉之交，经学已经确立了其在汉代学术的中心地位，其时士人很少能逃脱经学的笼罩，桓谭也不例外，但是，他的学术之路却体现了从汉代经学裂缝中生长出来的新方向。

　　《后汉书·桓谭冯衍列传》云：

　　　　（桓）谭以父任为郎，因好音律，善鼓琴。博学多通，遍习《五经》，皆诂训大义，不为章句。能文章，尤好古学，数从刘歆、扬雄辩析疑异。性嗜倡乐，简易不修威仪，而意非毁俗儒，由是多见排抵。①

从这段记述中，我们可以很明显地看出桓谭与经学的密切关系。"以父任为郎"，点明了桓谭的出身；"尤好古学"，则说明了桓谭的学术取向。这两点是理解桓谭学术的关键，也是评判《新论》历史价值的逻辑起点。

"以父任为郎"是指因父亲的职位而荫任为郎官。战国时，三晋、秦、楚均有郎中一职，是为郎官之始。②秦一统后，沿袭之，汉承秦制，亦设郎官之属。汉武帝时期的郎官，其主要职责，居则宿卫宫闱，出则充皇帝侍从。武帝之后，迄东汉，郎官的执掌与性质，发生了较大的改变，严耕望先生论之甚详：

> 秦及西汉初叶，郎官宿卫宫闱，给事近署，职任亲要一如往昔，而进身又大半由荫任与赀选两途，荫任袭战国之成规，赀选亦新兴贵族（资产阶级）之特权，则其性质与战国之"郎"仍鲜殊异，是亦犹古代之"士"也，故或以"士"称之。自武帝从董仲舒、公孙弘之议，创孝廉除郎及博士弟子射策甲科除郎之制，郎官性质渐变；迄乎东汉，赀选遂除，荫任亦替，三署诸署郎多郡吏与经生，贵族豪富之子弟较少。亦唯如此，职转冗闲，不以宿卫给事为要务，故东汉郎署专供行政人才之吸收训练与回翔，不复为天子之禁卫家臣矣。③

---

① 范晔：《后汉书》卷二十八（上），中华书局1965年版，第955页。

② 严耕望：《秦汉郎吏制度考》，载《严耕望史学论文选集》，中华书局2006年版，第285页。

③ 严耕望：《秦汉郎吏制度考》，《严耕望史学论文选集》，中华书局2006年版，第283页。

郎官多"经生",且"专供行政人才之吸收训练与回翔",按之史乘,其实不必迟至东汉,西汉宣帝时已然,著名的石渠阁会议就有郎官的身影显现。《汉书·儒林传》曰:

> 宣帝即位,闻卫太子好《穀梁春秋》,以问丞相韦贤、长信少府夏侯胜及侍中乐陵侯史高,皆鲁人也,言穀梁子本鲁学,公羊氏乃齐学也,宜兴《穀梁》。时(蔡)千秋为郎,召见,与《公羊》家并说,上善《穀梁》说,擢千秋为谏大夫给事中,后有过,左迁平陵令。复求能为《穀梁》者,莫及千秋。上愍其学且绝,乃以千秋为郎中户将,选郎十人从受。汝南尹更始翁君本自事千秋,能说矣,会千秋病死,征江公孙为博士。刘向以故谏大夫通达待诏,受《穀梁》,欲令助之。江博士复死,乃征周庆、丁姓待诏保宫,使卒授十人。自元康中始讲,至甘露元年,积十余岁,皆明习。乃召《五经》名儒太子太傅萧望之等大议殿中,平《公羊》、《穀梁》同异,各以经处是非。时,《公羊》博士严彭祖、侍郎申輓、伊推、宋显,《穀梁》议郎尹更始、待诏刘向、周庆、丁姓并论。《公羊》家多不见从,愿请内侍郎许广,使者亦并内《穀梁》家中郎王亥,各五人,议三十余事。望之等十一人各以经谊对,多从《穀梁》。由是《穀梁》之学大盛。[①]

这段文字揭示了郎官参与汉代经学演进的重要史实。石渠阁会议的重要议题是平议《公羊》与《穀梁》,宣帝私善《穀梁》,但是《公羊》立博士已久,势力庞大,从博士系统内部突破,难度较大。宣帝另辟蹊径,任

---

① 王学谦:《汉书补注》,上海古籍出版社 2008 年版,第 5453—5454 页。

命擅长《穀梁》的蔡千秋为户郎主官，名则掌管宫门，^①实则训练青年郎官明习《穀梁春秋》，以备经会。据《儒林传》，石渠阁会议时，《公羊》一派亦有"侍郎申輓、伊推、宋显"，可见郎官通经学，绝非因宣帝之意而起，当有更早的渊源，其研习的经书范围较为广泛。^②

桓谭以"郎"的身份而"遍习《五经》"，看来是遵从了当时郎官通经学的惯例。本传说其"诂训大义，不为章句"，还是太简略，无法深入看清其研习经书的学术特点。他"数从刘歆辩析疑异"，则正好为我们的观察提供了一个很好的视角，因为刘歆不仅是西汉末期著名的文献目录学家，也是一名郎官出身的经学学者^③。刘歆的治学风格，《汉书·楚元王传》记之甚详，其文曰：

> 歆及向始皆治《易》，宣帝时，诏向受《穀梁春秋》，十余年，大明习。及歆校秘书，见古文《春秋左氏传》，歆大好之。时丞相史尹咸以能治《左氏》，与歆共校经传。歆略从咸及丞相翟方进受，质问大义。初《左氏传》多古字古言，学者传训故而已，及歆治《左氏》，引传文以解经，转相发明，由是章句义理备焉。歆亦湛靖有谋，父子俱好古，博见强志，过绝于人。歆以为左丘明好恶与圣人同，亲见夫子，而《公羊》《穀梁》在七十子后，传闻之与亲见之，其详略不同。歆数以难向，向不能非间也，然

---

① 《汉书·百官公卿表上》："郎中有车、户、骑三将。"颜师古注引如淳曰："《汉仪注》：郎中令主郎中，左右车将主左右车郎，左右户将主左右户郎也。"王学谦：《汉书补注》，上海古籍出版社 2008 年版，第 873 页。

② 王充曾言："孝成皇帝读百篇《尚书》，博士、郎吏莫能晓知，征天下能为《尚书》者。"可见郎官与博士皆通经学，是汉人的常识。黄晖：《论衡校释》（附刘盼遂集解），《新编诸子集成》本，中华书局 1990 年版，第 861 页。

③ 《汉书·楚元王传》："歆字子骏，少以通《诗》《书》，能属文，召见成帝，待诏宦者署，为黄门郎。"王学谦：《汉书补注》，上海古籍出版社 2008 年版，第 3303 页。

犹自持其《穀梁》义。①

从石渠阁会议开始，《公羊》《穀梁》之争就是学术与政治关注的焦点，到了刘歆时代，《左传》的影响力逐渐提升，开始参与学术竞争。至此，围绕《春秋》经的三部传记就成了两汉之交经学发展的热门话题。西汉早期，《左传》就有授受，只不过当时还停留在解决训诂的初级阶段，刘歆则认为左丘明亲见孔子，左氏的解说最能得孔子微言大义之真，因此，坚持要将《左传》立为博士。从表面上看，这只是围绕《春秋》的官学之争，实则是以刘歆为代表的郎官经学与今文博士经学的治学理念之争。

今文博士以"章句"为解经的主要形式，这种形式在西汉宣帝时代已经十分流行。虽然汉代经学鼎盛期的章句俱以不存，但是它的特点，《汉书·夏侯胜传》仍有扼要描述：

> 胜从父子建，字长卿，自师事胜及欧阳高，左右采获，又从《五经》诸儒问与《尚书》相出入者，牵引以次章句，具文饰说。胜非之曰："建所谓章句小儒，破碎大道。"建亦非胜为学疏略，难以应敌。②

以解说《尚书》为例。这种解经方法，首先需要从老师的传授中采择资料，其次从其他经书中挑选与《尚书》相类或相反的说法（可能是用于证明或反证），这就是所谓的"左右采获"。"牵引以次章句"，是指将采择的资料按照《尚书》的文本脉络加以排列，将其纳入其中。"具文饰说"，

---

① 王学谦：《汉书补注》，上海古籍出版社 2008 年版，第 3304 页。
② 王学谦：《汉书补注》，上海古籍出版社 2008 年版，第 4877 页。

是指最后自己再加以阐发。^①这种解经方法，看似严谨完备，实则都是为了今文学派之间的论争而准备。因为论争时，为了压倒对方，必须广征博引，反复曲说，巧为言辞，最后以致"说五字之文，至于二、三万言"^②，完全不顾经书中所蕴含的真精神，所以，夏侯胜批评夏侯建是"章句小儒，破碎大道"，而夏侯建则从功利角度反讥夏侯胜"为学疏略，难以应敌"。

与章句之学相比，刘歆、桓谭等郎官治经学，不需要考虑现实的利禄，没有应敌之虑，所以相对而言，能够超脱功利。比如刘歆治《左氏》，只是"引传文以解经，转相发明"，他所重视的，是经文背后的义理与大道。^③这种治学宗旨与方法，与战国至汉初的学风相似，刘歆曾回顾，"古之学者耕且养，三年而通一艺，存其大体，玩经文而已，是故用日少而畜德多，三十而《五经》立也"^④。这是治学的一种理想状态，虽然可能有美化古代的想象成分，但是，"存大体"却是以刘歆为代表的郎官们治经学的真精神。当然，西汉末期，经学的实用价值越来越被重视，刘歆（们）之所以要寻求经书的大义或本义，还有一层考虑是因为今文经学无法应对汉代政治、文化发展的现实需要。在《让太常博士书》中，刘歆曾指出，今文博士"信口说而背传记，是末师而非往古。至于国家将有大事，若立

<hr/>

① 此撮引林庆彰先生的分析。林庆彰：《两汉章句之学重探》，载《中国经学史论著选集》上册，文史哲出版社 2008 年版，第 279—280 页。

② 陈国庆：《汉书艺文志注释汇编》，《二十四史研究资料丛刊》本，中华书局 1983 年版，第 97 页。

③《楚元王传》中说刘歆治《左传》，"章句义理备焉"，其"章句"，当为小章句，即只训诂文辞，以助理解文义，而并非"具文饰说"的今文大章句。今传赵岐《孟子章句》和王逸《楚辞章句》，就是这种小章句的代表。详细分析见林庆彰：《两汉章句之学重探》，《中国经学史论著选集》上册，第 281—282 页。

④ 陈国庆：《汉书艺文志注释汇编》，中华书局 1983 年版，第 96 页。

辟雍、封禅、巡狩之仪，则幽冥而莫知其原"①。汉人相信古代经典是治世的宝典，如何真正理解古代圣人通过经典而传递的思想，就成为迫切的时代课题。《左传》与《公羊》《穀梁》相比，增附了大量的史文，颇有利于"实事求是"，无疑是探寻《春秋》大义的最佳文本。

第二节　桓谭的治经风格

记载桓谭治经的史料并不多，但是，现存《新论·正经》篇中，有一段其评论《左传》的文字，弥足珍贵，可探其经学立场：

> 《左氏传》遭战国寝废。后百余年，鲁人穀梁赤为《春秋》，残略，多有遗文；又有齐人公羊高，缘经文作传，弥离其本事矣。《左氏传》于经，犹衣之表里，相待而成。经而无传，使圣人闭门思之，十年不能知也。②

今存《正经》篇的文字，除了评价扬雄仿经外，重点就是推崇《左传》。由于《左传》非官学文本，所以，桓谭对《左传》的推崇，与刘歆一样，都是他们疏离今文博士经学的表征。桓谭认为，公羊家解释《春秋》，不用本事，空讲大义，不足为训。只有像《左传》那样，将历史事实复原，不离事而言理，圣人的训示才信而有征。应该说，桓谭对《左传》价值的认知，与刘歆道一风同。光武帝建武初年（25年），尚书令韩歆欲立《左氏春秋》为博士，遭范升阻止，古学诸儒对范升颇有指责，理由之一就是

---

① 王学谦：《汉书补注》，上海古籍出版社 2008 年版，第 3307 页。
② 朱谦之：《新辑本桓谭新论》卷九，《新编诸子集成》本，中华书局 2009 年版，第 39 页。

"太史公多引《左氏》"①。以《史记》多征引之作为《左传》当立博士的凭据，可见，从刘歆、桓谭一直到韩歆，以及稍后的陈元，古学均以重视文献真实为治学取向。

在《正经》篇中，桓谭还展现了他对于古文经文本的熟悉：

> 《易》一曰《连山》，二曰《归藏》，三曰《周易》。《连山》八万言，《归藏》四千三百言。夏《易》烦而殷《易》简。《连山》藏于兰台，《归藏》藏于太卜。古文《尚书》旧有四十五卷，为十八篇。古帙《礼记》有五十六卷。古《论语》二十一卷，与齐鲁文异音四百余字。古《孝经》一卷二十章，千八百七十二字，今异者四百余字。盖嘉论之林薮，文义之渊海也。②

需要指出的是，在汉代，"今文"与"古文"最初只是指经典书写文字的不同，并非学派差异。但是，到了两汉之交乃至东汉，古文经则专指不为今文博士传习，与今文经书在文字上有所差异的经学文本。③刘歆、桓谭等博士系统以外的学者，在传习这些文本的过程中，也逐渐形成了与今文经学不同的治学路数。在当时文献传播极为不便的条件下，桓谭还能对这些文本的文献状况如数家珍，适可见其学术之归属。

综上可以看出，西汉后期，在今文博士经学之外，以刘歆、桓谭等为代表的郎官们，学习古人治经之法，博通多习，并以探寻经典大义，回答时代课题为目标，开辟了一条截然不同的经学发展路向，并影响到了东汉

---

① 范晔：《后汉书》卷三十六，中华书局 1965 年版，第 1229 页。

② 朱谦之：《新辑本桓谭新论》卷九，中华书局 2009 年版，第 38 页。

③ 王国维《汉书所谓古文说》、钱穆《两汉博士家法考》均有说明。详细分析参见徐兴无：《东汉古学与许慎〈五经异义〉》，载《经纬成文：汉代经学的思想与制度》，凤凰出版社 2015 年版，第 338—346 页。

经学的发展。在东汉，这种治学理念与方式，被称为"古学"。虽然《史记》
《汉书》无"古学"的提法，但是，其从西汉后期绵延而来的路径还是清
晰可循的，桓谭正是"古学"的代表人物，所以，当光武帝时，陈元又一
次站在"古学"的立场上争立《左传》时，范晔特别点出，"建武初，元
与桓谭、杜林、郑兴俱为学者所宗"①。

第三节 《新论》对经学的突破

但是，在东汉时期，古学随后的发展，却呈现出向官学体制靠拢的趋
势，这尤其表现在章帝年间，贾逵对《左传》学的改造上。汉章帝喜好古
文《尚书》与《左传》，建初元年，诏令贾逵于北宫白虎观、南宫云台，
讲论《左传》优于《公羊》《穀梁》之大义，贾逵云：

> 臣谨摭出《左氏》三十事尤著明者，斯皆君臣之正义，父子
> 之纪纲。其余同《公羊》者什有七八，或文简小异，无害大体。
> 至于祭仲、纪季、伍子胥、叔术之属，《左氏》义深于君父，《公
> 羊》多任于权变，其相殊绝，固以甚远，而冤抑积久，莫肯分明。
> 臣以永平中上言《左氏》与图谶合者，先帝不遗刍荛，省纳
> 臣言，写其传诂，藏之秘书。建平中，侍中刘歆欲立《左氏》，
> 不先暴论大义，而轻移太常，恃其义长，诋挫诸儒，诸儒内怀不
> 服，相与排之。孝哀皇帝重逆众心，故出歆为河内太守。从是攻
> 击《左氏》，遂为重仇。至光武皇帝，奋独见之明，兴立《左氏》、
> 《穀梁》，会二家先师不晓图谶，故令中道而废。凡所以存先王之

---

① 范晔：《后汉书》卷三十六，中华书局 1965 年版，第 1230 页。

道者，要在安上理民也。今《左氏》崇君父，卑臣子，强干弱枝，劝善戒善，至明至切，至直至顺。且三代异物，损益随时，故先帝博观异家，各有所采。《易》有施、孟，复立梁丘；《尚书》欧阳，复有大、小夏侯。今三传之异亦犹是也。又《五经》家皆无以证图谶明刘氏为尧后者，而《左氏》独有明文。《五经》家皆言颛顼代黄帝，而尧不得为火德。《左氏》以为少昊代黄帝，即图谶所谓帝宣也。如令尧不得为火，则汉不得为赤。其所发明，补益实多。[①]

这次诏对，效果极佳，"书奏，帝嘉之，赐布五百匹，衣一袭，令逵自选《公羊》严、颜诸生高才者二十人，教以《左氏》，与简纸经传各一通"[②]。贾逵改造《左传》学，有两点迎合了当政者的喜好。其一，指出《左传》"义深于君父""崇君父，卑臣子，强干弱枝，劝善戒善"，其内涵便于维护纲常，强化君权。其二，称《左传》可证"汉为尧后"，迎合了当时的图谶之风，强化了东汉皇权的合法性。贾逵指责刘歆当年争立《左传》，"不先暴论大义"，但是，若《左传》大义是如贾逵所言，那么，刘歆、桓谭诸贤所传留的古学路数，已经发生了重大变异。贾逵的《左传》学，已经不再试图通过史实来印证、发明经书的真理，反而如今文经学一般，开始追求符合政治需要的"意义"。其学术性格，也从反对今文官学，变为曲学阿世。但是，从以《左传》为代表的古文经多次争立学官这个现象来看，古学向体制主动靠拢的趋势较为明显，它必然会最终走入与官学的合流，而丧失其初期的生命力。这也能解释为什么郑玄打破今古文壁垒，实现经学两派的统一，但仍然无法挽救汉代经学的整体衰亡。

---

① 范晔：《后汉书》卷三十六，中华书局1965年版，第1236—1237页。
② 范晔：《后汉书》卷三十六，中华书局1965年版，第1239页。

贾逵条奏《左传》大义，上据桓谭去世已经四十年，我们无法假设桓谭如果生在章帝时代，会如何看待贾逵的条奏。但是，据《后汉书》的记载与《新论》中表现的立场，桓谭是坚决反对图谶的，从这一点说，他不可能赞同古学与官学的合流。事实上，桓谭的学术，除了带有浓厚的古学印记外，还有所突破，这个突破最重要的表现就是他对先秦诸子学的态度。《汉书·叙传》中，班固自述其家族世系，桓谭以配角的身份出现在了对班固伯父班嗣的描述中，其文曰：

> （班）嗣虽修儒学，然贵老、严之术。桓生①欲借其书，嗣报曰："若夫严子者，绝圣弃智，修生保真，清虚淡泊，归之自然，独师友造化，而不为世俗所役者也。渔钓于一壑，则万物不奸其志，栖迟于一丘，则天下不易其乐。不絓圣人之罔，不嗅骄君之饵，荡然肆志，谈者不得而名焉，故可贵也。今吾子已贯仁谊之羁绊，系名声之缰锁，伏周、孔之轨躅，驰颜、闵之极挚，既系挛于世教矣，何用大道为自眩曜？昔有学步于邯郸者，曾未得其仿佛，又复失其故步，遂匍匐而归耳！恐似此类，故不进。"嗣之行己持论如此②。

这段文字虽然旨在凸显班嗣贵老、庄而任自为，但是，桓谭欲向其借书这个细节仍然饶有趣味。班嗣认为"遍习《五经》"的桓谭已经"伏周、孔之轨躅，驰颜、闵之极挚"，转而学习老、庄道家，难免邯郸学步之讥。但是，这个例子却从反面说明桓谭对诸子学抱有浓厚的兴趣，从下文的分析看，我们可以肯定班嗣对桓谭欲读道家书的行为有极大的误解。扬雄一

---

① 颜师古曰："桓谭"。

② 王学谦：《汉书补注》，上海古籍出版社2008年版，第6229—6230页。

直被认为是桓谭的先导，桓谭对扬雄也不吝赞美之辞；[①]郑玄则是东汉古学的集大成者。但是，对照扬雄"小诸子"的言论，[②]郑玄视子书为"异端"的解释，[③]桓谭对于先秦诸子，尤其是道家的兴趣，仍然显示出他对于西汉通儒、东汉古学的突破，他已经体现出了经学体系中人难有的格局。

《新论》中，多有对先秦诸子的评议，《本造》篇曰：

> 庄周寓言，乃云"尧问孔子"；《淮南子》云"共工争帝，地维绝"，亦皆为妄作。故世人多云短书不可用。然论天间，莫明于圣人，庄周等虽虚诞，故当采其善，何云尽弃邪[④]！

从这段文字看，桓谭对于诸子学的评价相当精到。按"短书"一词，首见于《新论》。因至迟从战国开始，就将诸子之言记载在"八寸简"上，较记载古代经书的二尺四寸简为短，故称汉人习称诸子书为"短书"[⑤]。由于受书写条件的限制，所以，诸子书多立言而不擅于长篇记事，有时为了证成己说，难免多有谬悠之辞、无涯之说，余嘉锡先生所谓"诸子短书，百家杂说，皆以立意为宗，不以叙事为主。意主于达，故譬谕以致其思；事为之宾，故附会以圆其说；本出荒唐，难与庄论"[⑥]是也。桓谭认识到并

---

① 《新论·正经》："子云所造《法言》《太玄经》也，《玄经》数百年外，其书必传，顾谭不及见也。"朱谦之：《新辑本桓谭新论》卷九，中华书局 2009 年版，第 41 页。

② 或曰："子小诸子，孟子非诸子乎？"汪荣宝：《法言义疏》十八，《新编诸子集成》本，中华书局 1987 年版，第 498 页。

③ 刘宝楠：《论语正义》，《十三经清人注疏》本，中华书局 1990 年版，第 739 页。

④ 朱谦之：《新辑本桓谭新论》卷一，中华书局 2009 年版，第 1 页。

⑤ 王国维《简牍检署考》已有考证。详细分析见孙少华：《诸子"短书"与汉代"小说"观念的形成》，《吉林大学社会科学学报》第 53 卷第 3 期。

⑥ 余嘉锡：《古书通例》卷二（与《目录学发微》合刊），《余嘉锡著作集》本，中华书局 2007 年版，第 253 页。

批评了诸子言辞的难以质实，这是他古学思维的继续；但又充分肯定诸子书在哲理阐发方面的优势，这又是他突破古学的表现。他甚至对"不入流"的小说家也给予了应有的重视，认为其"治身治家，有可观之辞"①。

桓谭除了对诸子学有整体的评价外，从现存《新论》的文字看，他对诸子学术中的一些具体命题，亦有精深的了解。《新论·启寤》篇曰：

> 公孙龙，六国时辩士也，为坚白之论，假物取譬，谓白马为非马。非马者，言白所以名色，马所以名形也，色非形，形非色。人不能屈。后乘白马，无符传，欲出关，关吏不听。此虚言难以夺实也。②

名家论"坚白同异"，完全是从逻辑的角度出发，体现了战国时诸子思辨水平的高峰。但是这种辩论，已经将原本作为方法的逻辑学变异为讨论的对象，甚至是言谈的本体。桓谭非常清楚这种持论的内在理路（"言白所以名色，马所以名形也，色非形，形非色"），但是，他的批评却是从征实的角度出发，将名家的论题从纯粹的逻辑带回经验事实，并进而瓦解了这种论辩的合法性。应当说，桓谭的批评继承了荀子的态度，③又融入了汉代古学"实事求是"的评价立场，带有明显的时代学术色彩。但无论如何，这都是建立在桓谭对先秦诸子学精深理解的基础上的，正如谭介甫先生所说，"盖（桓）谭性耽辩证，故于（公孙）龙书白马论，甄明精要，定为守白，殆非熟研其学者不为功也"④。除了《本造》

---

① 朱谦之：《新辑本桓谭新论》卷一，中华书局2009年版，第1页。
② 朱谦之：《新辑本桓谭新论》卷七，中华书局2009年版，第30—31页。
③ 荀子批评这种论辩是"好治怪说、玩琦辞"。王先谦：《荀子集解》卷三，《新编诸子集成》本，中华书局1988年版，第91页。
④ 朱谦之：《新辑本桓谭新论》卷七，中华书局2009年版，第31页。

《启寤》两篇外，《新论》的《王霸》《言体》《谴非》《祛蔽》《正经》《离事》诸篇，对战国诸子也多有评述，充分体现了桓谭的治学格局。

统观桓谭学术全部，出身郎官的他在研习经学时，走上了一条与今文博士经学截然不同的治学之路，这就是所谓的"古学"。古学注重博通多习，实事求是，欲探寻经典大义，以回答时代课题为目标，这基本上构成了桓谭的学术性格。但是与后来的古学逐渐向官学靠拢不同，桓谭对在汉代被视为"异端"的诸子学有着浓厚的兴趣，对诸子学多有探研。作为出身经学体系的汉代学者，他并没有给后世留下经书的章句或注疏，而是选择了独立著述之路，以"何异《春秋》褒贬"的自信写作了《新论》，希望达到"亦欲兴治"的目的，[①] 在形式与精神上都继承了先秦诸子。《新论》的批评范围涵括古今，术兼本末，但是，其批评的标准，比如重事实征验等，又多从桓谭治经之所好，充分说明该书是脱胎于古学的新创。

---

① 朱谦之：《新辑本桓谭新论》卷一，中华书局 2009 年版，第 1 页。

第三章 《论衡》：作者观的新变

第一节 古典作者观

学者在探讨先秦诸子创作的兴盛时，就已经发现，其时书写条件的进步，对于子书的繁荣起到了重要的助推作用。比如傅斯年先生就曾指出：

> 春秋战国间书写的工具大有进步。在春秋时，只政府有力作文书者，到战国初年，民间学者也可著书了……一到战国中期，一切丰长的文辞都出来了，孟子的长篇大论，邹衍的终始五德，庄子的危言日出，惠施的方术五车，若不是当时学者的富力变大，即是当时的书具变廉，或者兼之。这一层是战国子家记言著书之必要的物质凭借。[1]

但是，若考虑到除了《吕氏春秋》以外，其他先秦子书均不是有为而作，且原先都是单篇独行，经汉人整理方才订立成书，[2]那么，书写条件

---

[1] 傅斯年：《战国子家叙论》，载《中国现代学术经典·傅斯年卷》，河北教育出版社1996年版，第298页。

[2] 余嘉锡：《古书通例》卷三（与《目录学发微》合刊），《余嘉锡著作集》本，中华书局2007年版，第265—268页。

之于先秦子书的兴盛，其作用并非十分重要。同样的，也有学者的研究指出，纸张的广泛应用对于东汉学风的演变、汉魏经学的兴衰，都有着不可忽视的影响。[①] 这个观察大致是可靠的，但是，具体应用于东汉子书写作兴盛的解释，仍需要具体分析。根据现在的考古发现，早在西汉武帝时代就已经有纸，还发现了王莽时代写有文字的纸。[②] 公元 105 年，蔡伦发明了"蔡侯纸"，被认为是造纸技术的革命性改良，为纸张的普及奠定了技术基础。但是，直到东汉末年，官府文书仍然使用简牍。《三国志·张既传》裴松之注引《魏略》云："张既，世单家富，为人有容仪，少小工书疏，为郡门下小吏，而家富，自惟门寒，念无以自达，乃常畜好刀笔及版，奏伺诸大吏，有乏者，辄给与，以是见识焉。"[③] 这是东汉灵帝时期（168—189 年）的事情，上距"蔡侯纸"的发明已经逾六十年，可见其时纸张并未得到广泛的应用，正如查屏球先生指出，"简纸共存与简纸替换时间之长，是因为纸作为一种先进传播工具，其高级形态在相当长的时间内仍为少数人掌有"[④]。东汉子书的作者大多沉沦下僚，甚至自称"潜夫"，他们恐怕没有条件利用纸张进行大规模书写，比如王充写作《论衡》，依然需要"户牖墙壁各置刀笔"[⑤]。

众所周知，先秦子书非成于一人之手，大多是诸子学派经过数十年乃至上百年的淬炼，累积而成。还有的是在官方主持下，假众手而共同创

① 清水茂著，蔡毅译：《纸的发明与后汉的学风》，载《清水茂汉学论集》，中华书局2003年版，第 22—36 页；刘跃进：《纸张的广泛应用与汉魏经学的兴衰》，载《秦汉文学论丛》，凤凰出版社 2008 年版，第 573—586 页。这个问题相关的研究还可参考钱存训《书于竹帛》之第七章"纸卷"、第八章"书写工具"以及日本学者富谷治《木简竹简述说的古代中国》之第六章"由汉到晋——由简牍到纸"。
② 潘吉星：《中国科学技术史·造纸与印刷卷》，科学出版社 1998 年版，第 49—58 页。
③ 陈寿：《三国志》，中华书局 1959 年版，第 473 页。
④ 查屏球：《纸简替代与汉魏晋初文学新变》，《中国社会科学》2005 年第 5 期。
⑤ 范晔：《后汉书》卷四十九，中华书局 1965 年版，第 1629 页。

作，比如《吕氏春秋》。但是，东汉子书却全是个人的作品。既然他们的书写条件与战国相比，并未得到根本改善，那么，他们能够以个人之力完成在篇幅上可以上抗先秦诸子的皇皇巨著，其原因就需要另作考察。

章学诚在论春秋、战国之际写作之变迁时，曾指出：

> 夫六艺为文字之权舆，《论语》为圣言之荟萃，创新述故，未尝有所庸心，盖取足以明道而立教，而圣作明述，未尝分居立言之功也。故曰：古人之言，所以为公也，未尝矜其文辞，而私据为己有也。周衰文弊，诸子争鸣，盖在夫子既殁，微言绝而大义之已乖也。然而诸子思以其学易天下，固将以其所谓道者，争天下之莫可加，而语言文字，未尝私其所出也。①

章学诚从"言公"的立场出发，对古人著述给予了高度赞赏。"言公"，说穿了，就是不以彰显作者个人为目的的思想创发。先秦诸子纷纷，但都是为了恢复"已乖"的"大义"，而这个"大义"，却是上古圣人遗留下来的。用《庄子》的话来说，诸子论争的言辞，都是已经被破坏的古代"大体"的一端（《庄子·天下》："天下大乱，贤圣不明，道德不一。天下多得一察焉以自好。"）。章学诚是从正面肯定诸子之文，《庄子》是从反面否定诸子之文，但无论如何，二者都认为文化的"作者"是上古的圣人，战国诸子，都是居于"述"的地位。这样一种"作者"观，发展到汉代，尤其是东汉时期，发生了重大的突破，这就为东汉子书写作的兴盛拆除了门槛。以《论衡》为代表的东汉子书，正是这种"作者观"变迁的背景下，喷涌而出。

在先秦的文化传承体系中，尤其是战国人的语境中，"作"首先是指

---

① 叶瑛：《文史通义校注》卷二《言公上》，中华书局1985年版，第170页。

上古圣王对文字、器物等的发明与创造，《世本·作》篇云：

> 苍颉作书，史皇作图，容成作历，大挠作甲子，羲和作占
> 日，恒羲作占月，后益作占岁，隶首作数，燧人氏钻木出火，黄
> 帝作火食，神农作耒，古者垂作耒耜，黄帝作冕，神农作琴，蚩
> 尤作兵……①

以此为基础，"作"的范围扩大到对思想文化的创发，随之也产生了
"作"与"述"的严格区别。《礼记·乐记》曰：

> 知礼乐之情者能作，识礼乐之文者能述。作者之谓圣，述者
> 之谓明。明圣者述作之谓也。

郑玄注云：

> "述"谓训其义也。

孔颖达疏云：

> 作者之谓圣，圣者，通达物理，故作者之谓圣，则尧、舜、
> 禹、汤是也。述者之谓明，明者，辨说是非，故修述者之谓明，
> 则子游、子夏之属是也。②

---

① 孙冯翼辑：《世本》卷上，《世本八种》，中华书局2008年版，第3页。
② 孔颖达：《礼记正义》卷三十六，阮刻"十三经注疏"本，艺文印书馆2007年版，
第669页。

综合《乐记》经与注、疏的说法，我们可以发现，"作"与"述"分属两个不同的层面："作"是指通晓万事万物本质的圣人的发明创作（"知礼乐之情""通达物理"），而"述"则是对"作"的进一步阐释和辨析（"训其义""辨说是非"），以发明"作"者之意，根据孔颖达的疏解，"作"者是指尧、舜、禹、汤这样的儒家圣人。

通观《世本》与《乐记》所载，无论"作"是指文字器物的发明，还是指思想文化的创发，"作"都不是凡人所能涉及的，它是圣人的特权。这里要略微涉及"圣人"含义的演变。清人朱骏声说："春秋以前所谓圣人者，通人也"[①]，而顾颉刚先生也认为，至少在《诗经》《尚书》的时代，"圣人"只是聪明人的意思。[②] 但是，在"作者之谓圣"的语境中，"圣人"的含义显然已经不是像"通人"或者"聪明人"那么简单，它已经具备了神圣性，是历史文化中的权威，所以，朱骏声接着说，"战国以后所谓圣人，则尊崇之虚名也"。事实上，上述《世本》引文中所举的十五个"作"的例子，现代史学都认为是一种依托或传说，一般不认为是历史的真实。类似的情况不仅存在于器物发明上，也广泛存在于其他领域。比如《吕氏春秋·音初》记载，"禹行功，见涂山氏之女，禹未之遇，而巡省南土。涂山氏之女乃令其妾候禹于涂。女乃作歌，歌曰：候人兮猗"[③]。现在的文学史研究一般不会坐实"候人兮猗"乃是涂山氏之女所唱，《吕氏春秋》此说无非是要在音乐的发源和公认的圣人大禹之间建立关联，以加强权威性。先秦时期这种将重要的器物发明或文化创造归名于圣人的现象，实际上反映出早期文化普遍存在的"神圣作者观"。如同龚鹏程先生指出，这种作者观认为"一切创作性的力量，及创造性的根源，均来自神或具有神性的'东

---

① 朱骏声：《说文通训定声·鼎部第十七》，武汉古籍书店1983年版，第872页。

② 顾颉刚：《春秋时代的孔子和汉代的孔子》，载《顾颉刚古史论文集》第二册，中华书局1988年版，第488—489页。

③ 陈奇猷：《吕氏春秋新校释》，上海古籍出版社2002年版，第338页。

西'。人是靠着神的给予，才活得了这一力量，所以，作品固然是由我所制造的，创作者却是另一'东西'，不是我"①。"神圣性作者观"一直在控制着包括诸子在内的先秦文化的发展。

值得注意的是，孔颖达认为"作"者是指尧、舜、禹、汤，"述"者是指子游、子夏，但是却并未提及儒家公认的圣人孔子，这是一个需要进一步辨析的问题，这个问题涉及"作"与"述"这两个概念的沉浮变迁。

首先，孔子生前并不认为自己是圣人，这在《论语》中有案可查：子曰："若圣与仁，则吾岂敢？抑为之不厌，诲人不倦，则可谓云尔已。"（《论语·述而》）他的自我评价是好学者与好老师，绝不是圣人；当有学生尊崇其为圣人时，他断然否认：

> 太宰问于子贡曰："夫子圣者与？何其多能也！"子贡曰："固天纵之将圣，有多能也。"子闻之，曰："太宰知我乎？吾少也贱，故多能鄙事。君子多乎哉？不多也！"（《论语·子罕》）

似乎他的人生修为目标只是君子。正因为孔子不敢自居圣人，所以，他同时认为自己从事的事业只是对古圣的继承发扬，是"述"而非"作"：

> 子曰："述而不作，信而好古，窃比于我老彭。"（《论语·述而》）

对于这段话，汉人的通常理解见于《汉书·儒林传》：

> 周道既衰，坏于幽厉，礼乐征伐自诸侯出，陵夷二百余年而

---

① 龚鹏程：《文人传统之形成》，载《汉代思潮》（增订版），商务印书馆 2008 年版，第 61 页。

孔子兴。以圣德遭季世，知言之不用而道不行，于是叙《书》则断《尧典》，称《乐》则法《韶》舞，论《诗》则首《周南》。缀周之礼，因鲁《春秋》，举十二公行事，绳之以文武之道，成一王法，至获麟而止。盖晚而好易，读之韦编三绝而为之传，皆因近圣之事以立先王之教。故曰："述而不作，信而好古。"①

按照汉人的理解，孔子的"述而不作"，乃是在继承传统的基础上，通过对古代典籍进行删削或重新编排的过程来生发出新的意义，是一种主动积极的解释、取义行为，而非具有原创性的发明。理念上的接受往往也意味着行动上的遵循，事实上，战国秦汉尤其是西汉的儒家，传记是他们表达学术思想的主要方式，正如章学诚所说，"周末儒者，及于汉初，皆知著述之事，不可自命经纶，蹈于妄作；又自以立说，当禀圣经以为宗主，遂以所见所闻，各笔于书而为传记"②。而当有人妄图自拟先圣，以凡人尝试"著作"之权的时候，往往会招致严厉的诘难和批评，扬雄之著《太玄》就是显例。《法言·问神》曰："述而不作，《玄》何以作？曰：其事则述，其书则作。"③面对压力，扬雄做了比较勉强的申辩，他只承认《太玄》从形式上看是"作"，但是，其义理内核仍然是"述"，他不敢自居"作"者。所以，时人评价扬雄是"诸儒或讥以为扬雄非圣人而作经，犹春秋吴楚之君僭号称王，盖诛绝之罪也"④。也就是说，至迟在西汉末期，普通人行使著作之权，仍然被视为一种僭越。

---

① 王学谦：《汉书补注》卷五十八，上海古籍出版社 2008 年版，第 5413 页。

② 叶瑛：《文史通义校注》卷三，中华书局 1985 年版，第 248 页。

③ 汪荣宝：《法言义疏》卷八，中华书局 1987 年版，第 164 页。

④ 王学谦：《汉书补注》，上海古籍出版社 2008 年版，第 5412 页。

第二节　王充与"作者"观的突破

这股只有圣人才能行"著作"之权的风潮在东汉子书作者那里被彻底打破，这直接导致了东汉子书的盛行，但是，他们的先导却是《春秋公羊》学对孔子"作"《春秋》的认定。在第一章第三节中，我们已经提到，以董仲舒为代表的公羊家以及后来的谶纬思潮都认定《春秋》乃是孔子所"作"，这种看法的源头可能在孔子生前就已经萌芽，《论语》中记载子贡之言："子如不言，则小子何述？"（《论语·阳货》）可见子贡等弟子已经自居"述"位，那么，潜台词即孔子就是"作"者。也可以追溯到孟子对孔子与《春秋》之间关系的看法，所谓"孔子惧，作《春秋》"（《孟子·滕文公下》）。到了汉初，这个看法在司马谈、司马迁父子那里得到了明确和强化，《史记·太史公自序》云：

> 太史公执迁手而泣曰："……夫天下称诵周公，言其能论歌文武之德，宣周邵之风，达太王王季之思虑，爰及公刘，以尊后稷也。幽厉之后，王道缺，礼乐衰，孔子修旧起废，论《诗》、《书》，作《春秋》，则学者至今则之。自获麟以来四百有余岁，而诸侯相兼，史记放绝。今汉兴，海内一统，明主贤君忠臣死义之士，余为太史而弗论载，废天下之史文，余甚惧焉，汝其念哉！"
>
> 迁俯首流涕曰："小子不敏，请悉论先人所次旧闻，弗敢阙。"

在这段话中，司马谈对孔子与古代经典之间关系的叙述，即"修旧起废，论《诗》《书》，作《春秋》"，应该分作两个层次来理解。第一层次，《诗》《书》（包括《礼》《乐》）渊源甚久，属于旧有文献，孔子对它们进行了校订整理，赋予新的意义，所谓"修旧起废"；第二层次，《春秋》则是孔子据鲁史创"作"。他继承了孟子所谓"孔子作《春秋》"的说法，将《春秋》之于孔子的关系与其他经典区别开来，这样，孔子就拥有了"作者"的资格。更值得关注的并非司马氏父子为孔子身份的"正名"，而是他们这番对话背后的自我期许。很明显，两代太史公都欲以孔子为榜样，但是，他们是在什么层面上向孔子看齐的？对此，后人有不同意见，司马贞云：

> 太史公略取于《孟子》，而杨雄、孙盛深所不然，所谓多见不知量也。以为淳气育才，岂有常数……安在于千年五百乎？具述作者，盖记注之志耳，岂圣人之伦哉？（《史记》卷一百三十《太史公自序》《索隐》）

显然，扬雄、孙盛认为司马氏父子是效法孟子，意欲在道德层面上接续孔子，近代学者崔适在《史记探源》中，对这个看法进行了驳斥：

> 由今观之，有孔子而尧、舜藉以祖述，文、武藉以宪章；有太史公，而孔子列于《世家》，《儒林》表其经业。是孔子后不可无太史公，犹周公后不可无孔子也。下文"正《易传》，继《春秋》，本《诗》、《书》、《礼》、《乐》之际"等语，惟以述作相比耳，岂为比其圣德哉！①

由《太史公自序》的文气脉络和司马迁在《报任安书》中流露的思想来看，笔者同意崔适的看法，即司马氏父子希望承继孔子的述作之志，修旧起废，成一家之言：既然他们认为孔子于《春秋》是"作"而非"述"，那么，"绍《春秋》"的学术理想就决定了他们试图以平民或者凡人——而

---

① 崔适：《史记探源》，中华书局 1986 年版，第 227 页。

不是圣人——的身份居于"作者"的地位。

但是,司马迁对于他的这个理想仍然不敢正面表达,因为他们毕竟不敢自居圣人,所以,他面对壶遂的发问时,只能作出以下的回答:"余所谓述故事,整齐其世传,非所谓作也,而君比之于《春秋》,谬矣!"(《史记》卷一百三十《太史公自序》)

第一个从理论上将"著作"权力与圣人脱钩的乃是东汉诸贤的开山桓谭。其《新论·正经》篇云:

> 诸儒睹《春秋》之记,录政治之得失,以立正义,以为圣人复起,当复作《春秋》也。自通士若太史公亦以为然。余谓之否。何则? 前圣后圣,未必相袭也。夫圣贤所陈,皆同取道德仁义,以为奇论异文,而俱善可观,犹人食皆用鱼肉菜茄,以为生熟异和而复俱美者也。①

应该说,桓谭的观点要比司马迁激进得多,他认为只要在义理("道德仁义")与文辞("奇论异文")两个方面都达到一定的标准,那么,所谓的"后圣"或者贤人都有"著作"的权力。②并且,更重要的是,他们的著作不需要模仿经典的形式("前圣后圣,未必相袭")。有了这个思想作为基础,所以,他才敢在《新论》的开篇作出以下的宣言:

---

① 朱谦之:《新辑本桓谭新论》卷九,《新编诸子集成》本,中华书局 2009 年版,第 40 页。

② 在先秦两汉的学术语境中,能够称为"圣人"的,孔子是最后一位,再往前是尧、舜、禹、汤和文、武、周公,其余的"圣人"都只在上古传说中出现。因此,桓谭所用的"后圣"的提法,当是出于文气所需,意指当代贤人。参见李零:《去圣乃得真孔子——〈论语〉纵横读》上篇《孔子是怎么变成圣人的》,生活·读书·新知三联书店 2008 年版,第 117 页。

余为《新论》，术辨古今，亦欲兴治也。何异《春秋》褒贬耶？①

因为有西汉公羊学对孔子"作者"身份的认定，所以，桓谭以《新论》比之《春秋》，虽然未自我宣示，但实际上已经将自己定位于"作者"。

王充是东汉时期第一个公开宣示凡人拥有著作之权的文士。当然，处在宗经征圣的大环境下，他还是不敢公然将自己比拟为早期的"神圣作者"，《论衡·对作》曰：

或曰：圣人作，贤者述。以贤而作者，非也。《论衡》《政务》，可谓作者。曰：非作也，亦非述也，论也。论者，述之次也。《五经》之兴，可谓作矣。太史公《书》、刘子政《序》、班叔皮《传》，可谓述矣。桓君山《新论》、邹伯奇《检论》，可谓论矣。今观《论衡》《政务》，桓、邹之二论也，非所谓作也。造端更为，前始未有，若仓颉作书，奚仲作车是也。《易》言伏羲作八卦，前是未有八卦，伏羲造之，故曰作也。文王图八，自演为六十四，故曰衍。谓《论衡》之成，犹六十四卦，而又非也。六十四卦以状衍增益，其卦溢，其数多。今《论衡》就世俗之书，订其真伪，辨其实虚，非造始更为，无本于前也。儒生就先师之说，诘而难之；文吏就狱之事，覆而考之，谓《论衡》为作，儒生、文吏谓作乎？②

王充既不敢以《论衡》就自居"作者"，但也不承认是"述"。从上文

---

① 朱谦之：《新辑本桓谭新论》卷一，中华书局 2009 年版，第 1 页。
② 黄晖：《论衡校释》（附刘盼遂集解）卷二十九，《新编诸子集成》本，中华书局 1990 年版，第 1180—1181 页。

所引先秦至西汉文献来看，"述"与"作"一直是相对而言，非"作"即"述"，无往而不在，所以，司马迁和扬雄虽心有不甘，但最后皆承认自己是"述"者。但王充"述作"皆不居，又造"论"名以为己饰，还谦逊地认为是"述之次也"。从王充睥睨古今的个性来说，我们完全有理由相信这并非衷心之言。正如其所言，"造端更为，前始未有"，才是"作"。但是，他的《论衡》却也并不依傍经典，更是前始未有的奇书，非"作"为何呢？

王充表面上的"谦逊"和事实上成为作者的现象，其实是宣告了"作者"已经走下神坛，不再是圣人的专属，王充将其命名为"鸿儒"。《论衡·超奇》曰：

> 故夫能说一经者为儒生，博览古今者为通人，采掇传书以上书奏记者为文人，能精思著文连结篇章者为鸿儒。故儒生过俗人，通人胜儒生，文人逾通人，鸿儒超文人。故夫鸿儒，所谓超而又超者也。以超之奇，退与儒生相料，文轩之比於敝车，锦绣之方於缊袍也，其相过，远矣。如与俗人相料，太山之巅堺，长狄之项跖，不足以喻。故夫丘山以土石为体，其有铜铁，山之奇也。铜铁既奇，或出金玉。然鸿儒，世之金玉也，奇而又奇矣。奇而又奇，才相超乘，皆有品差①。

王充对"鸿儒"不吝赞美之词，"奇而又奇"之说，也符合其自我期待。值得注意的是他对于"文人"与"鸿儒"之间递进关系的安排。文人是"采掇传书以上书奏记者"，这与他一再提及的"文吏"又密切关联。他在《程材》篇中说文吏是"朝庭之人也，幼为干吏，以朝庭为田亩，以刀笔为末

---

① 黄晖：《论衡校释》（附刘盼遂集解）卷十三，中华书局1990年版，第607页。

耕，以文书为农业"①。由于王充在评价当时士人时，往往两类对举，《程才》篇专论儒生与文吏，儒生是传习儒家经典的经生，那么相反的，文吏就是不以传习古圣之说为业的士人，其低级者，就是刀笔吏，其高级者，就是"采掇传书以上书奏记"的文人了。上节在讨论桓谭时，我们曾指出，刘歆、桓谭都是出身郎官体系，可以说都是"文吏"，而更往前的诸如邹阳、枚乘、司马相如、严忌、扬雄等文人，都是诸侯王或皇帝身边的文学侍从，掌笔书文墨，都可算是王充所说的"文吏"，他们都不是博士系统的经生，不以解经名世，而都有著作传播，属于事实上的作者。经过这番梳理，我们可以清晰地发现，王充建构了一条从"文吏"到"文人"，再到"鸿儒""作者"发展路径。虽然一般人也能如以往的"圣人""王者"一般拥有"作"的权力，但是，并非所有士人都能成为名垂后世的"作者"。王充认为，在他的那个时代，能成为"作者"的士人是最为出类拔萃的，也就是"鸿儒"。鸿儒是能够"精思著文、连结篇章"的极致的文人（《论衡》庞大的篇幅绝对够得上"精思著文、连结篇章"，"鸿儒"这个名称其实就是王充为自己特设）。虽然文吏、文人、鸿儒高下有别，但从整体上看，这个体系中的所有人都是从世俗事业出身，而不具备上古作者的神圣性。

王充还从另外一个角度对"作者"的属性进行"祛魅"，将"著作"权力进一步向普通人普及。讨论还是要从"圣人"的特征说起。根据先秦古书的普遍说法，"圣人"还有一个不可或缺的特征，那就是必须有权位，可以治理天下，以下略举几例：

> 圣人南面而听天下。（《礼记·大传》）
>
> 圣人以治天下为事者也。（《墨子·兼爱》）
>
> 夫贵为天子，富有天下，名为圣人。（《荀子·王霸》）

---

① 黄晖：《论衡校释》（附刘盼遂集解）卷第十二，中华书局 1990 年版，第 539 页。

《礼记·中庸》的解释最为清晰：

> 非天子不议礼，不制度，不考文。今天下车同轨，书同文，行同伦，虽有其位，苟无其德，不敢作礼乐焉。虽有其德，苟无其位，亦不敢作礼乐焉。①

议礼、制度、考文，这些都是"作者"之事，但必须天子才能为之，有德而无位，则不能行"作者"之权，这也是《春秋》被认为是"天子之事"的原因。而王充的说法则完全颠覆了这个观点，其《论衡·须颂篇》云：

> 或说《尚书》曰："尚者，上也；上所为，下所书也。""下者谁也？"曰："臣子也。"然则臣子书上所为矣。问儒者："礼言制，乐言作，何也？"曰："礼者上所制，故曰制；乐者下所作，故曰作。天下太平颂声作。"②

"制礼作乐"本均属王者之权（见前引《中庸》文），但是，他却把"制礼"与"作乐"区别对待，将"作"的权力归属于臣下。王充言说，往往随机立论，并不需要什么根据（这从《论衡》中随时出现的前后矛盾里可见一斑），所以，我们无需追查他这番宏论是否有经典依据，这很可能是他的"想当然耳"，但这同时确也体现出他希望从"王者"那里争夺"著作"权力的欲望与努力。需要指出的是，在先前文献中，"礼""乐"二词并称，涵义往往相同。而王充此处，则将"乐"的范围缩小，涵义固定化，特指对歌唱天下太平的"颂声"，这倒与其"颂汉"的立场并不矛盾。无论如何，

---

① 孔颖达：《礼记正义》卷五十三，艺文印书馆2007年版，第896页。
② 黄晖：《论衡校释》（附刘盼遂集解）卷二十，中华书局1990年版，第847页。

这番"无稽之谈"的意义是不容忽视的,它代表了著作意识的进一步觉醒与突破。

为了给自己的宣示以更大的合法性,王充还建立了汉代以来"作者"发展的谱系,《超奇》篇曰:"夫通览者,世间比有;著文者,历世希然。近世刘子政父子、扬子云、桓君山,其犹文、武、周公并出一时也;其余直有,往往而然,譬珠玉不可多得,以其珍也。"① 这些都是王充认可的汉代"作者",王充接续了他们的事业,他们都是如"珠玉"般珍贵的。在这样认识的指导下,王充最终认为,是否有著作,成为"作者",成为定人之贤愚的最高标准。《论衡·定贤》曰:

> 夫人不谓之满,世则不得见口谈之实语,笔墨之余迹,陈在简策之上,乃可得知。故孔子不王,作《春秋》以明意。案《春秋》虚文业,以知孔子能王之德。孔子,圣人也。有若孔子之业者,虽非孔子之才,斯亦贤者之实验也。夫贤与同轨而殊名,贤可得定,则圣可得论也。②

第三节 突破之原因与影响

这里要讨论一下为何古典的"作者"观在王充时代被突破的原因。在《论衡》中,王充还提到了"文儒"这个概念,《书解》篇中说,"著作者为文儒,说经者为世儒"③,因此,"文儒"在本质上与"鸿儒"是相同的,"著

---

① 黄晖:《论衡校释》(附刘盼遂集解)卷十三,中华书局1990年版,第606页。
② 黄晖:《论衡校释》(附刘盼遂集解)卷二十七,中华书局1990年版,第1121页。
③ 黄晖:《论衡校释》(附刘盼遂集解)卷二十八,中华书局1990年版,第1150页。

作"的对立面就是以说解经书为业的汉代经学注疏。注疏的根本目的应该是了解经书背后包含的古圣先贤的真实意图。但是，由于每个解经者、每个传衍经典的学派都有着自身不可离弃的主观立场，因此，要获得大家共同接受的、圆满的对于经书的理解，就是一件不可能完成的任务。早在战国时代，韩非子就曾批评这个现象，《韩非子·显学》曰：

> 孔、墨之后，儒分为八，墨离为三，取舍相反不同，而皆自谓真孔、墨，孔、墨不可复生，将谁使定世之学乎？孔子、墨子俱道尧、舜，而取舍不同，皆自谓真尧、舜，尧、舜不复生，将谁使定儒、墨之诚乎？①

韩非子不屑于孔、墨后学的言人人殊，并认为这个缺陷其实早已埋藏于孔、墨对古代的不同理解中，真是古今同慨。汉代的经学解释，也很早就暴露了这个问题。比如汉初的《诗经》传承，"鲁申公为《诗》训故，而齐辕固、燕韩生皆为之传。或取《春秋》，采杂说，咸非其本义。与不得已，鲁最为近之"②。西汉后期，不但继承了这个追求统一而不能达的"基因"，更由于利禄的诱惑、师法的倾轧而愈演愈烈。刘歆曾批评当时阻挠立古文诸经的今文博士：

> 往者缀学之士不思废绝之阙，苟因陋就寡，分文析字，烦言碎辞，学者罢老且不能究其一艺。信口说而背传记，是末师而非往古……犹欲保残守缺，挟恐见破之私意，而无从善服义之公

---

① 王先慎：《韩非子集解》，《新编诸子集成》本，中华书局1998年版，第457页。
② 陈国庆：《汉书艺文志注释汇编》，《二十四史研究资料丛刊》本，中华书局1983年版，第41页。

心，或怀妒嫉，不考情实，雷同相从，随声是非，抑此三学，以
《尚书》为备，谓左氏为不传《春秋》，岂不哀哉！①

西汉的石渠阁会议、东汉的白虎观会议，也都是因为经义不能统一而举行。王充甚至发现，在他的时代，"总问儒生以古今之义，儒生不能知，别各以其经事问之，又不能晓，斯则坐守师法"②。这样的局面，其实说明"儒生籍经，穷竟圣意"的事业已经穷途末路，沉迷于注疏只会积重难返。既然依附经书，难究圣意，就不如另起炉灶，以王充为代表的东汉有识之士，必须突破古典作者观的束缚，远离经生的事业，摆脱经典文本的镣铐而自铸伟辞。

由于不再依傍经典立言，《论衡》中虽有独创思想，但是，王充学说的主体，还是要杂取从先秦诸子到西汉诸贤的思想与言论以为己用，糅合之后，建成自己的体系，用来批评时俗。《论衡》之后的东汉子书，也多是这种情况，这个特点也就能够解释为什么后世的目录学家很难将东汉子书心安理得地纳入某一家之中。他们既有儒家的规模，又有法家的印记，也有道家的神韵，最后往往只能归入杂家了事。③从这个角度来看，他的"作"，依然有"述"的因素，从本质上说，人文学术的每一个发展阶段和每一个杰出学者，都不可能真正摆脱先贤的影响，不可能超越历史的发展。

---

① 王学谦：《汉书补注》，上海古籍出版社 2008 年版，第 3307—3308 页。

② 黄晖：《论衡校释》（附刘盼遂集解）卷十二，中华书局 1990 年版，第 567 页。

③ 东汉子书如何归类，一直到现在依然困扰着学界，比如周桂钿先生作《王充评传》，就认为王充"本非儒家，亦非道家，难称杂家"。周桂钿：《王充评传·目次》，《中国思想家评传》本，南京大学出版社 1993 年版，第 6 页。造成这种困境的原因，就在于后人始终试图用先秦学派的划分来比类东汉子书，殊不知东汉子书均是杂糅诸家而自出机杼，就具体的一部书来说，可能有所倾向，但绝非与先秦的某一家若合符契。

  王充对于"作者"压倒"世儒"是有充分信心的，甚至认为当时"世儒"的历史地位要依靠"作者"的文字才能彰显，所谓"世传《诗》家鲁申公，《书》家千乘欧阳、公孙，不遭太史公，世人不闻"①。从西汉司马迁、扬雄就开始的争夺著作权的潮流，终于在王充的手上实现了完全的突破。著作意识的觉醒，使得王充及其后来人，能够在儒家经注之学盛行的东汉，找到属于他们这个群体安身立命的寄托——从事子书的写作，为东汉学术增添了一份异样的光彩；而他们对子书创作的高度评价，一直到魏晋，依然在相当程度上控制着知识阶层对人生价值的选择，下引晋代葛洪之语结束本节：

   洪年二十余，乃计作细碎小文，妨弃功日，未若立一家之言，乃草创子书。②

---

① 黄晖：《论衡校释》（附刘盼遂集解）卷二十八，中华书局 1990 年版，第 1151 页。

② 杨明照：《抱朴子外篇校笺》卷五十，《新编诸子集成本》本，中华书局 1997 年版，第 697 页。

第四章 知识阶层的分化与《潜夫论》的写作

《易经·乾卦》爻辞云："初九，潜龙，勿用。"《文言》曰："初九曰：'潜龙勿用'，何谓也？子曰：'龙，德而隐者也。不易乎世，不成乎名，遁世无闷，不见是而无闷。乐则行之，忧则违之，确乎其不可拔，潜龙也'。"王符（约公元82—约公元167年）^①以"潜夫"自号，并以为著作之名。其人耿介不入流俗，遁世而不能无闷，冷眼热肠，裁量当世，皆发乎于《潜夫论》一书。历考其行事与《潜夫论》之内容主旨，一如潜龙般确乎其不可拔，而欲论考《潜夫论》在汉魏学术史上的意义，最关键者，需分析东汉士阶层分化之大势，进而破解"潜夫"之形成与影响。

第一节 汉代士阶层的扩大与分化

士阶层对于中国传统文化发展进程的重要性，学界已多有阐发。战国时代的"游士"是中国士阶层发展的黄金时代，"无恒产而有恒心"的他们，凭借自己的知识与智慧，深刻影响了当时社会的走向，是塑造先秦文化辉

---

① 《后汉书》未记载王符生卒年，后人根据不同材料，推算结论不一，此用刘文英说。刘文英：《王符评传》（附《崔寔、仲长统评传》），《中国思想家评传》本，南京大学出版社1998年版，第2—6页。

煌的主体。但是降及秦代，在权力架构上中央一统、在文化倾向上"法后王"而"以吏为师"的秦政权，从本质上不能容忍游士阶层的存在，因为这会极大地破坏帝国的稳定性，所以，干脆用法律的形式扼制士阶层的繁衍，这在统一六国之前的《游士律》中就有体现：

> 游士在亡符，居县赀一甲，卒岁责之。有为故秦人出，削籍，上造以上为鬼薪，公士以下刑为城旦。[①]

秦统一之后，虽然也还有招纳士人的博士制度，但这毋宁是战国稷下学宫制度的惯性遗存，从"坑儒"事件的恶劣性来看，如果秦政权能够存留更长时间，博士们的命运一定是更加不堪。所以，当陈胜、吴广斩木为兵、揭竿为旗的时候，孔子八世孙甲（名鲋）立即挟礼器依附之，司马迁论之曰：

> 陈涉之王也，而鲁诸儒持孔氏之礼器往归陈王。于是孔甲为陈涉博士，卒与涉俱死。陈涉起匹夫，驱瓦合适戍，旬月以王楚，不满半岁竟灭亡，其事至微浅，然而缙绅先生之徒负孔子礼器往委质为臣者，何也？以秦焚其业，积怨而发愤于陈王也。（《史记》卷一百二十一《儒林列传》）

孔甲的选择很能看出士阶层在秦帝国的地位与命运，但是，这个故事的意味还不仅于此。我们知道，在先秦时期，史官代天执掌图籍，每当政

[①] 《睡虎地秦墓竹简》整理小组：《睡虎地秦墓竹简》第 5 册，文物出版社 1977 年版，第 86 页。

权行将倾覆时，他们往往会奔向新兴的政权，此举象征着天命的转移。①
孔氏后人在秦虽不为史官，但作为"缙绅先生"，他们一定知道此举的意
义，因此，他们的选择只能说明秦帝国一统时间尚短，帝国还未能对士人
进行有效的人身控制，更未能用"郡县制"的国家思维替代士人脑中的"封
建制"天下思维。士人们面对天崩地裂的形势，绝不会像汉以后的士人那
样，选择沉沦民间、独善其身，而是毫不犹豫地奔向新的"天命"。

西汉初年，由于配合大一统帝国的意识形态尚未成型，国家架构上也
是郡县制与分封制并行，因此，中央与地方之间、各诸侯国之间，尚有大
量游士遗存，这也是战国游士之风最后的荣光。随着汉武帝时期国家意识
形态统一、诸侯国势力式微，尤其是国家教育制度和仕进制度的确立，游
士已经不再有生存的空间，知识阶层逐渐体制化，纳入体制的士人数量逐
渐增加。汉武帝建元五年（前136年），置《五经》博士；元朔五年，丞
相公孙弘请为博士置弟子员，学者益广。从昭帝到成帝，博士弟子经历了
多次增设。《汉书·儒林传》曰：

> 昭帝时举贤良文学，增博士弟子员满百人，宣帝末增倍之。
> 元帝好儒，能通一经者皆复。数年，以用度不足，更为设员千
> 人，郡国置《五经》百石卒史。成帝末，或言孔子布衣养徒三千
> 人，今天子太学弟子少，于是增弟子员三千人。②

这还只是中央太学的情况，汉代地方学校的设置也早已完备，《汉
书·循吏传》记载文翁办学及其影响，可见西汉地方兴学的盛况：

---

① 《吕氏春秋·先识》："夏太史终古见桀迷惑，载其图法奔商；商内史向挚见纣迷惑，
载其图法奔周；晋太史屠黍见晋公骄无德义，以其图法归周。"
② 王先谦：《汉书补注》，上海古籍出版社2008年版，第5423页。

景帝末，(文翁)为蜀郡守，仁爱好教化。见蜀地辟陋有蛮夷风，文翁欲诱进之，乃选郡县小吏开敏有材者张叔等十余人亲自饬厉，遣诣京师，受业博士，或学律令。减省少府用度，买刀布蜀物，赍计吏以遗博士。数岁，蜀生皆成就还归，文翁以为右职，用次察举，官有至郡守、刺史者。又修起学官于成都市中，招下县子弟以为学官弟子，为除更徭，高者以补郡县吏，次为孝弟力田。常选学官僮子，使在便坐受事。每出行县，益从学官诸生明经饬行者与俱，使传教令，出入闺阁。县邑吏民见而荣之，数年，争欲为学官弟子，富人至出钱以求之。由是大化，蜀地学于京师者比齐鲁焉。至武帝时，乃令天下郡国皆立学校官，自文翁为之始云。①

这段文字的可贵之处在于揭示了当时文教制度对欲成为士人者的吸引力。可免除徭役，次者也有"孝弟力田"的身份，高者可以有机会进入中央太学。从郡县小吏到郡守、刺史，飞黄腾达之路历历可期。在政治和文化均已一统的帝国中，官方办学和仕进诱惑使得士人们自觉或不自觉地都归附于体制之下。

经过百年教化积累，至东汉，士人向体制的聚集规模更加庞大。《后汉书·儒林传》载：

本初元年，梁太后诏曰："大将军下至六百石，悉遣子就学，每岁辄于乡射月一飨会之，以此为常。"自是游学增盛，至三万余生。②

---

① 王先谦：《汉书补注》，上海古籍出版社 2008 年版，第 5462—5463 页。
② 范晔：《后汉书》，中华书局 1965 年版，第 2547 页。

梁太后的诏书说明到了东汉中期以后，政权仍在想方设法扩大控制士人的覆盖面，此时的太学生规模又比西汉末年扩充了数倍。需要指出的是，由于太学生的很大部分都是由地方学校优异者充任，类似于我们今天的通过考试逐层升学，所以，根据太学生的规模倒推全国的生员数量，应该是一个极为可观的数字。

当一个阶层的数量扩大到相当规模，内部必然会出现分化。就东汉士阶层而言，由于他们已经遍布国家机器的各个角落，掌握了公权力，因此，对于治国方略、礼制律令、政策实施等现实问题，都可能有所分歧而导致阶层裂痕。但是，由于传统社会政学不分，学尤其是政的根本，所以，士阶层在学问世界的不同状态，是区分他们的主要标准。

邓太后临朝称制时，樊准上书云："今学者盖少，远方尤甚。博士倚席不讲，儒者竟论浮丽，忘謇謇之忠，习諓諓之辞。"[1]如前文所论，东汉时期的士人数量已经非常可观，而樊准依然说"学者盖少"，联系"博士倚席不讲，儒者竟论浮丽"的忿辞，他实际上是指出：大部分被官方体制供养的士人已经丧失追求真正学问的动力，而流为国家文教制度的点缀。就学问立场而言，处于倚席不讲的博士对立面的，就是我们讨论桓谭时提到的"古学"之士。《后汉书》凡十提"古学"学者，皆为超拔之士：

> 河南郑兴、东海卫宏等，皆长于古学。（《宣张二王杜郭吴承郑赵列传》）
>
> （桓谭）能文章，尤好古学。（《桓谭冯衍列传》）
>
> 初，中兴之后，范升、陈元、李育、贾逵之徒争论古今学，后马融答北地太守刘瑰及（郑）玄答何休，义据通深，由是古学

---

① 范晔：《后汉书》，中华书局 1965 年版，第 1120 页。

遂明。(《张曹郑列传》)

（郑）兴好古学，尤明《左氏》、《周官》。(《郑范陈贾张列传》)

（贾逵）虽为古学，兼通五家《穀梁》之说。(《郑范陈贾张列传》)

臣（卢植）少从通儒故南郡太守马融受古学，颇知今之《礼记》特多回冗。(《吴延史卢赵列传》)

（段）颎少便习弓马，尚游侠，轻财贿，长乃折节好古学。(《皇甫张段列传》)

卫宏字敬仲，东海人也。少与河南郑兴俱好古学。(《儒林列传》)

时济南徐巡师事宏，后从（杜）林受学，亦以儒显，由是古学大兴。(《儒林列传》)

（李育）常避地教授，门徒数百。颇涉猎古学。(《儒林列传》)

古学并非东汉实际存在的一个学术流派，治古学的学者之间也并没有固定、统一的身份标识，古学本质上代表了东汉学术界相对于博士经学的一种治学风尚。如前文已经揭示，古学注重博通多习、实事求是，欲探寻经典大义，以回答时代课题为目标，与"竟论浮丽"的博士们明显分道扬镳，这是士群体的第一层级分化，即治学立场的分化。

但上述古学诸儒还是有官方的身份，他们的学术活动也基本是在官方体制下展开的，比如他们的古学观点很多都是在给皇帝的上疏，或与今文博士的辩论中表现的。在东汉，还有一批学者，他们生涯的绝大部分时间都疏离于官方体制，或者他们曾是体制中人，后来逃离，并因此完成了对于其个人来说最有价值的学术成果，这批人基本上可以被视为民间学者，官方学者与民间学者的区别，是东汉士群体的第二层分化。

之所以能够产生民间学者，首要的物质条件是知识传播的愈发便捷。

前引清水茂、查屏球、刘跃进诸先生的文章，都已说明，在东汉，纸张的逐渐普及，扩大了知识传播的范围。另据《后汉书》说，王充"家贫无书，常游洛阳市肆，阅所卖书，一见辄能诵忆，遂博通众流百家之言"[1]。纸张的普及、书店的出现，以及那些实际存在但史乘无载的物质条件进步，都能保证士人在脱离官学的教育后，仍能在民间继续向学。

促使民间学者产生的第二个因素是东汉的政治形势。王莽执政时至东汉初年，是士人隐逸的第一次高峰。《后汉书·逸民传》曰："王莽篡位，士之蕴藉义愤甚矣。是时裂冠毁冕，相携持而去之者，盖不可胜数。"[2] 东汉前期，形势稍安，章帝以后，"帝德稍衰，邪嬖当朝，处子耿介，羞与卿相等列。至乃抗愤而不顾，多失其中行焉"[3]，士人脱离体制之风愈炽。桓帝以后的两次党锢之祸，将这种阶层分化推向极致，许多士人隐藏民间，著书立说，赵岐即为显例，其自述曰：

> 余生西京，世寻丕祚，有自来矣。少蒙义方训涉典文。知命之际，婴戚于天，遘屯离蹇，诡姓遁身，经营八纮之内，十有馀年，心剿形瘵，何勤如焉。尝息肩弛担於济岱之间，或有温故知新雅德君子，矜我劬瘁，眷我皓首，访论稽古，慰以大道，余困砦之中，精神遐漂，靡所济集，聊欲系志于翰墨，得以乱思遗老也。[4]

赵岐初次逃亡是在延熹元年，其时党锢之祸未起，但宦官与清流的矛

① 范晔：《后汉书》，中华书局 1965 年版，第 1629 页。

② 范晔：《后汉书》，中华书局 1965 年版，第 2756 页。

③ 范晔：《后汉书》，中华书局 1965 年版，第 2757 页。

④ 焦循：《孟子正义》，《新编诸子集成》本，中华书局 1987 年版，第 23—25 页。

盾已经日益凸显，赵岐就因为得罪了中常侍唐衡及其兄长，才踏上逃亡之路，后果然"复遭党锢十余岁"①，著名的《孟子章句》就完成于隐匿民间时。②

第二节　子书作者之身份定位

就本书的研究对象而言，子书的作者：桓谭、王充、王符、应劭、崔寔、仲长统、荀悦和徐幹，他们的身份定位以及相关问题，需略作考察。

首先，需要回顾一下前人对于这几位作者的身份定位，并稍作分析。《后汉书》卷四十九将王充、王符、仲长统三人合传，这个分类得到了后世的认可。③关于他们合传的标准，今人多认为是基于他们对现实的批判立场，但是，东汉与这三人批判立场类似的士人还有很多，所以，单一使用这个理由难以立足。清人周中孚则认为，"（王符）与王充、仲长统传合为一卷，而统论之，亦取其皆以著书名世耳"④，如果我们综合考虑这三人思想倾向相近且都有著作传世，则他们合传的理由庶几近之。清人唐晏在其《两汉三国学案》之《明经文学列传》中，收入了桓谭、王充、王符、应劭和仲长统五人，其自述《明经文学列传》选录标准云：

余之辑此学案，于《本传》著录传某经者，则入之某经。其

---

① 范晔：《后汉书》，中华书局 1965 年版，第 2123 页。

② 焦循：《孟子正义》，《新编诸子集成》本，中华书局 1987 年版，第 25 页。

③ 韩愈有《后汉三贤赞》，将这三人作为一个群体称颂。马其昶：《韩昌黎文集校注》卷一，上海古籍出版社 1987 年版，第 58—60 页。

④ 周中孚：《郑堂读书记》卷三十六《子部一之上·儒家类》，上海书店出版社 2009年版，第 377 页。

但以明经及文学进身者，则入之此传；而其博习于群经，不名一艺，及以文章传后，而其文实本之经术者，亦入焉。①

在第一章中，我们已经指出儒家经学是汉代的"王官之学"，同时也占据了汉代整个的教育体系，所以，经学是汉代全部知识阶层共同的教育背景和知识背景，正因为如此，我们习惯上将他们统称为"汉儒"。但是，并非所有汉代知识分子都对儒家经典有着专门的研习，并成为儒家的信徒。《两汉三国学案》的前十章分别以各部经典为纲，统摄以研习该部经典名世的儒生，其《明经文学列传》的标准与前十卷相比，则显得颇为不伦不类，所谓"博习于群经，不名一艺"，是明显的勉强之词，这些士人"不名一艺"是真，"博习群经"则未必，但这也正说明入选此卷的士人对作为"王官学"的经学的疏离，他们是经学系统以外的知识分子。另外，唐晏提到的另一个标准是"以文章传后"，这和周中孚所说的"以著书名世"相似，则表明这些士人中的一部分应该有脱离经学系统之外的一家之言。

今人沈刚伯先生和许倬云先生则跳出了以经学为中心的框架，各自提出了新的分类。沈刚伯在《秦汉的儒》这篇论文中，②按照对先秦学术的不同祖述为标准，将汉儒分为五类，即"刑名化的儒家""纵横式的儒家""阴阳化的儒家""黄老化的儒家"和"杂家式的儒家"。其中，应劭被归为"刑名化的儒家"，王充被归为"黄老化的儒家"，桓谭、王符、仲长统、崔寔则被归为"杂家式的儒家"。通过沈先生的这个分类，我们能够很容易地知晓这些子书作者的思想倾向，这是它的优点。然而，问题也在于此。先秦学术从表面上看，各家彼此交锋，论辩激烈，但是，将他们明确地分为各家，却是根据汉人制定的标准，因此，有的学者就指出先秦学术并无如

① 唐晏：《两汉三国学案》卷十一，中华书局1986年版，第537页。
② 沈刚伯：《秦汉的儒》，《大陆杂志》第38卷第9期。

此区域分明的分类。① 我们即使不接受"先秦无六家"这样绝对的看法，也必须承认先秦诸子之间的融合，尤其是战国后期，各家的界限日趋泯灭，他们的概念和逻辑可以互相融通，彼此挪借，到了汉代，这种整合的趋势更加明显。因此，要想将个别士人与具体某一家相联系，无疑是困难的，比如沈先生将王充归之于"黄老化"的儒家，但是，学界关于王充到底属于儒家、道家还是法家的争议，却是一直未断。然而，沈先生将大部分东汉子书作者归之于杂家，却体现了无奈中的明智，因为"杂家"是否能称一家，根本尚是一个问题，归入"杂家"正说明了无法为博通综合的子书及其作者找到限定的分类，与唐晏将诸贤归入《明经文学列传》的情形相似。

　　许倬云从政治和学术两个角度出发，对汉代知识分子进行分类。从政治角度出发，他分为六类，分别是依附政治权威型、理想型、批评型、反抗型和地方领袖型。在"批评型"中，他提到了王符、仲长统和崔寔，其他子书作者未提及。若从学术角度出发，他分为五类，分别为文学家、经学家、著作家、方术之士和批评家。在著作家中，他提到了桓谭，而在批评家中，他提到了桓谭、王充。② 许先生的文章重在对每个类型进行分析、界定，所举例证寥寥，故其他子书作者未被提及乃是其行文的需要，并非不在视野之中。值得注意的是，许先生从学术角度出发的分类，"文学家""经学家"与"方术之士"的概念是我们所熟悉的，至于"著作家"的提法则并不常见，但这正是许先生独具慧眼之处，它抓住了诸贤著书的特征，对以"一家之言"名世者予以特别关注，与唐晏"以文章传世"的提法相似。"批评家"与其他几类似非平行概念，且在政治分类中已有"批评型"，其反复强调则应该是对汉代知识分子批判立场的重视。

---

① 参见任继愈：《先秦无六家说》，《中国哲学史论集》，上海人民出版社1981年版。
② 许倬云：《秦汉的知识分子》，《求古编》，新星出版社2006年版，第375—382页。

　　《后汉书》《两汉三国学案》、沈刚伯和许倬云对东汉子书作者的分类与定位虽有不同，但是，综合四家的意见，我们可以得出以下初步的印象：在整个东汉学术发展历程中，作为本书研究对象的子书作者，对于主流的经学，无论是今文经学还是古文经学，他们都较为背离；他们主要的学术展现方式是与经注不同的、不依傍经典的独立创作；他们对于主流学术持批评态度。这个总结可能并不全面，但其主要特征应该都能包括。

　　在前人分析的基础上，笔者尝试用上文提到的"两个分化"，即学问立场的分化和在朝在野的分化，来定位、分析八位子书的作者，并提出相关讨论。首先，将八位作者的传记进行摘要对比，作为讨论的基础。

表3　子书作者传记举要

作者	著作	传记举要
桓谭	《新论》	桓谭字君山，沛国相人也。父成帝时为太乐令。谭以父任为郎，因好音律，善鼓琴。博学多通，遍习《五经》，皆诂训大义，不为章句。能文章，尤好古学，数从刘歆、杨雄辩析疑异。性嗜倡乐，简易不修威仪，而憙非毁俗儒，由是多见排抵。……当王莽居摄篡弑之际，天下之士，莫不竞褒称德美，作符命以求容媚，谭独自守，默然无言……谭复极言谶之非经。帝大怒曰："桓谭非圣无法，将下斩之！"谭叩头流血，良久乃得解。出为六安郡丞，意忽忽不乐，道病卒，时年七十余。初，谭著书言当世行事二十九篇，号曰《新论》，上书献之，世祖善焉……（《后汉书》卷三十八上）
王充	《论衡》	字仲任，会稽上虞人也……充少孤，乡里称孝。后到京师，受业太学，师事扶风班彪。好博览而不守章句……博通众流百家之言。后归乡里，屏居教授……闭门潜思，绝庆吊之礼，户牖墙壁各置刀笔，著《论衡》八十五篇，二十余万言，释物类同异，正时俗嫌疑。（《后汉书》卷四十九）
王符	《潜夫论》	字节信，安定临泾人也。少好学，有志操……符无外家，为乡人所贱……耿介不同于俗，遂不得升进，志意蕴愤，乃隐居著书三十余篇，以讥当时失得，不欲章显其名，故号曰《潜夫论》……符竟不仕，终于家。（《后汉书》卷四十九）

作者	著作	传记举要
应劭	《风俗通义》	字仲远。少笃学，博览多闻。灵帝时举孝廉，辟车骑将军何苗掾……删订律令为《汉仪》，建安元年乃奏之。曰："夫国之大事，莫尚载籍。载籍也者，决嫌疑，明是非，赏刑之宜，允获厥中，俾后之人永为监焉。"……诏拜劭为袁绍军谋校尉。时始迁都于许，旧章湮没，书记罕存。劭乃缀集所闻，著《汉官礼仪故事》……又论当时行事，著《中汉缉序》……又集解《汉书》……（《后汉书》卷四十八）
仲长统	《昌言》	字公理，山阳高平人也。少好学，博涉书记，赡于文辞。年二十余，游学青、徐、并、冀之间，与交友者多异之。……性倜傥，敢直言，不矜小节，默语无常，时人或谓之狂生。每州郡命召，辄称疾不就。常以为凡游帝王者，欲以立身扬名耳，而名不常存，人生易灭，优游偃仰，可以自娱……每论说古今及时俗行事，恒发愤叹息……（《后汉书》卷四十九）
崔寔	《政论》	字子真，一名台，字元始。少沉静，好典籍。父卒，隐居墓侧。服竟，三公并辟，皆不就……以郡举，征诣公车，病不对策，除为郎。明于政体，吏才有余，论当世便事数十条，名曰《政论》。……以病征，拜议郎，复与诸儒博士共杂定《五经》。会梁冀诛，寔以故吏免官，禁锢数年……（《后汉书》卷五十二）
荀悦	《申鉴》	悦字仲豫……悦年十二，能说《春秋》。家贫无书，每之人间，所见篇牍，一览多能诵记。性沉静，美姿容，尤好著述。灵帝时阉官用权，士多退身穷处，悦乃托疾隐居，时人莫之识……政移曹氏，天子恭己而已。悦志在献替，而谋无所用，乃作《申鉴》五篇……帝好典籍，常以班固《汉书》文繁难省，乃令悦依《左氏传》体以为《汉纪》三十篇，诏尚书给笔札。辞约事详，论辨多美……（《后汉书》卷六十二）
徐幹	《中论》	幹为司空军谋祭酒掾属。（《三国志·王卫二刘傅传》）幹清玄体道，六行修备，聪识洽闻，操翰成章，轻官忽禄，不耽世荣。（《三国志》卷二十一裴松之注引《先贤行状》）未至弱冠，学《五经》悉载于口，博览传记，言则成章，操翰成文……君避地海表，自归旧都，州郡牧守礼命，跟踏连武欲致之。君以为纵横之世，乃先圣之所厄困也，岂况吾徒哉……（无名氏《中论序》）

从传记来看，由于经学是汉代士人不可逃脱的共同背景，所以，他们的学问之路都与经学有或多或少的关联。就学问立场而言，如前文已论，桓谭的治经风尚属于与博士经学相对的古学，其他七位作者也均不在博士系统之内，传记称述他们，也多用"博通众流百家之言""博览多闻"之语，可见他们的治经路数与桓谭相似，都属于"古学"一路。

就与官方体制的紧密程度而言，桓谭是官宦世家，且身处东汉初年，政治形势大体太平，虽然他因反对谶言而被出为六安郡丞，但终身未脱离体制之外；王充早年游学京师，但很快归隐乡里；王符终身不仕；应劭只是在何苗、袁绍军中为幕；仲长统拒绝州郡征召；崔寔遭党锢；徐幹虽曾经被曹操征辟，但轻官忽禄，不耽世荣。从总体上看，桓谭、应劭终身未脱离官方体制，但均沉沦下僚；其他六位，或终身不进官场，或曾经逃离、退隐。因此，作为本书研究对象的东汉子书作者，其社会阶层定位带有非常明显的在野特征，可纳入广义的民间学者范畴。

皮锡瑞论西汉武、宣时代的经学时曾说："其学极精而有用。以《禹贡》治河，以《洪范》察变，以《春秋》决狱，以三百五篇当谏书，治一经得一经之益也。"[①] 其实这不仅是武、宣时代的经学性格，也是作为一门学问的经学的本质属性。经学教育熏陶下的许多汉代士人，继承先秦儒家勇于入世的传统，试图援经典大义以矫时弊，体现了强烈的社会担当。但是，随着文教制度下的经学日趋利禄化，作为学问的东汉官方经学竟论浮丽，博士们则倚席不讲，学问与传授学问者都逐渐失去了先秦诸子学和西汉经学勇猛精进、敢于承担的性格。作为一种自觉的学理追求，子书作者们注重博通多习，实事求是，治学路数为之大变；而不管是主动疏离还是被动逃离，他们关注的视野也从天下国家、社会群体逐渐向个人价值转换，这既是经学盛极而衰的征兆，也是在野身份对他们的必然要求。

---

① 皮锡瑞：《经学历史》，中华书局1959年版，第90页。

当然，在野身份也催生了强烈的社会批判思潮，这是体制内学者不能完成的，尤其体现在王符、崔寔、仲长统的作品中。但是，批判之后，当学者们发现言辞与思想已经不可能挽大厦于将倾时，他们就愈发想脱离社会群体的羁绊，转而体认个体的独立价值，这在从王符到仲长统、徐幹的后期子书作者身上体现得非常明显。《后汉书》收录了仲长统"以乐其志"的一篇文章，其文曰：

> 使居有良田广宅，背山临流，沟池环匝，竹木周布，场圃筑前，果园树后。舟车足以代步涉之艰，使令足以息四体之役。养亲有兼珍之膳，妻孥无苦身之劳。良朋萃止，则陈酒肴以娱之；嘉时吉日，则亨羔豚以奉之。蹰躇畦苑，游戏平林，濯清水，追凉风，钓游鲤，弋高鸿。讽于舞雩之下，咏归高堂之上。安神闺房，思老氏之玄虚；呼吸精和，求至人之仿佛。与达者数子，论道讲书，俯仰二仪，错综人物。弹《南风》之雅操，发清商之妙曲。消摇一世之上，睥睨天地之间。不受当时之责，永保性命之期。如是，则可以陵霄汉，出宇宙之外矣。岂羡夫入帝王之门哉！[1]

在此文中，作者从空间上构筑了一个远离社会群体的山野环境，在这样一种环境中，天下国家、朝政清浊自然不在考虑范围之内；在思想领域，思老氏，求至人，儒家经书已经不是精神食粮。这种追求在东汉不是孤立的，汉顺帝末年的朱穆，在其著名的《崇厚论》中，就倡言"德性失然后贵仁义，是以仁义起而道德迁，礼法兴而淳朴散"[2]。更为典型的是马

---

[1] 范晔：《后汉书》卷四十九，中华书局 1965 年版，第 1644 页。

[2] 范晔：《后汉书》卷四十三，中华书局 1965 年版，第 1464 页。

融，安帝永初二年（108年），马融因当时饥荒而痛言："古人有言：'左手据天下之图，右手刎其喉，愚夫不为。'所以然者，生贵于天下也。今以曲俗咫尺之羞，灭无赀之躯，殆非老、庄所谓也！"[①]马融此言是后悔自己未能及时出仕，拯济天下，但是，他对饥荒的态度，却是老、庄重视个体生命的贵生立场。由于马融是一代经学宗师，他援引老、庄之言以为判断依据，说明其时儒家之学表面上占据一统，事实上已经出现裂缝。马融和朱穆发表上述言论，上距仲长统出生都超过五十年，可见老、庄道家之学在东汉思想界早已暗中渗透，只不过在子书作者那里，由于他们脱离了官方体制的羁绊，表现得更为明显，至东汉晚期已经呈现星火燎原之势。

对于汉代士人来说，其个人的价值定位，不归儒，则归道。一般来说，儒家是伦理本位的，而道家是自然本位的。伦理本位的儒家思想从西汉武帝时期开始，随着经学的昌明，深刻地影响了士人们的价值判断和出处选择，所以，西汉儒生会援引天象灾异，证成道统以抗拒皇权的专制。西汉士人，除了少数道家的忠实信徒，也少有归隐者。随着东汉士人阶层的分化，民间学者大量出现，恶劣的政治形势迫使他们重视保全个体生命，追求脱离社会、返归自然的生活方式。身份的改变、生活方式的转换，使得很多东汉士人在学术理念上也趋向于道家。道家并非不关注社会群体，只不过他们关注的思路是用更加广大的自然来包笼人类社会，因为从本质上说，社会群体只是自然的一部分，是自然界派生的，而不是相反。因此，对于人类社会发展与挫折的反思，必须超脱现象与一般经验，从哲学层面，尤其是本体论和认识论的角度去分析和解释，这正是先秦老、庄之所长，而恰是孔、孟缺席的领域。因此，东汉士人阶层分化所带来的连锁反应，最终结果是导致儒家经学的暂时消歇，取而代之的是

---

① 范晔：《后汉书》卷六十（上），中华书局1965年版，第1953页。

魏晋玄学的登场。东汉子书是这个此消彼长过程中的重要一环。

第三节 王符生平的三条材料及其解读

王符自号"潜夫",其自我身份定位已经非常明确,但是,在他的传记中,有三条材料仍需进一步辨析,以便更好的知人论世。

《后汉书》曰:

> 王符字节信,安定临泾人也。少好学,有志操,与马融、窦章、张衡、崔瑗等友善。安定俗鄙庶孽,而符无外家,为乡人所贱。自和、安之后,世务游宦,当涂者更相荐引,而符独耿介不同于俗,以此遂不得升进。志意蕴愤,乃隐居著书三十余篇,以讥当时失得,不欲章显其名,故号曰《潜夫论》。其指讦时短,讨谪物情,足以观见当时风政……后度辽将军皇甫规解官归安定,乡人有以贷得雁门太守者,亦去职还家,书刺谒规。规卧不迎,既入而问:"卿前在郡食雁美乎?"有顷,又白王符在门。规素闻符名,乃惊遽而起,衣不及带,屣履出迎,援符手而还,与同坐,极欢。时人为之语曰:"徒见二千石,不如一缝掖。"言书生道义之为贵也。符竟不仕,终于家。[①]

第一条需要注意的材料是王符少年时期与马融等人论交,《后汉书》对之语焉不详。按马融生于公元 79 年,张衡生于公元 78 年,崔瑗生于公元 77 年,窦章生年不详,但《后汉书》说其"与马融、崔瑗同好",拥有

---

① 范晔:《后汉书》卷四十九,中华书局 1965 年版,第 1610、1843 页。

相同的志趣，估计年龄也相仿。而王符生于公元 82 年，与他们四位是同辈之人，相友善有着年辈相若的基础。由于王符终身不仕，也没有入幕的经历，估计生涯的大部分时间没有离开家乡，而现有材料也无法证明马融等四人到过临泾，所以，王符与诸人论交，说明他在少年时有过一段游学的经历。东汉游学风气很盛，^①而以京师洛阳为中心。马融在永初二年（公元 108 年）时客于凉州武都，之前曾从南山挚恂游学，由于其父马严乃匠作大将，所以，他的大部分时间应该住在洛阳；张衡曾"入京师，观太学"，崔瑗"年十八，至京师，从侍中贾逵质正大义，逵善待之，瑗因留游学"。马融、张衡、崔瑗三人都有一段以洛阳为活动中心的人生阶段，而从《潜夫论》的某些文字来看，王符也应该到过洛阳，其《浮侈》篇曰：

> 今京师贵戚，衣服、饮食、车舆、文饰、庐舍，皆过王制，僭上甚矣。从奴仆妾，皆服葛子升越，筩中女布，细致绮縠，冰纨锦绣。犀象珠玉，虎魄玳瑁，石山隐饰，金银错镂，獐麂履舄，文组彩褋，骄奢僭主，转相夸诧，箕子所唏，今在仆妾。富贵嫁娶，车軿各十，骑奴侍僮，夹毂节引。富者竞欲相过，贫者耻不逮及。^②

对京师权贵奢华生活如此细致的揭示，非亲至洛阳不能描绘。由此可见，王符与马融等四人，应该是在洛阳订交。崔瑗"年十八"至洛阳，而王符比崔瑗小五岁，因此，王符游学洛阳时的年纪应该在十三岁以上。由于崔瑗最后在洛阳成为一名"诸儒宗之"的著名学者，这需要花费不短的

---

① 参见方燕：《东汉游学活动初探》，《四川师范大学学报》第 27 卷第 2 期。

② 彭铎：《潜夫论笺校正》，《新编诸子集成》本，中华书局 1985 年版，第 130 页。

一段时间；而马融在公元 108 年肯定不在洛阳，此时他三十岁，而王符小马融三岁，所以，王符游学洛阳应该发生在他十三岁至二十七岁这个年龄段内。

厘清王符的游学问题，将为我们理解下列现象提供背景。首先，王符的家乡安定临泾距离京师洛阳一千两百余里，且要经过西汉旧都，在东汉的政治、经济、文化格局中仍然十分重要的三辅地区。对于后来归隐乡里、终身不仕的王符来说，这可能是其平生唯一一次长途游历。再考虑到古代的交通条件，这次游历不可能是走马观花式的，他一定会通过这次游历对其时的官场生态、社会民俗、学术风气有较为深入的体验。纵观《潜夫论》批判时代的广度与深度，如果没有这次游历作为基础，是不可想象的。其次，这次游历发生在王符的青少年时期，无论学问成与未成，青少年时期的思想都带有愤激的倾向，目光也容易看到社会的不公与阴暗。或者说，同样的不公与阴暗，青年人对之的反应要更为决绝与激烈。我们可以这样设想，在结束游学、回归乡里，开始著作《潜夫论》的时候，无论是中年王符还是老年王符，都要通过青年王符的眼睛去观察和批判，这也许能解释为什么《潜夫论》能够在东汉社会批判思潮中独占鳌头。最后，王符作为一个"为乡人所贱"的边远士人，在京师洛阳目睹贵族奢华，一定会产生强烈的不遇之感，并由此生发出对个人穷通富贵原因的追索。这种人性中的自利因素是先秦杨朱学派思想的根本出发点，而杨朱与老、庄本就同一根源。在先秦，只有充分体认个人的独立价值，老、庄哲学才有产生的可能；在东汉，只有充分体认个人的独立价值，道家思想才能突破儒家经学的重围，开始新一轮的哲学更新，"名实""本末"等先秦诸子的热门话题，之所以能够在消歇了两百年后再度出现在《潜夫论》的讨论中，固然有学术发展大势的内在理路，但与王符的个人遭际也不无关联。

第二条需要注意的材料是所谓的"安定俗鄙庶孽，而符无外家，为乡人所贱"。庶孽就是非正妻所生之子。[①]在中国传统社会里，纳妾得到法律和社会的认可。不过根据现有研究，由于性别比例的原因，更重要的是因为纳妾需要相当的社会地位和经济实力，在汉代，纳妾依然还是少数现象。[②]王符乃庶子，至少说明其父家拥有，或曾经拥有一定的社会地位或经济实力。但是，即便在帝王之家，庶子在其生活环境中的地位依然尴尬。以一个著名的例子来说明：汉高祖刘邦晚年，曾经想立宠姬戚夫人子赵王如意为太子，刘邦出身草莽，也许对这些宗法制度并不太在意，但是却招致数位大臣的强烈反对。周昌说"臣口不能言，然臣期期知其不可。陛下虽欲废太子，臣期期不奉诏"（《史记》卷九十六《张丞相列传》），为汉家订立仪法的叔孙通则干脆表示，"陛下必欲废嫡而立少，臣原先伏诛，以颈血汙地"（《史记》卷九十九《刘敬叔孙通列传》）。所以，当刘邦知道废嫡立庶终究不可能时，"戚夫人嘘唏流涕，上起去，罢酒"（《史记》卷五十五《留侯世家》）。在战乱刚歇的汉初，以帝王至尊，尚且不能抗拒宗法的力量；到了社会结构已经稳定两百年后的东汉，作为平民之家出生的庶子王符，其家族地位如何，可想而知。

外家就是母家，指外祖父或舅父的势力。一个人不可能没有血缘上的外家，但是《后汉书》说"符无外家"，有两种可能：第一种可能，王符的母亲是因战乱或饥荒而被王符父家所买，沦为"下妻"或奴婢。这种现象在东汉初年就曾被政府重视，光武帝建武七年（31年）甲寅，"诏吏人遭饥乱及为青、徐贼所略为奴婢下妻，欲去留者，恣听之。敢拘制不还，以《卖人法》从事"[③]。如果王符的母亲是这种身份，则根本不知外家何在。第二种可能，王符虽然外家俱存，但是社会地位明显低于王符父家。现有

---

① 襄公二十七年《公羊传》曰："执铁镵，从君东西南北，则是臣仆庶孽之事也。"何休注："庶孽，众贱子，犹树之有孽生。"

② 瞿同祖：《汉代社会结构》第二章"婚姻"，上海人民出版社2007年版，第52—53页。

③ 范晔：《后汉书》卷一，中华书局1965年版，第52页。

史料不能显示汉代平民阶层中父家与外家之间的依存关系，但是，就汉代皇族来看，东汉的外戚基本上在未嫁之前就是豪族世家，他们与皇族的联姻，更多的是权力的结合与利益的交换；但是，西汉的外戚里面，只有五家在未嫁之前出身显贵，其他皆出身底层。① 由于与皇族联姻，外戚迅速升至社会顶层，乃至获得巨大的权力，而反过来扶持甚至把持皇族。但无论如何，西汉外戚的势力还是靠父家赐予。王符的父家即使拥有一定的社会地位或经济实力，但一定不是掌握相当权力的豪族，他们无法给予王符母家以连带的地位或权力，而这样的外家也不可能支撑起王符在王氏家族的地位。

以上这两条材料基本上说明了一个共同的问题，即王符先天不幸的社会地位，是由于当时的血缘宗法制度造成的。汉代的家族结构，虽然其渊源可追溯至西周的宗法制度，但是汉兴以来，却因为儒家在意识形态上的独占而更加稳固。儒家学说与血缘宗法之间，形成了思想与制度互相依存的关系。《后汉书》说王符"志意蕴愤"，宗法制度给他带来的伤害，估计也是导致其蕴愤的重要原因。作为一名对社会生活有深刻体验、潜心著述的"潜夫"，王符不可能对导致社会生态的思想学说不产生怀疑和批判，这也是《潜夫论》中能滋生"异端"思想的一个背景。

最后一个材料，就是皇甫规对王符的推重。皇甫规社会地位之高，与王符形成鲜明对比，但是，他对于一个"潜夫"却素闻大名，如果我们排除史传中的文学夸张因素，这个例子暗示王符的思想和部分著作在其身前已经开始流播。文化的传播需要有一定的社会思想基础，如果王符在生前就已经是东汉知识界的知名人士，那只能说明王符所代表的社会批判思潮，和他突破儒家学说的"异端"思想，已经由潜流而登大雅之堂，知识界大规模的风气转变，已经是呼之欲出。

---

① 瞿同祖：《汉代社会结构》第四章"阶级"，上海人民出版社2007年版，第84—90页。

第四节 《潜夫论》的社会批判与哲学进展

已经有很多研究揭示，东汉诸子学术，尤其是东汉中后期的子书，对于魏晋学术有导源作用。比如余敦康先生就认为，"玄学并不是儒、道两家思想发展的结果，而是从先秦到两汉的整个哲学思想发展的结果，它不仅综合儒、道，而且综合百家，特别是全面地综合了汉魏之际兴起的诸子之学的积极成果"[①]。具体到王符的《潜夫论》，刘文英先生也指出，"《潜夫论》的出现，标志着东汉社会批判思潮的开端；王符对本末、名实、才性问题的分析，则是从两汉经学到魏晋玄学的一个重要环节"[②]。然而，《潜夫论》的大部分篇幅都是在对东汉的政治、经济、法律、道德和风俗展开社会批判，其哲学思考并不多，刘文英先生指出的本末、名实、才性三组问题，是《潜夫论》论及领域中，仅有的与魏晋玄学相关的部分。但是，从历史发展的角度看，王符生活的年代，距离魏晋玄学的第一个时段——正始时期（240—249年），尚有百年时间。一种思想，尤其是哲学思想的定型与完善，"要直到现实结束其形成过程并完成其自身之后，才会出现"[③]。王符所批判的社会现象，在王符的时代，以及之后相当长一段时间，东汉王朝还有继续调整的空间与时间，所谓"纣之去武丁未久也，其故家遗俗，流风善政，犹有存者"（《孟子·公孙丑上》），这种尚未完全走向绝路的社会现实并不能催生出全新的哲学范式。但是，对于王符的社会批判与哲学思考进行关联考察，不仅将有助于我们更加深刻地理解《潜夫论》的历史地位，也将为我们理解魏晋玄学的发生，提供一个较新的视角。

[①] 余敦康：《魏晋玄学史》，北京大学出版社2004年版，第5页。

[②] 刘文英：《王符评传》（附《崔寔、仲长统评传》），《中国思想家评传》本，南京大学出版社1998年版，第218页。

[③] 黑格尔：《法哲学原理》，商务印书馆1961年版，第14页。

　　《潜夫论》谈及"本末"问题，主要集中在《务本》《本证》和《本训》三篇。其《本政》云：

> 　　凡人君之治，莫大于和阴阳。阴阳者，以天为本。天心顺则阴阳和，天心逆则阴阳乖。天以民为心，民安乐则天心顺，民愁苦则天心逆。民以君为统，君政善则民和治，君政恶则民冤乱。君以恤民为本，臣忠良赐君政善，臣奸枉则君政恶。以选为本，选举实则忠贤进，选虚伪则邪党贡。选以法令为本，法令正则选举实，法令诈则选虚伪。[1]

　　在这段文字中，所谓"本"，有一个逐层递推的关系。最高的"本"是天，天化而为阴阳，然后统理人间万物和社会伦理。这个表述说明王符对于世界的最终本性有明确认识，他的思想在本体论方面并未缺席，但是这种对"天"的地位与功能的认识，仍然是延续西汉董仲舒的说法。董仲舒在著名的《天人三策》中认为，"天者，群物之祖也，故遍覆包函而无所殊，建日月风雨以和之，经阴阳寒暑以成之"，"王道之三纲，可求于天"，这种"天本体"论乃是战国秦汉之间儒家、阴阳家、道家思想的粗糙结合体，统治了整个汉代经学的认知。《潜夫论》对本体问题没有更多讨论，而在本体论问题上是否有新的发言，是评判一种哲学思想成熟的重要标准，因此，我们可以说，王符在哲学层面，对于汉代思潮其实并无本质突破。这段文字真正值得我们重视的，是他由选拔人才或者人才任用的现实问题出发，进而导出对本末问题的思考。东汉由于外戚、宦官频繁干政，以及各地豪族与政权之间普遍存在权力依附与交换，国家选拔、任用人才的问题一直广受批判，直到东汉末年发生了黄巾暴动，时人依然认为主要原因在

---

[1] 彭铎：《潜夫论笺校正》，中华书局1985年版，第88页。

于政府用人不当,《后汉书·宦者列传》载郎中张钧上疏曰:

> 窃惟张角所以能兴兵作乱,万人所以乐附之者,其源皆由十
> 常侍多放父兄、子弟、婚亲、宾客典据州郡,辜榷财利,侵掠百
> 姓,百姓之冤无所告诉,故谋议不轨,聚为盗贼。[①]

将一场动摇王朝根本的大暴动,单纯地归结为人才选拔、任用问题,可见这个问题在当时朝野引起的关注度。《潜夫论》就是这样从社会现实的迫切需要出发,为了解决某些具体的问题,在探讨解决问题的实际措施中,引发出了某些具有哲学因素的思考。而这些哲学思考由于是面对黑暗的社会现实而发,那么,它必然会对这个现实背后的哲学支撑——汉代的主流意识形态,做出某种突破,哪怕这种突破只是处于萌芽状态。又由于实践所提出的问题都是具体的,《潜夫论》从经验的事实出发,只能就事论事地展开思考,从开始阶段就缺乏建构一套解释全部世界的完整理论的规划,所以,探索问题的方法与路径,也决定了以《潜夫论》为代表的大部分东汉子书,不能生发出一套足以取代汉代主流意识形态的新学说。

这种从现实出发的思考路径,还导致《潜夫论》在讨论某些哲学概念时,有意识地抽离这些概念原先的思辨因素,而代之以较为强烈的道德批判色彩,还以"本"的范畴为例,其《务本》曰:

> 凡为治之大体,莫善于抑末而务本,莫不善于离本而饰末。
> 夫为国者以富民为本,以正学为基。民富乃可教,学正乃得义,
> 民贫则背善,学淫则诈伪,入学则不乱,得义则忠孝。故明君之
> 法,务此二者,以为成太平之基,致休徵之祥。夫富民者,以农

---

① 范晔:《后汉书》卷七十八,中华书局 1965 年版,第 2532 页。

桑为本，以游业为末；百工者，以致用为本，以巧饰为末；商贾者，以通货为本，以鬻奇为末；三者守本离末则民富，离本守末则民贫，贫则厄而忘善，富则乐而可教。教训者，以道义为本，以巧辩为末；辞语者，以信顺为本，以诡丽为末；列士者，以孝悌为本，以交游为末；孝悌者，以致养为本，以华观为末；人臣者，以忠正为本，以媚爱为末；五者守本离末则仁义兴，离本守末则道德崩。慎本略末犹可也，舍本务末则恶矣。①

按"本"之观念起源甚早，《论语·八佾》曰："林放问礼之本。子曰：'大哉问！礼，与其奢也，宁俭；丧，与其易也，宁戚'。"此处的"本"，是形式背后的内涵的意思。西汉司马谈在论六家要旨时，说道家是"其术以虚无为本，以因循为用"（《论六家要旨》），此处"本""用"对举，吸收了《荀子》关于体用的一些看法，②明确"本"是根本，"用"是根本原则的施展运用。这个说法也就此奠定了"本"在哲学层面的主要内涵，即"本根"或"本体"。需要注意的是，此处的"用"并无贬义，"本"也并无褒义，"本""用"都是中性的哲学描述。但是上举《潜夫论》文，却是"本""末"对举，并在评判上将"本""末"褒贬两分。王符所说之本末，也自有其渊源，《吕氏春秋》就言，"凡为天下治国家，必务本而后末"（《孝行览》）。王符与《吕氏春秋》所说的"本"，都是除了原有的本体涵义外，还赋予其正当性；而"末"，如王符所说的"游业""鬻奇"等，与"本"之间依然存在着派生关系，是无法完全消灭的，所以说需要"慎本略末"，这是它继承传统"本""用"内涵的一面。但是任其发展，就有导

---

① 彭铎：《潜夫论笺校正》，中华书局1985年版，第14—16页。

② 张岱年：《中国古典哲学概念范畴要论》，中国社会科学出版社1987年版，第62—63页。

致"道德崩"的危险，所以，它们本质上是恶的，是需要挞伐的。从《本训》篇来看，王符对于"本"作为本体的涵义相当明确，非常重视，但是，在《务本》篇中，他却尽量抽离其哲学涵义，而予以现实功利的评价，赋予道德评判色彩，这是《潜夫论》从社会实践出发思考哲学问题的一个典型表现。

《本训》是《潜夫论》全书中最富哲思的篇章，彭铎先生认为，该篇"旨远辞微，诸政论之义皆从此出。学者循是以读他篇，庶窥其思想体系之全"①。这是一个很有见地的判断，本篇所论，在汉代所有讨论本体论的文献中，颇有戛戛独造之风，其潜藏的思想可能性，对于魏晋玄学，甚至宋代气化宇宙论的开展，都有一定的先导作用。但是，本篇行文及其思想脉络，又保留了东汉子书许多篇章都存在的前后矛盾的缺陷，需分别梳理。《本训》开篇曰：

> 上古之世，太素之时，元气窈冥，未有形兆，万精合并，混而为一，莫制莫御。若斯久之，翻然自化，清浊分别，变成阴阳。阴阳有体，实生两仪。天地壹郁，万物化淳。和气生人，以统理之。是故天本诸阳，地本诸阴，人本中和。三才异务，相待而成，各循其道，和气乃臻，机衡乃平②。

这段文字旨在说明"元气"是万物之始，元气化为阴阳，进而有天、地、人，世界始备。按先秦无"元气"之说，现有文献中，董仲舒《春秋繁露》首用"元气"之说，其《王道》篇曰：

---

① 彭铎：《潜夫论笺校正》，中华书局1985年版，第366页。
② 彭铎：《潜夫论笺校正》，中华书局1985年版，第365—366页。

《春秋》何贵乎元而言之？元者，始也，言本正也。道，王道也。王者，人之始也。王正则元气和顺，风雨时，景星见，黄龙下[①]。

董仲舒虽然肯定元气是维持宇宙运行的重要因素，但是，他又认为"天者百神之大君"（《春秋繁露·郊祭》），天才是世界的最高主宰，"元气"不具有本始之义。在两汉时期，明确"元气"乃宇宙本始的，是今文经学家和与今文经学密切相关的纬书。何休在注解《春秋公羊传》隐公元年之"元"时说："元者气也，无形以起，有形以分，造起天地，天地之始也。"[②] 何休通过阐述元气与天地的先后关系，进而确立了元气在宇宙的本始地位。而东汉古文经学家郑玄在注解《礼记·祭义》"气也者，神之盛也"时却说，"气谓嘘吸出入者也"[③]，这明显曲解了《礼记》的本义，但却充分显现了古文经学重视知识和常识，缺乏理论深度，对更高层次的哲学思考缺乏兴趣的治学特点。两相对照，《潜夫论》对于元气的理解，更加倾向于今文经学而远离古文经学。前文已经多次提到，下文也将继续证明东汉子书对今文经学的基本立场是批判的，但是，这种批判却并不排斥吸收今文经学中合理的成分，这也体现了东汉子书较为开放的学术格局。

然而，《本训》接下来的阐述，却又与开篇的说法明显矛盾，其文曰：

道德之用，莫大于气。道者，气之根也。气者，道之使也。必有其根，其气乃生；必有其使，变化乃成。是故道之为物也，至神以妙；其为功也，至强以大。天之以动，地之以静，日之以光，月之以明，四时五行，鬼神人民，亿兆丑类，变异吉凶，何非气然？及其乖戾，天之尊也气裂之，地之大也气动之，山之重也气徙之，水之流也气绝之，日月神也气蚀之，星辰虚也气陨之，旦有昼晦，宵有（夜明），大风飞车拔树，愤电为冰，温泉成汤，麟龙鸾凤，螽螽蟓蝗，莫不气之所为也。[①]

　　其矛盾之处在于王符又引入了"道"的概念，道乃气之根，这就否认了气的本始地位。《淮南子》说"道始生虚廓，虚廓生宇宙，宇宙生气。气有涯垠，清阳者薄靡而为天，重浊者凝滞而为地"（《天文训》），认为道生宇宙，宇宙生气，气化为天地。《潜夫论》此处关于世界本源的认识，又抛弃了汉代今文学与纬书的阐释，而接续了汉初的看法。《淮南子》虽然在目录书中属"杂家"，但是，其关于世界本源的论说，明显继承了先秦道家的理论。但《潜夫论》本段文字真正值得重视之处，在于其不仅认为"气"是世界本源，而且是世界的本质。通览汉人之说，"气"均是本源义，无本质义，也就是说，汉人认为"气"是万事万物的源头，或次级源头（如董仲舒之说），但万事万物是否是气构成的，却并无讨论。王符此处认为，"鬼神人民，亿兆丑类，变异吉凶，何非气然"，也就是明确肯定了一切存在都是气。按《庄子》曾云，"生也死之徒，死也生之始，孰知其纪？人之生，气之聚也，聚则为生，散则为死。若死生为徒，吾又何患。故万物一也，是其所美者为神奇，其所恶者为臭腐；臭腐复化为神奇，神奇复化为臭腐。故曰通天下一气耳"（《知北游》），《庄子》认为人之生死乃是气之聚散，万事万物都是气的变化，这是目前已知最早的气一元论。王符在此处又超越《淮南子》，将其对世界本质的认知上接《庄子》，其哲学思考归附于道家的趋势非常明显。但是，《知北游》篇并未接着证明气是如

① 彭铎：《潜夫论笺校正》，中华书局 1985 年版，第 367—368 页。

何作为万物本质而存在的，《本训》篇弥补了这个缺憾，认为天裂、地动、山徙、水绝、日月蚀等经验现象都是由于气之乖戾造成，这就从侧面说明天、地、山、水、日月都是气化而成。

　　《潜夫论》所建立起的气一元论，在魏晋时期，并未得到全面继承。嵇康的玄学倡言"越名教而任自然"，希望用自然规范名教，将社会伦理纳入自然的逻辑，这首先要求将人的本性自然化，然后才能将人所构造的社会自然化。所以，嵇康在《明胆论》开篇即言"夫元气陶铄，众生禀焉。赋受有多少，故才性有昏明"①。嵇康的意思似乎说，人并非全然由元气组成，元气多少，存在个体差异。这只能说，在嵇康的理论中，人的本质是多元的，他并非纯粹的气一元论者。我们可以这样设想，如果嵇康能够承认气对于人的完全本体地位，那么，他"越名教而任自然"的理想会获得更加坚强的哲学支持。汉代以后，真正完全建立起气一元论说的是北宋的张载，其《正蒙·乾称》曰："凡可状皆有也，凡有皆象也，凡象皆气也"②。在《正蒙》的《太和》《神化》等篇中，张载对他的气一元论进行了广大深微的建构。由此可见，《潜夫论》在哲学方面的思考，对于魏晋玄学并无明显、直接的影响，主要原因可能还是如前文所说，王符都是从具体的社会实践出发来思考问题，当现有的思想资源不能支撑他对社会实践的批判时，他根据具体问题的需要，有限度地寻求其他思想资源来帮助解释。而当对这些具体社会问题的解释到位时，他的思想建构也立即停止。也就是说，王符和其他东汉子书作者，本质上还是在追求一种合理的社会存在，他们并不在意建立一种独立、自足的哲学体系。所以，《本训》篇虽然对作为本始和本质的"元气"都尝试着作了一些形而上的思考，但

① 严可均：《全三国文》卷五十，《全上古三代秦汉三国六朝文》第二册，上海古籍出版社 2009 年版，第 615 页。

② 王夫之：《张子正蒙注》，中华书局 1975 年版，第 320 页。

其结尾却云，"夫欲历三正之绝迹，臻帝、皇之极功者，必先原元而本本，兴道而致和，以淳粹之气，生敦庞之民，明德义之表，作信厚之心，然后化可美而功可成也"[①]，充分表明王符的真正关怀所在。东汉子书，因为其作者基本上都有社会下层或民间的经历，所以书中的社会批判切实而激烈；因为支撑批判的需要，这些作品也对社会现实背后的思想依据作了零星而不成体系的哲学思考。以《潜夫论》而言，它关于"元气"的探索，突破了汉代今文经学和纬书的框架，开始向汉初和先秦的道家复归，这些努力及其成效，为魏晋玄学的开展，提供了可能的路径。

---

① 彭铎：《潜夫论笺校正》，中华书局 1985 年版，第 370—371 页。

第五章 《风俗通义》：援史入子与子书视野转移

　　《隋书·经籍志》将《风俗通义》归入子部"杂家"类，其释"杂家"曰："杂者，兼儒、墨之道，通众家之意，以见王者之化，无所不冠者也。古者司史历记前言往行，祸福存亡之道。然则杂者，盖出史官之职也。放者为之，不求其本，材少而多学，言非而博，是以杂错漫羡，而无所指归。"①《汉书·艺文志》以后，几乎所有目录书的分类归属都是各持标准，自有判断，《风俗通义》是否可以归入"杂家"，可以商榷。但是，从著录的作品来看，应劭确实是一个杰出的史学家，②其作品都带有浓厚的史学特色，应劭著述的这个特点倒是与《隋书》所说杂家"盖出史官之职"有内在关联。历来子书都不以记述擅长，而以"立意"为宗，《风俗通义》则继承《史记》《汉书》关注"风俗"的史学视角，历记东汉一代的风俗言行，"辨风正俗，观微察隐，于时流风轨，乡贤行谊，皆著为月旦"，从形式到内容皆迥异于先秦西汉子书，但是却又"于隐恶扬善之中，寓责备求全之

---

① 魏徵等：《隋书》卷三十四，中华书局1997年版，第1010页。

② 据《后汉书》本传及相关目录书统计，应劭的著述包括《汉仪》《礼仪故事》《状人记》《中汉辑序》《汉朝驳议》《风俗通义》《汉官》《汉官仪》《十三州记》《地理风俗记》等，除《风俗通义》以外，主体是关于汉代典章、制度、奏议的史学著作。参见刘明怡：《从应劭著述看汉末学术风气的变迁》，《许昌学院学报》第25卷第6期。

义"①，宏旨俱在，不违子书立言宗旨，绝非《隋书》所说"无所指归"。《风俗通义》的创作实践充分体现了子书在东汉时期言说方式与关注视野的双重变迁。

如前文所言，在作为本书研究对象的诸贤中，桓谭、应劭终身未脱离官方体制，虽然应劭因为与曹操的误会而沉沦下僚，②但他在本质上却是一个欲在朝堂之上实现功业的儒家士大夫。下面这个例子很能说明这一点。《后汉书·郑玄传》曰：

> （袁）绍客多豪俊，并有才说，见（郑）玄儒者，未以通人许之，竞设异端，百家互起。玄依方辩对，咸出问表，皆得所未闻，莫不嗟服。时汝南应劭亦归于绍，因自赞曰："故太山太守应中远，北面称弟子何如？"玄笑曰："仲尼之门考以四科，回、赐之徒不称官阀。"劭有惭色。③

应劭因为心折于郑玄的博学而欲师事之，但表白时却不忘亮明自己"故太山太守"的身份，从而遭到郑玄的调侃，这也从另外一方面显示应劭对于自己身份的重视。据《后汉书》本传，他在太（泰）山太守任上时，

---

① 王利器：《风俗通义校注·叙例》，《新编诸子集成》本，中华书局 2010 年版，第 1 页。

② 《后汉书》本传云："兴平元年，前太尉曹嵩及子德从琅邪入太山，劭遣兵迎之，未到，而徐州牧陶谦素怨嵩子操数击之，乃使轻骑追嵩、德，并杀之于郡界。劭畏操诛，弃郡奔冀州牧袁绍。"范晔：《后汉书》卷四十八，中华书局 1965 年版，第 1610 页，据徐公持先生分析，"曹操对应劭本来是颇为信任的，否则不会将护送父亲和胞弟的重任委托给他"（徐公持：《应劭：从官员到文士的华丽转身》，《文史知识》2013 年第 1 期），所以应劭之后依附袁绍，沉沦下僚，完全是历史的偶然。但这次偶然的身份转变，对其关注视野的转移有极大的助推作用，也造就了《风俗通义》这部名著。（据王利器先生考证，《风俗通义》的成书当在应劭归附袁绍之后，《风俗通义校注》，中华书局 2010 年版，第 2 页）。

③ 范晔：《后汉书》卷三十五，中华书局 1965 年版，第 1211 页。

"黄巾三十万众入郡界。劭纠率文武连与贼战，前后斩首数千级，获生口老弱万余人，辎重二千两，贼皆退却，郡内以安"，相比于桓谭、王充、王符等人，应劭是有实际功业的。在朝时，"尚书陈忠以罪疑从轻，议活（尹）次、（史）玉。劭后追驳之，据正典刑"，可见应劭对事功的一贯追求。只有充分了解应劭对现实社会的热切关怀，以及作为儒家士大夫的深切责任感，我们才能理解他为何在仕途困顿之后，会转而关注"辨风正俗"的事业，其实这与他正典刑、拒黄巾是一体两面的同质追求。

第一节 应劭以前的"风俗"观

现代汉语中，"风俗"一词的主要内涵是"民俗"，这仅是传统"风俗"概念的一个面向，"风俗"概念的变迁是西方学术影响下古今学术转折的结果。[①] 日本学者岸本美绪指出，中国传统语境中的"风俗"，"一方面意味着具体的地方习惯，地方志的风俗卷包括有关岁时、冠婚丧祭、占候、方言等的详细的叙述。可是风俗的涵义并不仅限于这些具体的行动方式本身。风俗概念的核心却在于，通过这些行动方式表现出来的人民精神的品质。换句话说，风俗就是从人民精神的性质这种观点来评价某个地方或者某个时代的整个行动方式"[②]。岸本的界定其实指出，传统的"风俗"概念包涵两方面的内容：具体的社会事象和社会事象所代表的社会精神。值得注意的是，岸本指出的社会事象包括"岁时、冠婚丧祭、占候、方言"等，这些内容都是从《风俗通义》开始，才具体而微地纳入"风俗"的关注范围；而岸本的界定逻辑，即从纷杂的社会事象入手抽绎时代精神，也是奠基于

---

① 参见王晓葵：《"风俗"概念的近代嬗变》，《文化遗产》2010 年第 3 期。
② ［日］岸本美绪：《"风俗"与历史观》，《新史学》第 13 卷第 3 期。

《风俗通义》所开创的思路。

从现有文献看，在先秦时期，人们对"风""俗""风俗"等概念已经高度关注。《左传》有云："天子省风以作乐"，杜预注："省风俗，作乐以移之。"[①]杜注增字解经，而"风俗"联称，当始于《庄子》《荀子》等战国子书。《庄子·则阳》曰："丘里者，合十姓百名而为风俗也，合异以为同，散同以为异。"《荀子·强国》曰："入境，观其风俗。"《庄子》所云，主要强调形成风俗的个体与群体之间的关系，并未对"风俗"内涵做出阐释。《左传》与《荀子》所论，虽也未阐明风俗内涵，但是均认为风俗与国家政治有密切关系。《礼记·王制》曰"天子五年一巡守……命大师陈诗以观民风，命市纳贾以观民之所好恶，志淫好辟。"《汉书·艺文志》回顾先秦采诗制度时说："哀乐之心感，而歌咏之声发。诵其言谓之诗，咏其声谓之歌。故古有采诗之官，王者所以观风俗，知得失，自考正也。"《王制》与《汉志》所云，均明确指出音乐与风俗的互动关系，并认为风俗是王者了解施政情况的重要根据。《礼记·王制》中还有一段值得关注的表述，其曰："凡居民材，必因天地寒暖燥湿，广谷大川异制。民生其间者异俗：刚柔轻重迟速异齐，五味异和，器械异制，衣服异宜。修其教，不易其俗；齐其政，不易其宜。"这段表述的特殊之处在于，它发现了风俗与自然环境之间的关系，认为是自然环境的差异导致了风俗的差异，并且尊重这种差异性，提倡因地制宜。

综合以上的回顾，我们可以总结出先秦"风俗"观念的几个特点：首先，意识到风俗的民间性，以及风俗与政治有密切关系，是观察政治的重要窗口，但并未对这层关系展开进一步分析。其次，移风易俗的手段，基本上只提到了音乐的重要性，对于其他改善风俗的手段并未论及。最后，

---

① 孔颖达：《春秋左传正义》，阮刻"十三经注疏"本，艺文印书馆2007年版，第364页。

承认风俗的差异性，并不要求统一风俗。当然，以上只是根据现有文献的单独总结，三点结论并不能普遍适用于整个先秦时期，比如《王制》中尊重风俗差异性的观念，很可能是根据战国时期中国分裂的政治现实而提出，并不一定适用于王纲解纽之前的三代。

到了汉代，随着战事消弭，大一统帝国逐渐稳定，围绕如何治理国家，"风俗"问题愈发引起知识阶层的广泛关注，对其思考也进一步加深，主要体现在两个层面。

第一，汉人大力提倡通过统治者的率先垂范与推行教化来改善风俗，换而言之，汉人在观念上确立了上层统治对于风俗的主导性。董仲舒是汉代文教制度的主要设计者之一，他认为，兴教办学固然重要，但是，统治者自身的垂范才是教化的起点，否则，对人民的教化会丧失合法性，他在著名的《天人三策》中说：

> 尔好谊，则民乡仁而俗善；尔好利，则民好邪而俗败。由是观之，天子大夫者，下民之所视效，远方之所四面而内望也。近者视而放之，远者望而效之，岂可以居贤人之位而为庶人行哉。①

董仲舒的观点是先秦时期圣贤政治观的延续与强化，孟子就曾说过，"推恩足以保四海，不推恩无以保妻子。古之人所以大过人者无他焉，善推其所为而已矣"（《孟子·梁惠王上》）。这种观点认为天下万民与君王同类同构，君王只不过是万民中先知先觉的出类拔萃者，其行为具有示范性，如果君王能够完善自身，推其所为，则风俗自然美善。董仲舒认为，在君王垂范的前提下，再"立太学以教于国，设庠序以化于邑，渐民以仁，摩民以谊，节民以礼"，则"刑罚甚轻而禁不犯者，教化行而习俗美

---

① 王先谦：《汉书补注》，上海古籍出版社 2008 年版，第 4049 页。

也"。这种上层统治对于风俗具有主导性的认知，当其被统治者接受之后，其积极一面在于能够对皇权起到限制和规范作用，理想状态下能够阻遏统治阶层的腐朽堕落。但这种观念也容易蒙蔽知识阶层对于风俗复杂性和自足性的认识，风俗的产生与发展并不依赖于大一统皇权的形成，它有自身的演化逻辑。皇权是确定的，风俗是多样的，如果不认真对待风俗的主体性，对风俗进行具体而微地分析与判断，只是希望高高在上的统治者做好自身，去引导民众，这种认识无疑太过理想化。

第二，由于汉代的大一统是建立在战国各诸侯长达数百年各自发展之上的统一，所以，全国各地风俗的差异性极为明显。汉代的两部史书，《史记》和《汉书》，第一次客观揭示了统一国家中各地风俗的差异，彰显了风俗发展的地域性，为应劭的精细化的风俗探讨奠定了基础。《史记·货殖列传》云：

> 齐带山海，膏壤千里，宜桑麻，人民多文彩布帛鱼盐。临淄亦海岱之闲一都会也。其俗宽缓阔达，而足智，好议论，地重，难动摇，怯于众斗，勇于持刺，故多劫人者，大国之风也。其中具五民。而邹、鲁滨洙、泗，犹有周公遗风，俗好儒，备于礼，故其民龊龊。颇有桑麻之业，无林泽之饶。地小人众，俭啬，畏罪远邪。及其衰，好贾趋利，甚于周人。夫自鸿沟以东，芒、砀以北，属巨野，此梁、宋也。陶、睢阳亦一都会也。昔尧作成阳，舜渔于雷泽，汤止于亳。其俗犹有先王遗风，重厚多君子，好稼穑，虽无山川之饶，能恶衣食，致其蓄藏……

《货殖列传》并非为探讨风俗而作，但是，司马迁探讨经济发展与物质生产却建立在对各地不同风俗的区别之上，客观上加深了对风俗内涵的认知。从上引文字看，司马迁认为风俗的形成主要是由文化传统和自然条件决定。齐地依山靠海，所以人民主要依靠布帛鱼盐之业为生计；邹、鲁有周公传统，所以人民好儒学，讲礼仪。应该说，虽然从先秦开始，我们的文化就重视风俗的地位与作用，但所有的探讨都是在强调统治上层如何利用风俗，直到《货殖列传》，风俗的具体内容才纳入知识阶层的关注视野，这是古代风俗研究的重要进步。

班固在《汉书·地理志》中对风俗问题也给予了高度的关注，与《货殖列传》相同的是，《汉书·地理志》也对全国的风俗进行了分区域的揭示，只不过随着西汉一代政区结构的发展，班固对区域地划分更加细致。不同的是，《汉书·地理志》是一篇专论地域文化的作品，它不是在讨论经济问题时附带观察风俗，所以，它在分区域研究的基础上，总结前人的看法，在学术史上第一次对风俗的内涵与作用进行了学理化的总结，其文曰：

> 凡民函五常之性，而其刚柔缓急，音声不同，系水土之风气，故谓之风；好恶取舍，动静亡常，随君上之情欲，故谓之俗。孔子曰："移风易俗，莫善于乐。"言圣王在上，统理人伦，必移其本，而易其末，此混同天下一之乎中和，然后王教成也。[①]

按班固所言，"风"是基于自然条件形成的人民的不同性格与语言；"俗"是受统治者影响而形成的社会价值观和行动方式。班固对"风"的界定，体现了风俗来源的自然性和形成的自主性；对"俗"的界定则因循了此前上层统治对于风俗的具有主导性的观念，体现了风俗来源的社会性和形成的可塑特征。虽然班固依然承认统治者对于风俗的形成变迁有引导作用，但是，他毕竟已经开始尊重风俗的相对独立性，考虑到应劭曾经给

---

① 范晔：《汉书补注》，中华书局1965年版，第2819页。

《汉书》做过注解，①班固的风俗观念应该对《风俗通义》有较大影响。

第二节 《风俗通义》的视野转移

应劭对于"风俗"的整体性看法，俱见于《风俗通义》的序文，其文曰：

> 昔仲尼没而微言阙，七十子丧而大义乖。重遭战国，约从连横，好恶殊心，真伪纷争。故《春秋》分为五，《诗》分为四，《易》有数家之传。并以诸子百家之言，纷然淆乱，莫知所从。汉兴，儒者竞复比谊会意，为之章句，家有五六，皆析文便辞，弥以驰远。缀文之士，杂袭龙鳞，训注说难，转相陵高，积如丘山，可谓繁富者矣。而至于俗间行语，众所共传，积非习贯，莫能原察。今王室大坏，九州幅裂，乱靡有定，生民无几。私惧后进，益以迷昧，聊以不才，举尔所知，方以类聚，凡一十卷，谓之《风俗通义》，言通于流俗之过谬，而事该之于义理也。
>
> 风者，天气有寒暖，地形有险易，水泉有美恶，草木有刚柔也。俗者，含血之类，像之而生，故言语歌讴异声，鼓舞动作殊形，或直或邪，或善或淫也。圣人作而均齐之，咸归于正；圣人废，则还其本俗。《尚书》："天子巡狩，至于岱宗，觐诸侯，见百年，命大师陈诗，以观民风俗。"《孝经》曰："移风易俗，莫善于乐。"传曰："百里不同风，千里不同俗，户异政，人殊服。"由此言之，为政之要，辨风正俗，最其上也。
>
> 周、秦常以岁八月遣輶轩之使，采异代方言，还奏籍之，藏

---

① 颜师古《汉书叙例》曰："《汉书》旧无注解，唯服虔、应劭等各为音义。"

于秘室。及嬴氏之亡，遗脱漏弃，无见之者。蜀人严君平有千余言，林闾翁孺才有梗概之法。扬雄好之，天下孝廉卫卒交会，周章质问，以次注续，二十七年，尔乃治正，凡九千字。其所发明，犹未若《尔雅》之阔丽也，张竦以为悬诸日月不刊之书。予实顽暗，无能述演，岂敢比隆于斯人哉！顾惟述作之功，故聊光启之耳。

昔客为齐王画者，王问画孰最难，孰最易。曰："犬马最难，鬼魅最易。犬马旦暮在人之前，不类不可，类之故难；鬼魅无形，无形者不见，不见故易。"今俗语虽云浮浅，然贤愚所共咨论，有似犬马，其为难矣。并综事宜于今者。孔子称"幸苟有过，人必知之"，俾诸明哲，幸详览焉。①

该篇序文，可申论者凡五处。其一，关于风俗之定义。与班固一样，应劭也是对"风"与"俗"分别界定，但是，根据班固的理解，"风"与"俗"均有风俗义，只不过一则仿自然而生，一则仿君王而生，来源不同。应劭则将"风"完全界定为自然现象，是自然界的多姿多彩，"俗"则是人民仿效自然而生的不同的语言、行动、性格、喜好。也就是说，应劭的"风俗"其实只是班固所说的"风"，并未提风俗是否有"随君上之情欲"而生的部分。应劭此处对风俗的定义，安全尊重了风俗的主体性，不再将其视为统治者个人行为的衍生品。虽然他依旧承认统治者可以影响风俗，但"圣人废，则还其本俗"，说明统治者对于风俗来说，只有改善之功（或破坏之罪），但风俗的产生有其自主性。

其二，所谓"为政之要，辨风正俗，最其上也"。应劭明确提出，"正"要建立在"辨"的基础上，也就是说，行动之前，要对行动对象有准确的

---

① 王利器：《风俗通义校注》，《新编诸子集成》本，中华书局 2010 年版，第 1—16 页。

认知。《史记·货殖列传》和《汉书·地理志》，都揭示了各地的风俗，但是，这种揭示依然是概括的，是印象式的总结，缺乏对具体风俗事象具体的展示和解剖，因而，其演绎缺乏归纳的基础。《风俗通义》因为有"辨"的意识，所以基本避免了这种不足，比如《怪神》"世间多有精物妖怪百端"条的记载：

> 汝南汝阳西门亭有鬼魅，宾客宿止，有死亡，其厉厌者，皆亡发失精，寻问其故，云："先时颇已有怪物，其后，郡侍奉掾宜禄郑奇来，去亭六七里，有一端正妇人，乞得寄载，奇初难之，然后上车，入亭，趋至楼下，吏卒檄，白：'楼不可上。'奇曰：'我不恶也。'时亦昏冥，遂上楼，与妇人栖宿。未明发去。亭卒上楼扫除，见死妇，大惊，走白亭长。亭长击鼓会诸庐吏，其集诊之，乃亭西北八里吴氏妇新亡，以夜临殡，火灭，火至失之；家即持去。奇发行数里，腹痛，到南顿利阳亭加剧，物故，楼遂无敢复上。"

> 谨按：北部督邮西平郅伯夷年三十所，大有才决，长沙太守到郅君章孙也。日晡时到亭，勃前导人。录事掾白："今尚早，可至前亭。"曰："欲作文书，便留。"吏卒惶怖，言当解去。《传》云："督邮欲于楼上观望，亟扫除。"须臾便上。未冥楼镫，阶下复有火。勃："我思道，不可见火，灭去。"吏知必有变，当用赴照，但藏置壶中耳。既冥，整服坐诵《六甲》《孝经》《易本》讫，卧有顷，更转东首，絮巾结两足帻冠之，密拔剑解带，夜时，有正黑者四五尺，稍高，走至柱屋，因覆伯夷。伯夷持被掩足，跳脱几失，再三，徐以剑带击魅脚，呼下火上照视老狸正赤，略无衣毛，持下烧杀。明旦发楼屋，得所髡人结百余，因从此绝。伯夷举孝廉，益阳长。

《楚辞》云："鳖令尸亡，溯江而上，到岷山下苏起，蜀人神之，尊立为王。"汉淮阳太守尹齐，其治严酷，死未及殓，怨家欲烧之，尸亦飞去，见于书传。楼上新妇，岂虚也哉？^①

从本条记载看，应劭之辨风俗，主要采用的方法是：详细记载本事，这种记载具备文学叙事的特征，首尾完具；然后援引其他类似事迹与本事相互印证，比勘异同；最后得出自己的判断。由于细节描绘十分完整，所以很多是非曲直，在叙述中已经自然呈现，这样的"辨"，比起《史记》与《汉书》印象式的总结，有着丰厚的事实基础（无论是亲见还是传闻，应劭都将其视为事实），其结论自然也更加真实。就现代学术而言，这样具体而微的风俗记载，其史料价值是十分可贵的。比如本段记载中所述的伯夷劾鬼故事，提到了"思道"，念诵《六甲》《孝经》《易本》可御鬼神，以剑杀鬼，尸体可飞去等细节，都为研究早期道教，尤其是道教祈禳神学，提供了重要资料。^②如前文所言，战国秦汉之际的子书均以"立意"为宗，《庄子》更是宣称自己所说乃"卮言""寓言"，其所记载，大部分是因义立文，不可视作信实文字。《风俗通义》则实录亲见亲闻并辨析之，一定程度上改变了子书的书写本质。

其三，序文开篇，即"昔仲尼没而微言阙……而事该之于义理也"这段文字体现出来的学术视野转移问题。有文章认为，应劭此处提到"诸子百家之言，纷然淆乱，莫知所从"，表明《风俗通义》的考定对象，"包括诸子百家言"^③，这可能是误读。作为一名精熟《汉书》的学者，应劭此处几乎照抄《汉书·艺文志》的序文开篇，意在强调战国百家争鸣是整个汉

① 王利器：《风俗通义校注》，中华书局 2010 年版，第 425—428 页。

② 参见姜生：《〈风俗通义〉等文献所见东汉原始道教信仰》，《宗教学研究》1998 年第 1 期。

③ 徐公持：《应劭：从官员到文士的华丽转身》，《文史知识》2013 年第 1 期，第 48 页。

代学术的发生背景。本段文字真正的逻辑起点是他对汉代经学界现状的描绘，即"汉兴，儒者竞复比谊会意……可谓繁富者矣"。从遣词上看，应劭对于汉代经学走向繁琐、脱离现实是不满的。有了这个前提，序文继而指出"俗间行语"的重要性，鲜明地凸显了应劭学术真正的关注视野。除了《风俗通义》，应劭传世的著作皆为史书，《后汉书》也并未记载应劭在经学领域有任何实绩，上引其与经学大师郑玄之间的故事，也只是其在聚会的特殊场合，他震慑于康成的博学而表现出的心折，并不能说明他对经学有真实的兴趣。种种迹象表明，虽然经学是汉代士人共同的学习背景，但应劭并不是经学体系内的知识人。经学学者在注释、研读经书时，自然也会对风俗产生关注，但是，这种关注是由经书提出问题，学者顺势回答，其真正主体还是蕴含古圣先贤训诲的经书本身，而并非风俗问题。或者像董仲舒那样，寄心于新意识形态的构建，风俗作为其理论大厦中的一砖半瓦，也会被顺带提及，但绝不会成为真正的关注主体。应劭在序文中所要表达的意图是，走向繁琐的经学已经不能应付"王室大坏，九州幅裂，乱靡有定，生民无几"的局面，只有切入现实本身，"通于流俗之过谬"，才能彰显义理之正，进而挽救时代，这是耽于书本的经学所不能达成的目标。《风俗通义》学术视野转向所体现的现实关怀，仍然是先秦诸子"务为治者"的余绪。

其四，序文末尾画鬼魅易，画犬马难的寓言故事所彰显的"辨风正俗"工作的难度与开拓性。这个故事古今流传甚广，如若在《风俗通义》的写作背景下加以理解，那么，这个故事的内涵则有进一步开拓的空间。人类的经验来源不外乎亲身体验与书本学习，前者是直接的，后者是间接的。就汉代学术而言，除了西汉初对秦亡的反思与东汉初对王莽败亡的反思属于亲身经历的直接经验之外，所有的经学研究都属于对间接经验的推演。经学的研究对象是先秦时期形成的经书，固然"六经皆史"，但是，经过战国与汉初的阐释、形塑，尤其是经过汉武帝时期的经典化历程，原先有

"实录"色彩的经书，已经具备了相对封闭的言说体系与价值结构。皓首穷经的儒生们，完全可以抛却复杂而鲜活的现实世界，在经典的世界中腾挪闪转，只要符合经书本身的学理逻辑，就可以自圆其说。即便是有着深刻现实关怀的西汉今文经学，也是概念先导，理念先行，综合战国秦汉时期儒家、道家、阴阳家和谶纬的学说，先构建一套条贯分明的理论大厦，然后高高在上地要求复杂鲜活的现实进入这座大厦，各自寻找位置。这种治学方式，带有浓厚的"画鬼魅"特征。虽然由于政治利益的纠葛，在现实中推行历经坎坷，但是，从学理的视角看，则是相对容易的。应劭所欲从事的"辨风正俗"，则属于"画犬马"。犬马不离身边，人人都不关注，正所谓"百姓日用而不知"；但是，一旦对其进行描绘，由于人人都有体验，故难以尽厌。序文云"俗语虽云浮浅，然贤愚所共咨论，有似犬马，其为难矣"，知识阶层都认为这个事情是浮浅的，不愿意从事，这就意味着应劭的工作没有传统可以继承，开拓性极强，难度也极大。《风俗通义》的最终目的是要使"事该之于义理"，但是，应劭的路径是俯下身来观察复杂鲜活的现实世界，从直接经验中抽绎出他对现实的反思，与经学体系中人的取径截然不同。正因为他的观察领域是一般知识阶层所不屑的浮浅风俗，所以，《后汉书》批评《风俗通义》内容"不典"，[1] 但是，也从反面彰显了该书的内容突破了先秦诸子学和汉代经学的笼罩。

其五，序文中对扬雄的赞誉所体现出来的自我定位问题。扬雄其人，在西汉末至东汉，虽然也因其性格独特，谮非圣人而遭受指责，[2] 但是总体上，知识阶层对其评价是很高的，尤其是那些希望通过著作而实现不朽的士人，其中以桓谭最为代表。《新论·正经》曰：

---

① 范晔：《后汉书》卷四十八，中华书局1965年版，第1614页。

② 《汉书·扬雄传》："诸儒或讥以为雄非圣人而作经，犹春秋吴楚之君僭号称王，盖诛绝之罪也。"

　　　　王公子（子字衍，王公即王莽）问："扬子云何人邪？"答曰：
　　"才智开通，能入圣道，卓绝于众，汉兴以来，未有此也人也。"
　　国师子骏曰："何以言之？"答曰："通才著书以百数，惟太史公
　　为广大，余皆残小论，不能比之，子云所造《法言》、《太玄》也，
　　《玄经》数百年外，其书必传，顾谭不及见也。世咸尊古卑今，
　　贵所闻，贱所见。见扬子云禄位容貌不能动人，故轻易之。老子
　　其心玄远，而与道合。若遇上好事，必以《太玄》次《五经》也。"①

　　桓谭对扬雄的赞誉，完全着眼于其留下了丰厚的著述，充分体现了经
学体系之外的知识阶层，以追求立言为不朽的价值观。但值得注意的是，
桓谭以及东汉其他士人，主要称赞扬雄的《太玄》和《法言》，极少提到《方
言》。《太玄》和《法言》是对《周易》和《论语》的模仿，属于纯粹的精
英层次的著作。而《方言》则是专门考释俗间行语的著作，虽然张竦盛赞
其为"悬诸日月不刊之书"，但正如刘歆所说，它的主要作用还是"欲以
验考四方之事，不劳戎马高车之使，坐知傦俗"，其本质仍然属于浮浅的
下里巴人。而应劭挂心于"述作之功"，希望通过著作而不朽，但是，他
选择的学习对象却是扬雄的《方言》，充分说明在应劭的意识里，对风俗、
民俗的考察，已经达到了和缵述古代经典同样的地位，《风俗通义》的出
现以及其被后世接受为子书，反映了汉代子书外延的扩展。

　　通过以上五点对《风俗通义》序文的探讨，我们基本可以得出以下结论：
应劭对"风俗"的定义，凸显了风俗形成的自然性和自发性，扭转了以往
风俗系于王政的传统观念，使得风俗能够成为一个严肃的研究对象，纳入
知识阶层的研究视野。由于在《风俗通义》之前，知识阶层未展开对风俗

---

① 朱谦之：《新辑本桓谭新论》卷九，《新编诸子集成》本，中华书局 2009 年版，第
　　41 页。

的细微研究，所以，应劭的工作带有很强的突破性质，这种突破又与应劭对汉代经学衰微、脱离现实的不满有关。应劭继承了桓谭、王充等人欲通过著作实现不朽的观念，但是，他选择的学习对象却是扬雄的《方言》，充分显现了汉代子书关注视野的转移。

第三节 《风俗通义》的史学特色

除了关注视野转移，《风俗通义》另外一个引人注目之处在于将史学的观念与书写方式引入子书。司马迁著作《史记》时，曾引用孔子"我欲载之空言，不如见之于行事之深切著明"的话来表示对历史叙事的重视。任何可称得上"历史"的著作，都有着作者的史观或历史哲学蕴含其中。但是，史学区别于哲学的一个根本之处，就在于史学首先要记录在特定空间和时间交汇点上发生过的事实，再基于事实进行评价与判断，这与哲学可以抛开经验事实直接展开逻辑推演是明显不同的。战国秦汉的子书，以立意为宗，为了表意的需要，有时也会用事例支撑。但这些事例要么虽然是真实发生过的，但经过了基于表意需要的改造；要么干脆是言说者杜撰，所以，战国秦汉的子书是中国寓言文学的渊薮。应劭著作《风俗通义》，自然有其宗旨在，但是，他对于表现宗旨的事例，都采用了史学考辨的态度与方法，体现了东汉时期逐渐兴起的史学影响和理性主义思潮。

应劭编过很多史学性质的书籍，他在上奏所删定的律令《汉仪》时曾说：

夫国之大事，莫尚载籍。载籍也者，决嫌疑，明是非，赏刑之宜，允获厥中，俾后之人永为监焉。故胶西相董仲舒老病致仕，朝廷每有政议，数遣廷尉张汤亲至陋巷，问其得失。于是作《春秋决狱》二百三十二事，动以经对，言之详矣。逆臣董卓，荡覆王室，典宪焚燎，靡有孑遗，开辟以来，莫或兹酷。[①]

应劭非常重视载籍"决嫌疑，明是非"的作用，他对董仲舒的赞赏，是因为仲舒引史籍作《春秋决狱》，为汉代法律判决提供了案例参考。而他厌恶董卓，也是因为董卓焚毁了汉室典藏的文献。《后汉书》说应劭著作《风俗通义》，也是为了"释时俗嫌疑"[②]，两相对比，可以看出应劭是借重经验事实来"辨风正俗"。下面我们通过一个具体的例子对应劭的"释时俗嫌疑"的方法进行分析。

《风俗通义·正失》篇"乐正后夔一足"条：

俗说：夔一足而用精专，故能调畅于音乐。谨按：《吕氏春秋》："鲁哀公问于孔子：'乐正夔一足，信乎？'孔子曰：'昔者，舜以夔为乐正，始治六律，和均五声，以通八风，而天下服。重黎又荐能为音者，舜曰：'夫乐，天地之精，得失之节，故唯圣人为能和乐之本。夔能和之，平天下，若夔、一足矣。故曰夔一足，非一足行'。"[③]

在本条中，作者自己并未做任何辨析，而是完全引《吕氏春秋·察传》的阐述来驳斥俗说，最终使人们明白，此说的真实涵义是有夔一人足矣，非夔只有一只脚。作为一名有着深厚史学素养的学者，应劭充分相信并依靠载籍的力量来纠正俗说。

---

① 范晔：《后汉书》卷四十八，中华书局 1965 年版，第 1613 页。

② 范晔：《后汉书》卷四十八，中华书局 1985 年版，第 1614 页。

③ 王利器：《风俗通义校注》，《新编诸子集成》本，中华书局 2010 年版，第 62 页。

但是，应劭对载籍也并不迷信，有时他也直接纠正载籍中的荒谬，《正失篇》"王阳能铸黄金"条曰：

> 《汉书》曰说："王阳虽儒生，自寒贱；然好车马衣服，极为鲜好，而无金银文绣之物，及迁徙去处，所载不过囊衣，不蓄积馀财。去位家居，亦布衣蔬食。天下服其廉而怪其奢，故俗传'王阳能作黄金'"。谨按《太史记》：秦始皇欺于徐市之属，求三山于海中，通同道，隐形体，弦诗想蓬莱，而不免沙丘之祸。孝武皇帝兹益迷谬，文成、五利处之不疑，妻以公主，赐以甲第，家累万金，身佩四印，辞穷情得，亦旋枭裂。淮南王安锐精黄白，庶几轻举，卒离亲伏白刃之罪。刘向得其遗文，奇而献之。成帝令典尚方铸作事，费甚多而方不验。劾向大辟，系须冬狱，兄阳成侯乞入国半，故得减死。秦、汉以天子之贵、四海之富，淮南竭一国之贡税，向假尚方之饶，然不能有成者，夫物之变化固自有极，王阳何人，独能乎哉？语曰："金不可作，世不可度。"王阳居官食禄，虽为鲜明，车马衣服，亦能几所，何足怪之！乃传俗说，班固之论陋于是矣①。

本条是对班固《汉书》的驳斥。"王阳能作黄金"也并非班固的判断，只是《汉书》记录的一条俗说。记载民俗传说，保存民间鲜活的生活状态，本来也是历史书写的题中应有之义。但是，应劭却历举秦始皇、汉武帝、刘安求神仙之事而不可得的事实，比证王阳作黄金的荒谬，并据此指责班固记载此俗说的鄙陋。平心而论，应劭此驳对于班固来说，实属吹毛求疵，但也从另一方面反映了应劭"释时俗嫌疑"的深度。

---

① 王利器：《风俗通义校注》，中华书局 2010 年版，第 119—120 页。

前文已言，真正的史书，都有着作者的史观或历史哲学蕴含其中。《风俗通义》不仅具备历史著作对真实的追求，同样对现象有着自己的价值判断，这也符合子书追求宗旨的传统。《正失》篇"宋均令虎渡江"条：

> 九江多虎，百姓苦之，前将募民捕取，武吏以除赋课，郡境界皆设陷阱。后太守宋均到，乃移记属县曰："夫虎豹在山，鼋鼍在渊，物性之所托。故江、淮之间有猛兽，犹江北之有鸡豚。今数为民害者，咎在贪残居职使然。而反逐捕，非政之本也。坏槛阱，勿复课录，退贪残，进忠良。"后虎悉东渡江，不为民害。谨按：《尚书》："武王戎车三百辆，虎贲三千人。擒纣于牧野。"言猛怒如虎之奔赴也。《诗》美南仲"阚如哮虎"。《易》称："大人虎变，其文炳。""君子豹变，其文蔚。"《传》曰："山有猛虎，草木茂长。"故天之所生，备物致用，非以伤人也。然时为害者，乃其政使然也。今均思求其政，举清黜浊，神明报应，宜不为灾。江渡七里，上下随流，近有二十余。虎山栖穴处，毛鬣，岂能犯阳侯、凌涛濑而横厉哉！俚语："狐欲渡河，无奈尾何。"舟人楫棹，犹尚畏怖，不敢迎上，与之周旋。云悉东渡，谁指见者？尧、舜钦明在上，稷、契允懿于下。当此时也，宁复有虎耶？若均登据三事，德被四海，虎岂可抱负相随，乃至鬼方绝域之地乎！①

在本条中，应劭虽仍然做着纠谬的工作，但实际上他已经不在乎猛虎是否因宋均而渡江，猛虎在此条中已经变为一个象征物，所谓"苛政猛于虎"。他所引的《尚书》《诗经》《周易》等先王政典，在这里也并不能起

---

① 王利器：《风俗通义校注》，中华书局 2010 年版，第 122—124 页。

到证明事实的作用，相反，都被其阐释用来证明猛虎乃自然之物，真正危害民众的，是统治者的苛政。他所论的"尧、舜钦明在上，稷、契允懿于下。当此时也，宁复有虎耶"，充满着人与自然物之间的感应，倒是很像其他条中被他驳斥的俗说，但是，为了充分表达他对官民关系的看法，已经顾不得言说的自相矛盾了。

如果说应劭征引《吕氏春秋》《史记》等书来证明俗说的虚妄，是在利用发挥、利用古代史籍的功能，那么，他对当时很多现象的批评，因为其描绘之细致，批评之中肯，事实上已经在书写当代史。请看《愆礼》篇的记载：

> 九江太守武陵陈子威，生不识母，常自悲感；游学京师，还于陵谷中，见一老母，年六十余，因就问："母姓为何？"曰："陈家女李氏。""何故独行？"曰："我孤独，欲依亲家。"子威再拜长跪自白曰："子威少失慈母，姓陈，舅氏亦李，又母与亡亲同年，会遇于此，乃天意也。"因载归家，供养以为母。谨按：《礼》："继母如母，慈母如母。"谓继父之室，慈爱己者，皆有母道，故事之如母也。何有道路之人而定省？世间共传丁兰剋木而事之，今此之事，岂不是似？如仁人恻隐，哀其无归，直可收养，无事正母之号耳。①

陈子威途中认母事，唯见载于《风俗通义》，这大概得力于应劭与陈子威是同时之人，且关注民俗士风所致。后世对汉代伦理、家庭关系、士人风尚的研究，多引本条以为证，《风俗通义》在不自觉间，扮演了汉代风俗史料的角色。以本条为例，《风俗通义》的作用还不止于史料，它还能

———————

① 王利器：《风俗通义校注》，中华书局 2010 年版，第 138—139 页。

在一定程度上纠正正统史学给我们带来的对东汉史的一般印象，丰富我们的历史认知。东汉士风在历史上是大受赞扬的，顾炎武的《日知录·两汉风俗》条就认为"汉自孝武表章六经之后，师儒虽盛，而大义未明。故新莽居摄，颂德献符者遍于天下。光武有鉴于此，故尊崇节义，敦厉名实，所举用者莫非经明行修之人，而风俗为之一变。至其末造，朝政昏浊，国事日非，而党锢之流、独行之辈，依仁蹈义，舍命不渝，风雨如晦，鸡鸣不已，三代以下风俗之美，无尚于东京者"[①]。此处顾炎武所说之"风俗"，实际上就是士阶层的风尚。风雨如晦，鸡鸣不已，固然让人钦佩，但是细绎史籍，就会发现，其时士人以清流自居，对政治势力进行非黑即白的划分，以此矫饰名节，是导致党锢之祸的一个重要原因。《风俗通义》本条的记载，非常生动地展示了其时士人为了令名，已经违背人伦常情，落入虚伪。我们在正史中很难看到这样的记述，从这个意义上说，《风俗通义》已经具备了后世笔记史学的功能。

应劭对这种虚伪的士风是不满的，它对这种社会风尚的批判，可以视为后来曹操力矫汉代风俗的先导。曹操本人的出身，在当时很受鄙视，所谓"阉赘遗丑"，所以，他以及他的儿孙对汉代士阶层的群体风尚有着先天的抵触。更由于曹操生当乱世，需要招纳有实际才干的人为己所用，但是，当时士风推举出来的所谓人才，或迂腐无能，或虚伪矫激，均不能担当大事。曹操在掌握了权力之后，就首先对这种风俗开刀。《三国志》载：

> 令曰："阿党比周，先圣所疾也。闻冀州俗，父子异部，更相毁誉。昔直不疑无兄，世人谓之盗嫂；第五伯鱼三娶孤女，谓之挝妇翁；王凤擅权，谷永比之申伯，王商忠议，张匡谓之左道；

[①] 黄汝成：《日知录集释》，上海古籍出版社 2006 年版，第 752 页。

此皆以白为黑，欺天罔君者也。吾欲整齐风俗，四者不除，吾以
为羞。"①

曹操所举五例，都是东汉虚伪士风的典型代表。与应劭不同的是，曹
操是掌握权力者，所以，他不会像应劭那样坐而论道，引经据典，体证人
性以揭露这些行为的矫饰，他直接用权力来更正之，也会身体力行的给社
会垂范。②《风俗通义》的《愆礼》和《过誉》两篇，记载的基本都是东汉
士风的不合情理处，从《风俗通义》较为全面的揭示和批判，到曹操力行
矫正，我们可以清晰地看出汉末三国时代思想发展的承接。

但是，曹操之后，继之而起的魏晋风度，又将世风与士风推向了脱离
世间礼法的轨道。魏晋士人在哲学层面上，或崇尚儒道会通，或坚持儒道
对立，但是，在生活层面上则普遍追求任性而为。《风俗通义》诸篇中，
这种任性而为的例子也很多，其叙事笔法与故事结构，都对魏晋文学发展
有深刻影响。《愆礼》篇记：

太原郝子廉，饥不得食，寒不得衣，一介不取诸人。曾过姊
饭，留十五钱，默置席下去。每行饮水，常投一钱井中。③

曹道衡先生指出，这则故事只记行事，不记言论，以见人物之狷介，
对《世说新语》很有影响。《世说新语·任诞》篇中记载阮咸饮酒狂态，王戎、
裴頠翁婿间的不拘形迹，阮修酒店独酌等故事，都与郝子廉故事的手法相

① 陈寿：《三国志》卷一，中华书局 1982 年版，第 27 页。
② 曹魏帝室在婚配问题上的态度和做法就是显例。参见周勋初：《魏氏"三世立贱"
的分析》，《周勋初文集》第三卷，江苏古籍出版社 2000 年版，第 22—36 页。
③ 王利器：《风俗通义校注》，中华书局 2010 年版，第 152 页。

仿。①但与《世说新语》截然不同的是对这种风俗的态度,《世说新语》的作者对这种任诞之风无疑是赞赏的,但是,应劭的评论则是"何有同生之家而顾钱者哉?伤恩薄礼,弊之至也!"②类似的事迹,不同的评价,《风俗通义》与《世说新语》相比较,魏晋相比于东汉的思想突破,已经非常明显。《风俗通义》在此处最大的贡献,不是它儒家正统观指导下的批评,而是它忠实记录了在经学昌明的东汉,已经出现了与魏晋极为相似的士阶层生活状态,正如余嘉锡先生指出,"盖魏晋人一切风气,无不自后汉开之",③《风俗通义》援历史记录入子书写作,为这一论断留下了丰富的史料证据。

---

① 曹道衡:《〈风俗通义〉和魏晋六朝小说》,《文学遗产》1988 年第 3 期,第 12 页。

② 王利器:《风俗通义校注》,中华书局 2010 年版,第 153 页。

③ 见《世说新语·德行》"王戎、和峤同时遭大丧"条笺疏。余嘉锡:《世说新语笺疏》,中华书局 2007 年版,第 26 页。

第六章 《申鉴》：道、法夹缝中的儒家宣言

第一节 末世的哲思

在现存东汉子书中，《申鉴》的文献保存情况是最佳的，虽然也有缺损瑕疵，但基本保存最初的规模，[①]这部分可能由于在东汉子书中，《申鉴》所体现的价值倾向最符合儒家的标准，所以传承情况较好，《四库全书总目》称赞其"原本儒术，故所言皆不诡于正也"[②]。但是，对于《申鉴》的文本质量，却存在着相当的负面评价。南宋黄震批评该书"大抵辞繁理寡，体亦不一……如曰'善治民者治其性，故跖可使与伯夷同功'，则喜于立论之过。论性情者屡章，而当于理者殊少。文亦卑弱，与其所著《汉纪》颇不类，未知果悦之真否"[③]。在第一章的研究回顾中，我们已经指出，黄震所批评的"性情"问题，是理学昌盛背景下的宋代学者对辨理粗拙的汉代学者常见的不满，这实际上反映的是汉学与宋学两大学术范式之间的冲突，因此，不必据此苛责于荀悦。但是黄震指出《申鉴》文字风格相比

---

① 关于《申鉴》的文本考辨，可参见陈启云：《荀悦著述的文本和语境问题：〈汉纪〉与〈申鉴〉》，《陈启云文集》卷二《儒学与汉代历史文化》，广西师范大学出版社2007年版，第158—166页。

② 永瑢等：《四库全书总目》卷九一，中华书局1965年版，第773页。

③ 黄震：《黄氏日抄》卷五十七，收入《申鉴注校补·附录二》。孙启治：《申鉴注校补》，《新编诸子集成》本，中华书局2012年版，第228—229页。

于《汉纪》，发生了明显的转折，乃至据此怀疑此书是否真为荀悦所作，^①
是一个很有见地的观察，值得研究者认真回应。现代学者中，孙启治先生
对《申鉴》的批评，也极具观察力，在为《申鉴注校补》的所写的《前言》
中，他批评道：

> 后汉人批评社会与时弊，像王充、王符、崔寔、仲长统等，
> 虽各自议论有所偏重，观点有所异同，但都是直抒胸臆、切指时
> 弊、大抵无所忌讳的。荀悦则不同，他的《申鉴》在说正面的道
> 理，谈理想的政治伦理与社会，明明所说都和事实正相反，却对
> 时弊少有针砭，看上去就像一个人处身于杂乱肮脏的屋子里，坐
> 在那闭着眼睛，嘴里自说自话道"屋子要保持整洁干净"，而对
> 四周的杂乱肮脏不说一句。这种坐而论道的"空言"，我读起来
> 觉得别扭。^②

孙启治先生的观察符合我们对《申鉴》的阅读感受。荀悦生于公元
148年，卒于公元209年。在他21岁那年，爆发了第一次"党锢之祸"；
他去世后十一年，曹丕代汉。可以说，荀悦的一生，伴随了东汉帝国从开
始动乱到最终灭亡的全部过程，而其本人和其家族，都曾被"党锢之祸"
波及，晚年他又亲身经历军阀混战、曹操擅权。作为一名编纂过《汉纪》
的历史学家，他不应该对这个天崩地裂的时局视若无睹，但是，在阅读
《申鉴》时，我们确实无法在其中感受到时代的苦难，与本书的其他研究
对象王充、王符、崔寔、仲长统相比，荀悦确实过于"温和"。编写过"辞

---

① 荀悦对《申鉴》的著作权没有问题，见陈启云《荀悦著述的文本和语境问题：〈汉纪〉
  与〈申鉴〉》中的讨论。在学术史上，同一个作者在不同环境下，其著作风格发生
  明显的变异，也并非罕见。

② 孙启治：《申鉴注校补》，中华书局2012年版，第1页。

约事详、论辩多美"①的《汉纪》的作者荀悦，居然又写出了一部"文亦卑弱"的《申鉴》，效忠汉室的荀悦居然在大厦将倾时还能"坐而论道"，这些不同寻常之处，必须得到有效的解释，这将为我们深入理解荀悦、《申鉴》以及东汉子书的具体风貌提供帮助。

上文所说的不同寻常之处，其实牵涉两个问题，一个是荀悦的生平，另一个是荀悦晚年对思想表达形式的思考。

荀悦的生平，和其他子书作者一样，《后汉书》的记载十分简略。但是，由于他是赫赫有名的颍川荀氏家族的重要成员，而关于这个家族的历史及主要成员的事迹，《后汉书》《三国志》及其他史籍累积的材料较为丰富，线索也较为清晰，为我们知人论世地了解荀悦，提供了文献上的可能。

《后汉书·荀韩钟陈列传》记载了荀氏家族的历史，以荀淑为始祖。荀淑是荀悦的祖父，先秦儒家大师荀子的第十一世孙。司马迁在《史记·孔子世家》中说"适鲁，观仲尼庙堂车服礼器，诸生以时习礼其家"，可见在汉初，孔子的后人一直以传播祖先的学问为业；而司马迁的老师，孔子的直系后人孔安国也是汉代著名大儒。如果这是一种传统的话，那么，作为荀子后人的颍川荀氏对儒学也应该有着精深的钻研。但是，《后汉书》又说荀淑"博学而不好章句，多为俗儒所非"②，说明颍川荀氏所传的儒学，并非汉代官方的今文经学，而是崇尚博通、强调理性的古学（参见第二章对《新论》的讨论）。荀氏家族在荀悦这一代之前，并未与中央朝廷有过多交集，但是，在公元167年开始的第一次"党锢之祸"中，荀氏家族的两名成员，荀昱和荀昙牵涉其中。荀昱最终与李膺一同被诛杀，而荀昙则

---

① 范晔：《后汉书》卷六十二，中华书局1965年版，第2058页。
② 范晔：《后汉书》卷六十二，中华书局1965年版，第2049页。

被禁锢。① 对荀悦影响甚深的叔父荀爽，后来也"遭党锢，隐于海上，又南遁汉滨，积十余年"②。两次党锢之祸一直绵延到公元 184 年黄巾暴动才结束，这十五六年中，荀悦的活动是隐晦不彰的，《后汉书》说"灵帝时阉官用权，士多退身穷处，悦乃托疾隐居，时人莫之识，唯从弟或特称敬焉"③。考虑到家族许多成员都牵涉到政治斗争之中，而隐居又是东汉士人遭遇党锢危险时惯用的应对方法（前文所提的赵岐以及荀爽均选择隐居以避祸），那么，荀悦在这期间也必定承受着被政治迫害的风险。在《汉纪》中，荀悦除了依据《汉书》，对史料进行编年的删削，另外还有仿照《左传》"君子曰"的史评。与《左传》"君子曰"紧扣文本的简洁达意相比，《汉纪》的"荀悦曰"不乏长篇宏论，并且往往借题发挥，我们在这些文字中，可以明显地找到他对党锢之祸的反思。《汉纪·孝昭皇帝纪》荀悦曰：

> 昌邑之废，岂不哀哉！《书》曰："殷王纣自绝于天"，《易》曰"斯其所取灾"，言自取之也。故曰有六主焉：有王主，有治主，有存主，有衰主，有危主，有亡主。体正性仁，心明智固，动以为人，不以为己：是谓王主。克己恕躬，好问力行，动以从义，不以纵情：是谓治主。勤事守业，不敢怠荒，动以先公，不以先私：是谓存主。悖逆交争，公私并行，一得一失，不纯道度：是谓衰主。情过于义，私多于公，制度殊限，政令失常：是谓危

---

① 《后汉书》卷六十二："淑兄子昱字伯条，昙字无智。昱为沛相，昙为广陵太守。兄弟皆正身疾恶，志除阉宦。其支党宾客有在二郡者，纤罪必诛。昱后共大将军窦武谋诛中官，与李膺俱死。昙亦禁锢终身。"范晔：《后汉书》，中华书局 1965 年版，第 2050 页。
② 范晔：《后汉书》卷六十二，中华书局 1965 年版，第 2056 页。
③ 范晔：《后汉书》卷六十二，中华书局 1965 年版，第 2058 页。

主。亲用谗邪，放逐忠贤；纵情遂欲，不顾礼度；出入游放，不拘仪禁；赏赐行私以越公用，忿怒施罚以逾法制；遂非文过，知而不改；忠信壅塞，直谏诛戮：是谓亡主。①

按诸《汉书》与《汉纪》所载，昌邑王的罪过也就是"荒淫"，霍光当其面数落罪行，诸如服丧无哀、略人子女、戏笑殿中、淫乱昭帝宫人等，②均未超出"纵情遂欲，不顾礼度；出入游放，不拘仪禁"的范围，其他"亡主"所具备的特征，昌邑王并未涉及。因此我们可以断定，荀悦此处是别有所指，他在给亡主贴上"亲用谗邪，放逐忠贤""忠信壅塞，直谏诛戮"的标签时，心中回荡的应该是他对汉灵帝的观感。灵帝即位时，荀悦已经二十岁，《后汉书》说荀悦"年十二，能说《春秋》"③，那么，此时荀悦的学问与判断力都应该已经成熟，尤其作为精熟于《春秋》的学者，对于一个在位期间发生两"党锢之祸"以及黄巾暴动的皇帝，他内心的是非褒贬应该不容置疑。诸葛亮在著名的《出师表》中曾经慨叹"亲小人，远贤臣，此后汉所以倾颓也。先帝在时，每与臣论此事，未尝不叹息痛恨于桓、灵也"，荀悦相比于诸葛亮，乃是灵帝朝的亲历者，其感受应当更加深刻。

党锢之后荀悦的活动，《后汉书》有如下记载：

初辟镇东将军曹操府，迁黄门侍郎。献帝颇好文学，悦与彧及少府孔融侍讲禁中，旦夕谈论。累迁秘书监、侍中。时政移曹氏，天子恭己而已。悦志在献替，而谋无所用，乃作《申鉴》五篇。④

① 荀悦：《汉纪》卷十六，《两汉纪》合刊本，中华书局2002年版，第287—288页。
② 荀悦：《汉纪》卷十六，中华书局2002年版，第287页。
③ 范晔：《后汉书》卷六十二，中华书局1965年版，第2058页。
④ 范晔：《后汉书》卷六十二，中华书局1965年版，第2058页。

据《三国志》，曹操任镇东将军，是在建安元年（公元196年）六月，且任职仅三个月，那么，荀悦就应该是在此时来到中央朝廷，时年49岁。据陈启云先生考证，荀悦大约在五年之前就与曹操建立了联系，但直到"曹操本人正式宣称他自己忠诚于汉朝廷，并作为回报而从朝廷得到官方镇东将军头衔几个月后，荀悦才首次得到曹操的任命。这就意味着，荀悦得到的官方任命只是由曹操代办，而荀悦则最终把他的忠诚献给了汉朝君主，汉献帝"[2]。陈启云的判断是可信的，因为荀悦随即接受的几个职务，黄门侍郎、秘书监和侍中，在汉代的官僚体系中，都属于直接服务皇帝的"内廷系统"。在曹操大权独揽的情况下，他对人才的调配与任用也应该拥有绝对的权力，但荀悦没有像他的堂弟荀彧那样进入曹操的幕府，只能说明曹操感受到了荀悦对汉室的忠诚。荀悦与曹操的个人关系如何，不得而知。但是，他在黄门侍郎任上，"与彧及少府孔融侍讲禁中，旦夕谈论"，很能看出他与曹操的微妙关系。孔融向来是汉室的忠臣，且与曹操始终不合；荀彧虽然早期极受曹操重用，但是，当曹操欲登魏国公之位，进一步夺权时，"彧以为太祖本兴义兵以匡朝宁国，秉忠贞之诚，守退让之实；君子爱人以德，不宜如此"[3]，可见荀彧本质上仍然是亲汉而非亲曹。荀悦与他们朝夕相处，客观上反映了他对曹操的疏远，同时反过来，也可能招致曹操的侧目。本传说其"志在献替，而谋无所用"，如果不是因为荀悦谏议的水准太低，那只能说明曹操对其有意的忽视乃至猜忌。

以上对荀悦生平的粗略梳理，也许能部分解释本节开篇所引黄震和孙启治的批评。亲历"党锢之祸"和汉末皇权沦丧的荀悦，其性格中一定增

---

① 《三国志·魏书·武帝纪》："夏六月，（曹操）迁镇东将军，封费亭侯……九月，车驾出轘辕而东，以太祖为大将军，封武平侯。"陈寿：《三国志》卷一，中华书局1982年版，第13页。

② 陈启云著，高专诚译：《荀悦与中古儒学》，辽宁大学出版社2000年版，第113页。

③ 陈寿：《三国志·魏书》十，中华书局1982年版，第317页。

添了谨小慎微的因素，尤其是对曹操的提防。《汉纪》乃是奉献帝之命编纂，[①]有官方背景的护持，并且荀悦的史论，都是依托史事而发，这也在一定程度上为他的思想表达提供了保护伞。但是，《申鉴》却是无复依傍的子书，这就决定了他在这部书中表达思想是没有形式保护的，并且《汉纪》编于建安三年，书成于建安五年，[②]是荀悦刚刚进入中央政权之后的作品。而《申鉴》则成书于建安十年，[③]晚《汉纪》五年，在中枢供职时间越长，他越应该体会言谈慎重的重要性。事实上，在曹操掌权时期，因言获罪的士人不在少数，荀悦的堂弟荀彧即与之交好的孔融就是显例。在历史（"党锢"）与现实（依附曹操）的双重压力下，《申鉴》"文亦卑弱"，并且不直接批评时局，也就可以理解了。[④]

当然，《申鉴》拒绝与现实发生密切的关系，还和荀悦编完《汉纪》之后的学术转向有关，尤其是他对学术表达形式的思考。在《申鉴》开篇，荀悦自述其书命名缘由时说：

夫道之本，仁义而已矣。五典以经之，群籍以纬之，咏之歌

---

① 《后汉书》："帝好典籍，常以班固汉书文繁难省，乃令悦依左氏传体以为汉纪三十篇，诏尚书给笔札。"范晔：《后汉书》卷六十二，中华书局1965年版，第2062页。

② 《汉纪序》："其三年，诏给事中秘书监荀悦钞撰《汉书》，略举其要，假以不直，尚书给纸笔，虎贲给书吏……会悦迁为侍中，其五年书成乃奏。"荀悦：《汉纪》，中华书局2002年版，第1—2页。

③ 《后汉纪》卷二十九："（建安）十年八月，侍中荀悦撰政治得失，名曰《申鉴》，既成而奏之。"袁宏：《后汉纪》，张烈点校，《两汉纪》合刊本，中华书局2002年版，第565页。

④ 明代的王鏊说："悦每有献替，而意有未尽，此《申鉴》所为作者，盖有志于经世也。然当时政体，顾有大于总揽机务，使权不下移者乎？而曾无一言及之，何哉？厥后（孔）融以论建渐广，（荀）彧以不阿九锡，皆不得其死。悦独优游以寿终，其亦善处浊世者矣。"可以与正文的分析相参照。孙启治：《申鉴注校补》附录一，中华书局2012年版，第222页。

之，弦之舞之。前鉴既明，后复申之。故古之圣王，其于仁义
也，申重而已。笃序无疆，谓之《申鉴》。[1]

荀悦认为，历史的发展都本之于"仁义"（当然，有或正或反的展开。
在荀悦的时代，历史的发展更多呈现为"仁义"的反题），五典、群籍都
是"仁义"这个本体展开过程的图解。他所说的"前鉴"，既可以理解为
广义的历史记载，也可以具体地认为就是他所编纂的《汉纪》。如果这个
理解大致不差的话，那么，荀悦似乎在表明：《汉纪》已经呈现了历史事
实，并且对具体的事件进行了评议（《汉纪》中的"荀悦曰"），可以提供
借鉴，而《申鉴》所要做的就是从纷繁的历史中抽绎出较为抽象化的主题
（这些主题应该是"仁义"之下的次级本体），进行反复申论，而这些申论，
从根本上，都应该是对"仁义"的倡导和回归（"其于仁义也，申重而已"）。
如果上述推衍可以成立，那么，荀悦在编纂完《汉纪》之后继续著作《申
鉴》，就应该是一个有意的设计：他不满于停留在历史的复述上，还要对
历史进行哲学的提升。

荀悦对语言表达能力的担忧应该是促成这个设计的另外一个因素。《申
鉴·杂言下》曰：

> 或曰："辞达而已矣。圣人以文其隩也有五：曰玄、曰妙、
> 曰包、曰要、曰文。幽深谓之玄，理微谓之妙，数博谓之包，辞
> 约谓之要，章成谓之文，圣人之文，成此五者，故曰不得已。"[2]

"辞达"其实是"辞简而达"，其反面是"辞费"。《汉纪》当然不能说是"辞

---

[1] 孙启治：《申鉴注校补》，中华书局 2012 年版，第 1 页。

[2] 孙启治：《申鉴注校补》，中华书局 2012 年版，第 193 页。

费"，但是，它毕竟是用容量极大的篇幅来记述前汉兴亡。荀悦在序文中曾经很有信心地说，《汉纪》能做到"质之事实而不诬"，这是不错的，因为他对人物、事件的看法，都有史实作为依托，这是历史著作的优势所在。但他又说《汉纪》可以"通之万方而不泥"，这就对以《汉纪》为代表的历史著作提出了过高的期待。历史记载的是经验事实，而几乎所有古代史家（也包括今天的很多历史学者）都期望从经验事实中抽绎出人类社会发展的规律，并进而建立或证明某些永恒的法则。但是，有一个基本的前提是他们所忽视的，那就是经验事实永远处于变动不居之中，所有根据经验事实建立起来的永恒法则最终又会被新的事实证伪，他们的努力最终都会归于失败。《汉纪》是根据班固的《汉书》删述而成，以为中兴的汉帝国借鉴前两百年的兴亡教训所用，避免重蹈覆辙。《汉书》成书于章帝建初五年（80年），上距《汉纪》成书一百二十六年，这一百二十六年的历史，是否遵循了《汉书》根据前汉历史抽绎出来的法则？即使依旧衰亡，是否是前汉历史的重演？作为《汉纪》的编纂者，荀悦应该是怀疑的。既然历史学的方法无法解决这个困境，那么，对历史的最终解释，只能交给哲学，除了乞灵于先验的法则，别无他法。对于《申鉴》来说，这个先验的法则就是"仁义"，"仁义"是无需证明的，在"仁义"的统摄下，《申鉴》分门别类地对历史展开哲学反思（当然，荀悦以"仁义"为本体的儒家立场，在《申鉴》中贯彻得并不彻底，他时不时地受到道家和法家思想的诱惑）。作为儒家的信徒，既然现实如此绝望且无力改变，那么，不停地申说"仁义"也许能带来心灵的慰藉，寄托自己的理想，这也许就是孙启治先生所批评的，《申鉴》只说"正面的道理，谈理想的政治伦理与社会"的原因。并且在这种反思中，他应该深切地体验到个人的经验、一个时段（前汉）的教训都不足以解答整个历史带来的疑惑，所以，他只能求助于"玄""妙""包""要""闻"的隐晦表达，这其实反映了作者内心的困惑。在《申鉴》中，他最终引用了公认的哲学书《周易》中的比喻来表达他思

考的结果,《申鉴·杂言上》曰:

> 云从于龙,风从于虎,凤仪于韶,麟集于孔,应也。出于
> 此,应于彼,善则祥,祥则福;否则眚,眚则咎,故君子应之[①]。

很显然,荀悦的思考没有明确的结论,他无法穿透现象的迷雾,获得超越的历史哲学。但是,也可以把"君子应之"看作是他最终的体悟,无论是福是祸,他都决心坦然地接受历史的一切安排,静待下一轮福祸相转。如果这个解读成立,那么,荀悦的历史观就有了明显的道家倾向。

"言意之辨"是魏晋玄学的重要命题,论者一般认为其起于汉魏之间的名学,名理之学又源于评论人物。[②]从《汉纪》到《申鉴》,"言意之辨"在历史反思层面也促成了荀悦的学术转向,这为我们考察魏晋玄学的来源,提供了一个新的视角。

第二节 《申鉴》中的儒、道冲突

如果以先秦儒学,尤其是孔、孟学说为评价标准,那么,汉代就没有纯粹的儒家。经过西汉初期的休养生息和无为而治,先秦各家思想得到了充分展示。法家学说因为暴秦的灭亡而声名狼藉,道家学说在文、景时期事实上成为国家的主导意识形态,阴阳家的宇宙论也在知识阶层和一般民众的思想中普遍流行。汉武帝时期"罢黜百家,独尊儒术",无论是时代的必然选择,还是君王个人的喜好所致,儒家最终得到了尊崇。但是,此时

---

① 孙启治:《申鉴注校补》,中华书局 2012 年版,第 176 页。
② 汤用彤:《魏晋玄学论稿》,《蓬莱阁丛书》本,上海古籍出版社 2001 年版,第 24 页。

的儒家已经无法忽视其他各家思想所展示的独特生命力，因此，此时的意识形态层面，其实是用儒家张目，笼罩着各家，尤其是道家和阴阳家的大融合，当然，在现实操作层面，法家依然起着事实的指导作用。这个局面毋宁是非常合理的。西汉是大一统帝国，不同于战国时期建立在分封基础上的松散联邦，在大一统的社会结构下，异端思想只能被包容性的存在，找到各自合适的位置，强制泯灭事实上是不可能的，彼此公开论战也不能接受。如果任由思想任意论战，意识形态的冲突迟早会撕裂帝国的统治。汉武帝之后，道家、法家、阴阳家等作为一种独立的思想，暂时消歇，在西汉，思想界的冲突主要局限在儒家经学体系内部。而到了东汉，由于经学从整体上开始呈现衰微，内部的竞争已经无法生发出新的思想活力来应对世局的转移，原先笼罩在儒家外衣下的各家思想，渐渐开始活跃，它们作为变量，不断影响着不同的思想家对时代的思考，参与思想的演变。当然，在西汉初到武帝时代，是各家思想主动向儒家靠拢，改造自身，以求和儒家融合；而在东汉，尤其是东汉中后期，则是儒家主动寻求道家、法家的资源进行调剂，以求实现儒家自我的再生。这个调剂的结果，虽然不能说取消了儒家在思想界的主体地位，但是，却为魏晋时期玄学的兴起，做了必要的准备，提供了可能的资源。

以先秦儒、道两家相比，儒家最重要的缺失在于本体论的匮乏，也因此无法构建起属于自己的宇宙学说。道家所言之"道"，是超越整个物质与精神世界的本体，先秦儒家虽也言"道"，但是，其内涵基本被限定在现实世界中，无非是指人伦、政治、社会的行动规则或终极评判标准。战国秦汉之际的儒家意识到了这个缺陷，他们努力吸收道家的学说，利用阴阳家的框架，在董仲舒手中完成了本体论和宇宙论的构建。[①] 但是，在荀

---

① 参见冯友兰:《中国哲学史》第二篇"经学时代"第二章"董仲舒与今文经学"，华东师范大学出版社 2000 年版，第 7—12 页。

悦的时代，一方面，支撑儒家宇宙学说的学术形态——今文经学——已经在学理上穷途末路，这种学术形态所阐发出来的本体论丧失了源头活水；另一方面，现实中帝国的逐渐崩塌，也导致知识阶层开始怀疑指导帝国获得合法性的本体论证。《申鉴》既然是对历史的哲学反思，自然不能逃避对本体论的探究，但是，荀悦却丝毫没有再建的兴趣，或者说能力，他所做的，是将"道"拆解，一层一层进行拷问。《申鉴》中对"道"的讨论很多，主要集中在《政体》篇中，但均以零散的面貌出现，不仅是文本的零散，更是体系的分裂和逻辑的缺失：

> 夫道之本，仁义而已矣①。
>
> 立天之道，曰阴与阳；立地之道，曰柔与刚；立人之道，曰仁与义。阴阳以统其精气，刚柔以品其群形，仁义以经其事业，是为道也②。
>
> 惟六则以立道经。一曰中，二曰和，三曰正，四曰公，五曰诚，六曰通。以天道作中，以地道作和，以仁德作正，以事物作公，以身极作诚，以变数作通。是谓道实③。
>
> 有一言而可常行者，恕也；有一行而可常履者，正也。恕者，仁之术也；正者，义之要也。至哉，此谓道根，万化存焉尔。④

从篇名来看，《政体》是要探究为政的根本，开篇即言"道之本，仁义而已"，虽然缺乏论证，但毕竟规定了"本"。但是引文第二条，荀悦

---

① 孙启治：《申鉴注校补》，中华书局 2012 年版，第 1 页。
② 孙启治：《申鉴注校补》，中华书局 2012 年版，第 5 页。
③ 孙启治：《申鉴注校补》，中华书局 2012 年版，第 24 页。
④ 孙启治：《申鉴注校补》，中华书局 2012 年版，第 36 页。

引用《易传》之文，又将"道"多元化了。在哲学体系中，终极真理必须一元化，多元化要么意味着"道"已经不是荀悦思想中的最高本体，要么意味着他在这个问题上的混乱。在第三条引文中，他规定了"道"作为根本的六种特性，"仁"只是六种特性之一，加剧了这种混乱。只有第四条引文与第一条对应了起来，他认为"恕"与"正"是"仁"与"义"的关键，或者说是实现仁义的手段，而这种表现最终体现了道的根本。是否可以单纯地从缺乏兴趣或缺乏思辨能力的角度去解读荀悦的混乱？也许问题并非如此简单。第二条引文中，荀悦在对"天""地""人"之道分别定义之后接着说："故凡政之大经，法教而已。教者，阳之化也；法者，阴之符也。仁也者，慈此者也；义也者，宜此者也；礼也者，履此者也；信也者，守此者也；智也者，知此者也。是故好恶以章之，喜怒以涖之，哀乐以恤之。"①由"道"衍生出来的仁、义、礼、智、信，都被赋予了现实政治的内涵，好恶以章、喜怒以涖、哀乐以恤则是运用这些原则的具体方法。至此，我们可以了解荀悦的真正意图所在，他所关心的仍然是形而下的现实世界。既然西汉今文经学所建立的高度抽象的本体无法解释现实的混乱，更不可能指导现实从恶走向善，那么，他只能敲碎这种本体，将其散落到具体的领域——比如他所说的"法"和"教"——尝试解答困惑，指导这些领域由恶向善的转变。当然，这种散落也是一种反向验证的过程，部分实践，分别考察，也许能够发现原先作为整体的本体论的缺失。

《申鉴》对本体的分裂，可以视作儒家现实功利倾向对道家蔽于天而不知人的反动。一般认为，在东汉中后期，道家思想在整体上逐渐苏醒，对儒家有取而代之之势，这个判断从宏观上可以成立，但是，落实到具体阶段、具体思想家身上，却未必能融合无间。荀悦在本体问题上的以儒反

---

① 孙启治：《申鉴注校补》，中华书局 2012 年版，第 5 页。

道，可以从侧面看出其时思想的多向运动和思想家个人的痛苦。对于荀悦来说，这种痛苦必须寻找另外的突破口加以宣泄。在汉初儒家建立自身宇宙论的时候，《周易》的思想与进路提供了重要的资源，[①] 荀悦同样也利用《周易》的学说为本体的分裂寻找出路。《申鉴·杂言上》曰：

> 云从于龙，风从于虎，凤仪于韶，麟集于孔，应也。出于此，应于彼，善则祥，祥则福；否则眚，眚则咎，故君子应之。[②]

在上一节，我们已经对这段文字做了初步的分析，指出如果把"君子应之"看作是荀悦对历史风云变幻的最终应对，那么就表明，无论是福是祸，荀悦都决心坦然接受历史的安排，静待下一轮福祸相转。这个分析是建立在《周易》变化哲学的基础之上的。孔颖达论《周易》之"易"曰：

> 夫易者，变化之总名，改换之殊称，自天地开辟，阴阳运行，寒暑迭来，日月更新，孚萌庶类，亭毒群品，新新不停，生生相续，莫非资变化之力，换代之功……变易者，其气也。天地不变，不能同气，五行迭终，四时更废，君臣取象，变节相移，能消者息，必专者败，此其变易也。[③]

孔颖达认为，从自然到人类社会，变化是持续发展的动力与形式，如果变化停止，必然会导致"败"，这是宇宙运行的原理。《周易》就是模仿这个原理创制，卦与卦之间转换，每卦之内爻与爻之间的转换，都体现了

---

① 参见钱穆：《〈易传〉与〈小戴礼记〉中之宇宙论》，《中国学术思想史论丛》第二册，安徽教育出版社 2004 年版，第 15—38 页。

② 孙启治：《申鉴注校补》，中华书局 2012 年版，第 176 页。

③ 孔颖达：《周易注疏》卷一，阮刻"十三经注疏"本，艺文印书馆 2007 年版，第 1 页。

这个原理。荀悦所说的"善则祥，祥则福；否则眚，眚则咎"，很容易让我们想到《周易》的《泰》卦和《否》卦，《杂卦传》说"《否》、《泰》反其类也"，《序卦传》说"《泰》者通也。物不可以终通，故受之以《否》"。虽然按照《序卦传》的说法，由泰通否是两卦的转化方向，但是，由于两卦的本质是地位平等的相反者（"反其类"），所以两者是可以相向转化的。既然时代已经进入黑暗期，如果它不是继续黑暗下去的话，那么必然会迎来新一轮的光明，我们所要做的，就是顺从这种变化。需要指出的是，如果对这种变化不加以干预，比如在黑暗时进行知其不可而为之的努力，那么，就意味着荀悦不以变化双方的任何一方作为根本，他将变化本身作为了本体。荀悦在《申鉴》中对本体问题的隐默思考，在一千六百年后的清代学者焦循手中，得到了呼应和确认。焦循在《孟子正义》中宣称，"一阴一阳之谓道，道者，反复变通者也"[1]，"变化"本身是一个动词，而一个词只有实现名词化，才能成为概念或范畴，围绕它的思想或哲学讨论才能展开，焦循将"道"这个名词概念的实质界定为"反复变通"，其实已经赋予了"变化"以本体的地位。值得指出的是，《孟子正义》是对东汉赵岐《孟子章句》的再疏解，焦循此论也是建立在赵岐章句基础上的衍生，虽然我们无法证明赵岐与荀悦之间是否有学术渊源，但是，依然可以以此例窥探东汉后期思想的生命力与影响。[2]

这种以变化为本体的思想很容易引导荀悦接受纷繁复杂、相互对立的现象，并最终导致他在认识论上的相对主义立场。《俗嫌》曰：

> 或问卜筮。曰："德斯益，否斯损。"曰："何谓也？""吉而济，

---

[1] 焦循：《孟子正义》卷十六，《新编诸子集成》本，中华书局1987年版，第559页。
[2] 关于焦循如何在《孟子章句》基础上阐发出新的内涵，展现子书注疏的生命力，请参见本书"附论"。

凶而救之谓益；吉而恃，凶而怠之谓损。"①

虽然此处荀悦也强调了"德"，但是，他并未对"德"的内涵进行限定。虽然儒家一般认为"德"是指善良的品性、高尚的品格，但是，《老子》所说的"道生之，德蓄之，物形之，势成之"的"德"，却是指万物生长的基础。如果我们把此处之"德"用《老子》之义理解，那么，这段话就是在强调万物生长、发展过程中需要遵守的原则，即只要不破坏自然的状态，那么，发展就会顺应本然状态展开，吉凶随之，而不需要考虑发展的方向问题。即便将此处"德"理解为儒家的"德行"，吉济凶救、吉恃凶怠也说明吉凶在转化的过程中有自己的逻辑，外力并不能产生决定性的影响。但是，荀悦对这种相对主义并不能贯彻始终，有时他又会回归到儒家道德一元论的立场上。黄震批评《申鉴》"文亦卑弱"的一个重要原因可能是其思想的矛盾与混乱，这会降低文字的说服力，在整体上文气不显。《杂言上》曰：

> 或曰："在上有屈乎？"曰："在上者以义申，以义屈。"高祖虽能申威于秦项而屈于商山四公。光武能伸于莽而屈于强项令。明帝能申令于天下而屈于钟离尚书。若秦二世之申欲而非笑唐虞，若定陶傅太后之申意而怨于郑，是谓不屈。不然，则赵氏不亡而秦无怨尤。故人主以义申，以义屈也。喜如春阳，怒如秋霜，威如雷霆之震，惠若雨露之降，沛然孰能御也。②

这段文字主要探讨君王个人权威的表现问题。虽然荀悦列举了数位君

---

① 孙启治：《申鉴注校补》，中华书局 2012 年版，第 111 页。
② 孙启治：《申鉴注校补》，中华书局 2012 年版，第 160 页。

王个人权威表现的矛盾之处，并且强调这种矛盾可以相互转化，但是，他没有让这段讨论滑入相对主义的立场，他用"义"这个概念控制了这种矛盾，"申"或"屈"在表面上是矛盾的，但它们都是"义"的表现形式，而"义"确确实实又是儒家的道德标准。这段讨论很容易让我们联想到孟子"大人者，言不必信，行不必果，惟义所在"的宣言，"沛然孰能御"也是孟子的话语（《孟子·尽心上》），很显然，荀悦又回到了儒家的立场和语境中。

持什么样的"性情论"是区分古代哲人立场的重要标准，《申鉴》对此也有讨论，《杂言下》曰：

> 或问性命。曰："生之谓性也，形神是也，所以立生终生者之谓命也，吉凶是也。夫生我之制，性命存尔，君子循其性以辅其命，休斯承，否斯守，无务焉，无怨焉。好宠者乘天命以骄，好恶者违天命以滥，故骄则奉之不成，滥则守之不终，好以取怠，恶以取甚，务以取福，恶以成祸，斯惑矣。"
>
> 或问天命人事。曰："有三品焉，上下不移，其中则人事存焉尔。命相近也，事相远也，则吉凶殊矣。故曰：穷理尽性以至于命，孟子称性善；荀卿称性恶；公孙子曰：'性无善恶'；扬雄曰：'人之性善恶浑'；刘向曰：'性情相应，性不独善，情不独恶'。"曰："问其理。"曰："性善则无四凶；性恶则无三仁人；无善恶，文王之教一也，则无周公、管、蔡；性善情恶，是桀纣无性，而尧舜无情也；性善恶皆浑，是上智怀惠，而下愚挟善也。理也未究矣，唯向言为然。"①

在唐代以前，各家对"性"的讨论，基本上围绕孟子与告子的论辩展

---

① 孙启治：《申鉴注校补》，中华书局 2012 年版，第 195—199 页。

开。告子说"生之谓性",孟子则反诘说"然则犬之性犹牛之性,牛之性犹人之性欤?"(《孟子·告子上》)又说"人之所以异于禽兽者几希,庶民去之,君子存之。"(《孟子·离娄下》)至此,人性论基本上可以分为两派,告子的"生之谓性"与孟子的"人之所以异于禽兽者"。董仲舒在孟子"性善说"的基础上,将"性情"合论,《春秋繁露·深察名号》曰:"天地之所生,谓之性情……情亦性也,谓性已善,奈其情何?"王充《论衡·本性》引董仲舒曰:"天之大经一阴一阳,人之大经一情一性,性生于阳,情生于阴。阴气鄙,阳气仁。"这就正式确立了"性善情恶"说。

荀悦在性命论上明显持告子的立场,并且有所发展,而且这种发展是以道家的倾向展开,尤其遵循了庄子的思路。所谓"休斯承,否斯守",与上段引文中的"德斯益,否斯损"同义,都是强调对天赋的顺从。尤其关键的是"无务焉,无怨焉"的立场,"无务"是强调去除人为因素,"无怨"则是强调避免对天性的情感投射,任何对天性的破坏("好宠""好恶"都会引发人为的后果"骄""滥"),并最终在破坏者身上体现("怠""甚""福""祸")。荀悦将作为结果的"福"也列入批评的范围,说明他把经验世界中的一切人为表现都视为对天性的破坏,他在此的立场已经彻底依归于道家,尤其是庄子。告子是先秦道家学派中唯一对"性"的内涵做出明确界定的学者,但是,他没有接着阐发,荀悦则弥补了这个缺憾,基本完成了"生之谓性"这个命题的构建。

荀悦接着对以董仲舒为代表的汉代儒家的"性情论"展开批驳。在他看来,"性善情恶"说会推导出坏人没有人性("桀纣无性")、圣人没有人情("尧舜无情")的荒谬结论。他承认"性善恶皆浑",这可以视作对"生之谓性"说的补充,因为虽然"生之谓性"并未肯定"性"的善恶属性,但是,在实际表现中,人性总是呈现善恶有别,这就说明天性中具有善、恶的两重潜在因素。荀悦没有接着阐述究竟是什么原因导致善恶在个体身上的此消彼长,按照他"休斯承,否斯守"的态度,这种善恶的多样化表现，也许是随机的。既然他肯定刘向的"性情相应，性不独善，情不独恶"说在诸家中最为合理，那么，他对"情"的看法与对"性"的看法应该是一致的，即"情"与"性"一样，我们都应该以无务、无怨的方式去接受它。

荀悦在"性"的问题上针对先秦儒家，在"情"的问题上针对汉代儒家，都做出了层次较为分明的批判。儒家的终极关怀很大程度上还是体现为建构完善的人伦社会体系，而君主是这个体系的顶端与关键。儒家特别强调君主在"性""情"等问题上做出表率，以引导臣子与民众循着典范前行，所谓"刑于寡妻，至于兄弟，以御于家邦。"(《诗经·大雅·思齐》)荀悦对儒家人性论、性情论的批判，也延伸出他对这个问题的不同看法，《杂言上》曰：

> 人主之患，常立于二难之间，在上而国家不治，难也；治国家则必勤身苦思，矫情以从道，难也。①

此段文字所说之"道"，无疑是儒家的君王之道，这是儒家学说在政治伦理领域对君主的规定与限制，《中庸》将这种规定和限制具体化：

> 凡为天下国家有九经，曰：修身也，尊贤也，亲亲也，敬大臣也，体群臣也，子庶民也，来百工也，柔远人也，怀诸侯也。修身则道立，尊贤则不惑，亲亲则诸父昆弟不怨，敬大臣则不眩，体群臣则士之报礼重，子庶民则百姓劝，来百工则财用足，柔远人则四方归之，怀诸侯则天下畏之。

《中庸》开篇即言"天命之谓性，率性之谓道，修道之谓教"，可见其

---

① 孙启治：《申鉴注校补》，中华书局 2012 年版，第 155 页。

对君主的规定与限制，在理论上也是顺应天命与人性的。换而言之，在儒家的伦理体系中，对君主做出种种规定也是天理的必然要求。但是，荀悦却说君主也有自己的"情"，从道必矫情，可见其思想中的"情"，绝非在儒家之道的统摄下，而是一种独立于人伦社会体系之外的，偏重于道家价值观的自然之情。我们从"在上而国家不治"这句话中，依然可以看到汉末政治惨淡现实的投射，荀悦此论也应该是基于现实而发的感慨。然而，在理论上，他又承认从道必定会破坏天赋与君主的性情，联系到他自己所说的无务、无怨的态度，他似乎应该支持君主的顺情而为，但是现实世界呢？他能够彻底抛弃吗？"难也"的感慨不仅是他为汉末君王代言，恐怕也是他的思想徘徊于儒、道两家的困境表达。

第三节 《申鉴》中的儒、法调和

从整体上看，儒、法两家在汉代政治生态中的关系，可以用汉元帝为太子时，与其父亲汉宣帝的那场著名的对话来概括。《汉书·元帝纪》载：

> （太子）见宣帝所用多文法吏，以刑名绳下，大臣杨恽、盖宽饶等坐刺讥辞语为罪而诛，尝侍燕从容言："陛下持刑太深，宜用儒生。"宣帝作色曰："汉家自有制度，本以霸王道杂之，奈何纯住德教，用周政乎！且俗儒不达时宜，好是古非今，使人眩于名实，不知所守，何足委任！"乃叹曰："乱我家者，太子也！"[1]

宣帝是西汉的中兴之主，而其之所以能够在武帝盛极而衰的基础上中

---

① 王学谦：《汉书补注》，上海古籍出版社 2008 年版，第 387 页。

兴汉室，其根本原因，还是在于能够准确分析武帝之后，帝国文教渐盛而法制却日趋松弛，官员不胜其任，国家沉迷于粉饰太平的现状，再度用强大的皇权使国家从儒盛法衰的偏颇回到儒、法平衡的轨道，正如《汉书》评价的那样，"孝宣之治，信赏必罚，综核名实，政事文学法理之士咸精其能……亦足以知吏称其职"。上推至武帝，奠定其盛世的两大基础，对内用"推恩令"彻底解决藩国问题；对外主动出击，击退匈奴，这两项措施的思想依据也都是法家学说。即便"推恩令"在具体设计上是基于儒家的血缘宗法制度，但是，其根本出发点还是为了维护法家学说推崇的郡县制与中央集权。由此可见，武、宣的盛世，从治国理念角度说，是儒、法平衡的结果。知子莫若父，宣帝说"乱我家者，太子也"，《汉书》也认为西汉的衰落始于元帝，其本纪赞语说"元帝多材艺，善史书。鼓琴瑟，吹洞箫，自度曲，被歌声，分刌节度，穷极幼眇。少而好儒，及即位，徵用儒生，委之以政，贡、薛、韦、匡迭为宰相。而上牵制文义，优游不断，孝宣之业衰焉。然宽弘尽下，出于恭俭，号令温雅，有古之风烈"。元帝个人对文艺的爱好，并不违背儒家的原则，因为元帝并没有因此走向荒淫，其立身"恭俭"而"温雅"，遵循了孔子"志于道，据于德，依于仁，游于艺"的教诲，班固说其"有古之风烈"，大概即是此意。这样一位被儒家思想教化出来的典范帝王，所任用的宰相也均为虔诚的儒生，整个帝国，尤其是知识精英，开始逐渐抛弃法家学说，而走向儒家理想主义的巅峰。

作为编纂《汉纪》的史学家，荀悦对元帝时期西汉王朝的盛衰转折，投入了极大的关注，并且他的分析，不像《汉书》那样流于对现象的描述，而是直接切入儒、法关系的讨论。《汉纪·孝元皇帝纪》"荀悦曰"：

> 自汉兴以来至于兹，祖宗之治迹，可得而观也。高祖开建
> 大业，统辟元功，度量规矩，不可尚也。时天下初定，庶事草

创，故《韶》《夏》之音未有闻焉。孝文皇帝克己复礼，躬行玄默，遂至升平。**而刑罚几措，时称古典。**未能悉备制度，玄雅礼乐之风阙焉，故太平之功不兴。孝武皇帝规恢万事之业，安固后嗣之基，内修文学，外耀武威。延天下之士，济济盈朝。兴事创制，无所不施，先王之风，灿然复存矣。**然犹好其文，不尽其实，发其始，不要其终，奢侈无限，穷兵极武，百姓空竭，万民疲弊。**当此之时，天下骚动，海内无聊，而孝文之业衰矣。**孝宣皇帝任法审刑，综核名实，听断精明，事业修理，下无隐情。**是以功光前世，号为中宗。**然不甚用儒术，**从谏如流，下善齐肃，宾礼旧老，优容宽直，其仁心文德，足以为贤主矣。而佞臣石显用事，隳其大业，**明不照奸，决不断恶，**岂不惜哉！昔齐桓公任管仲以霸，任竖刁以乱，一人之身，唯所措之。夫万事之情，常立于得失之原，治乱荣辱之机，可不惜哉！杨朱哭多歧，墨翟悲素丝，伤其本同而末殊。孔子曰"远佞人"，《诗》云"取彼谗人，投畀豺虎"，疾之深也。若夫石显，可以痛心泣血矣，岂不疾之哉！初，宣帝任刑法，元帝谏之，劝以用儒术，宣帝不听，乃叹曰："乱我家者，必太子也！"**故凡世之论政治者，或称教化，或称刑法，或言先教而后刑，或言先刑而后教，**或言教化宜详，或曰教化宜简，或曰刑法宜略，或曰刑法宜轻，或曰宜重，**皆引为政之一方，未究治体之终始，**圣人之大德也。圣人之道，必则天地，制之以五行以通其变，是以博而不泥，**夫德刑并行，天地常道也。**先王之道，上教化而下刑法，右文德而左武功，此其义也。**或先教化，或先刑法，所遇然也。拨乱抑强，则先刑法；扶弱绥新，则先教化；安平之世，则刑教并用。大乱无教，大治无刑。**乱之无教，势不行也；治之无刑，时不用也。教初必简，刑始必略，则其渐也，教化之隆，莫不兴行，然后责备。刑法之定，莫不避罪，然后求密，未可以备，谓之虐教，未可以密，谓之峻刑。虐教伤化，峻刑害民，君子弗由也。**设必违之教，不量民力之未能，是陷民于恶也，故谓之伤化。设必犯之法，不度民情之不堪，是陷民于罪也，故谓之害民**。莫不兴行，则毫毛之善可得而劝也，然后教备；莫不避罪，则纤芥之恶可得而禁也，然后刑密。故孔子曰："不严以莅之，则民不禁也，严以莅之，动之不以礼，未善也。"是言礼刑之并施也。"吾末如之何"，言教之不行也。"可以胜残去杀矣"，言刑之不用也。《周礼》曰："治新国，用轻典。"略其初也。《春秋》之义，贬纤芥之恶，备至密也。孔子曰："行有馀力，则可以学文。"简于始也。"绘事后素"，成有终也。夫通于天人之理，达于变化之数，故能达于道。故圣人则天，贤者法地，考之天道，参之典经，然后用于正矣。①

本段是《汉纪》中篇幅最长的议论，因为关系到荀悦从历史学家的角度对儒、法两家在治国层面的关系的全面看法，所以全文迻录，以便分析，引文标黑部分是理解的关键。

从整体上看，这段文字体现了荀悦作为历史学家所特有的发展眼光，他是在用历史主义的标准来评判儒、法甚至道家思想在西汉历史发展中所起的作用。所谓历史主义，是指荀悦认为，儒、法乃至道家思想，都是适应于特定时期的需要而登上历史舞台，它们之间的此消彼长也不是彼此斗争的结果，而是时代发展导致的自然选择。他称文帝时期是"刑罚几措，时称古典"，根据我们传统中坚强的尚古倾向，这是一个褒义的评价，可见他并不排斥在需要的时候利用黄老思想治国。对武帝"好其文，不尽其实"的批评，则表明在他的意识中，儒家治国，一定要有法家的调剂，虽

---

① 荀悦：《汉纪》卷二十三，中华书局 2002 年版，第 406—408 页。

然这可能是他基于自己所处时代而得出的教训，但是"繁饰礼乐以淫人"（《墨子·非儒》）是儒家的固有缺陷，这种缺陷会在皇权的支撑下泛滥无归。武帝朝，尤其是武帝执政后期暴露出来的问题，正是"好文无实"的表现。儒家擅长的领域（或者说是它愿意涉足的领域）是构建意识形态，规范礼乐人伦，至于具体的制度设计和政策操作，则是法家的本领，这就是荀悦所说的"实"。继武帝而起的宣帝，则是用法家的"任法审刑，综核名实"来纠正武帝时期"好文无实"的偏差，所以取得了功光前世的历史地位。但是，荀悦还是批评了宣帝的"不甚用儒术"，这充分体现了儒、法平衡在他思想中的重要。对元帝的批评，集中在他任用石显这个问题上。他虽然引用孔子和《诗经》中的话来阐明君主应该如何任用臣下，但事实上，法家才真正为如何处理君臣关系开出了切合实际的药方。《韩非子·爱臣》篇说："爱臣太亲，必危其身；人臣太贵，必易主位……奸臣蕃息，主道衰亡……群臣之太富，君主之败也……是故明君之蓄其臣也，尽之以法，质之以备。故不赦死，不宥刑；赦死宥刑，是谓威淫。"[1] 对照《韩非子》所言，石显可谓亲、贵、富俱全，而元帝又不能威服之，朝政败坏就在所难免了。在这样的背景下，荀悦又回顾了当年宣帝对元帝重儒轻法的不满，再次证明在他的理念中，儒、法一定要调剂而行，不可偏废。荀悦接着又对世人所论儒（教化）、法（刑法）孰轻孰重的观点进行了评议，认为在这个问题上，有所侧重都是不完善的。与其说这是对世人所论的批评，不如说这是对从武帝到元帝的汉帝国治国方略的总体不满，因为他们都没有根据时代的实际需要，合理安排儒、法两家的位置。所谓"或先教化，或先刑法，所遇然也"，还是强调实际的需要是第一位的，也就是说，儒、法孰先孰后、孰轻孰重，是一个实践问题，而不是理论问题。儒、法

---

[1]《韩非子》校注组著，周勋初修订：《韩非子校注》，凤凰出版社2009年版，第25—27页。

的平衡还体现在各自不能超越必要的限度，在现实中，儒家的主张如果超过一定限度，就会使民众陷入道德的虚伪（"陷民于恶"）；而法家的方略如果超越一定限度，则会逼迫民众铤而走险（"陷民于罪"）。如果君王能够知晓上天对我们的要求与期待（"通于天人之理"），发现历史发展的规律（"达于变化之数"），那么就一定能够掌握治国的方略（"故能达于道"）。

《汉纪》是对西汉史的回顾，荀悦即便有所感而言，还是要以西汉史为依托，不可能离题太远。与之相比，《申鉴》完全是基于当下而产生的思考，虽然子书的形式决定了他不会在其中做详细的事实描绘，但是，东汉的时局决定了法家在治国方略中必须占有超越儒家的比重，所以，《申鉴》中对儒、法关系的思考，对法家的强调更为明显。《政体》篇曰：

> 致治之术，先屏四患，乃崇五政。一曰伪，二曰私，三曰放，四曰奢。伪乱俗，私坏法，放越轨，奢败制，四者不除，则政末由行矣。俗乱则道荒，虽天地不得保其性矣；法坏则世倾，虽人主不得守其度矣；轨越则礼亡，虽圣人不得全其道矣；制败则欲肆，虽四表不能充其求矣。是谓四患。兴农桑以养其生，审好恶以正其俗，宣文教以章其化，立武备以秉其威，明赏罚以统其法。是谓五政。[①]

他所列的四患，都是法家所严厉禁绝的，恰恰也是儒家所可能产生的弊端，尤其是"伪"和"奢"。在荀悦的时代，"伪"可能是指清议之风引发的士人群体中的种种越礼坏俗行为，也就是《风俗通义》的《愆礼》《过誉》等篇记载的现象。在《汉纪》中，荀悦就曾描述过这些行为，《汉纪·孝武皇帝纪一》曰：

---

① 孙启治：《申鉴注校补》，中华书局 2012 年版，第 9—10 页。

君子犯礼，小人犯法，奔走驰骋，越职僭度，饰华废实，竞趋时利。简父兄之尊，而崇宾客之礼；薄骨肉之恩，而笃朋友之爱；忘修身之道，而求众人之誉；割衣食之业，以供飨宴之好。苞苴盈于门庭，聘问交于道路，书记繁于公文，私务众于官事。于是流俗成矣，而正道坏矣。①

本段文字是针对"游侠""游说""游行"而发，荀悦回顾了从战国到西汉初期的"三游"之风，指出这种风气对政权稳定的破坏，这是标准的法家立场，《韩非子·五蠹》篇中早已有类似表达。但是需要注意的是，在荀悦的时代，虽然"游侠"早已随着大一统帝国的建立式微，但是，"游说""游行"却还变相存在。整个东汉时期的"游学""游历"之风，固然促进了学术传播与交流，但是，许多士人，尤其是世家大族的士人，却利用游学、游历之便建立广泛的社会关系，并最终形成派系政治势力，对中央权力构成威胁。"党锢之祸"之后东汉皇权的逐渐沦丧，主要是由于地方军阀坐大，但是，此种士风影响下同，士人对王朝的疏离，也起了重要的助推作用，他们纷纷投入军阀幕中，而不是效忠汉室。军阀的代表袁绍，本身也是游历之风下的汉末名士。②结合《汉纪》的描述，就可知道《申鉴》所说的"屏四患"，是基于现实的总结性思考。至于他所说的"崇五政"，除了"宣文教"是儒家所尚，"兴农桑"是儒、法共推，其余三项措施都是标准的法家要求。

《申鉴》重法体现在多方面。虽然荀悦在《汉纪》与《申鉴》中都强调对人民的教化，但是，基于对统治策略和手段的优先考虑，他有时也会

---

① 荀悦：《汉纪》卷十，中华书局 2002 年版，第 158 页。

② 《三国志·魏书·袁绍传》："绍有姿貌威容，能折节下士，士多附之"，陈寿：《三国志》，中华书局 1982 年版，第 188 页。

放弃基本的儒家立场，而将人民视作无情感物体，《政体》曰：

> 自上御下，犹夫钓者焉，隐于手应于钓，则可以得鱼。自近
> 御远，犹夫御马焉，和于手而调于衔，则可以使马。故至道之
> 要，不于身非道也。睹孺子之驱鸡也，而见御民之方。孺子驱鸡
> 者，急则惊，缓则滞；方其北也，遽要之则折而过南；方其南
> 也，遽要之则折而过北。迫则飞，疏则放，志闲则比之，流缓而
> 不安则食之；不驱之驱，驱之至者也。[①]

这段完全是在讨论治民之术，荀悦所关注的，仍然是为动乱的时局开
出可资借用的药方。也许是为了将方法说透而不得不打这样的比方，也许
是其在思索治国之术时过于沉迷法家学说而受其影响，总之，将人民比
作"鱼""马"和"鸡"，完全背离了儒家学说对人与人性的基本预设。《礼
记·礼运》说"人者，天地之心也，五行之端也"，《孝经》中说"天地之
生，人为贵"，都明确了人超越于万物的唯一地位，充分体现了儒家思想
的人本主义特征，而《孟子》说"人皆可为尧舜"，更是强调人从本质上
有无限提升的可能。将人比作"鱼""马"和"鸡"，不仅否认了人的超越
潜能，甚至取消了人的特殊本性。换句话说，在儒家看来，治国的方法与
策略都是重要的，但这只是手段，从理想状况来说，应该利用这些手段达
成提升人、完善人的根本目的。但是，在法家看来，维续统治的稳定，让
社会如同机器一般井井有条地运转即是目的，个人只是这个机器中的组成
部分，需要服从机器运转的整体需要，而没有独立存在的意义，更遑论本
体价值。

但是，正如上一节我们探讨荀悦在儒、道两家之间的徘徊一样，在

---

① 孙启治：《申鉴注校补》，中华书局 2012 年版，第 42—43 页。

《申鉴》中，荀悦对于某些问题的看法，也显示出他在儒、法两家之间的调停，以及最终立场儒家化的倾向，比如他对"复仇"问题的看法就很具有典型性。《时事》篇曰：

> 或问复仇。"古义也。"曰："纵复仇可乎？"曰："不可，"曰："然则如之何？"曰："有纵有禁，有生有杀，制之以义，断之以法，是谓义法并立。"曰："何谓也？""依古复曰仇之科，使父仇避诸异州千里，兄弟之仇，避诸异郡五百里，从父从兄弟之仇，避诸异县百里；弗避而报者无罪，避而报之，杀。犯王禁者罪也，复仇者义也，以义报罪。从王制，顺也；犯制，逆也，以逆顺生杀之。凡以公命行止者，不为弗避。"[1]

　　早期文明的礼法与风俗都默许甚至鼓励复仇，要么是基于人们对血缘亲情的朴素热爱与感同身受，要么是基于一种对于伤害对等的报复心理。由于儒家对社会的设计是基于血缘宗法而展开，所以，中国文明早期的复仇基本属于血亲复仇范围，而较少伤害对等的报复情况。这个现象从根本上说，还是国家对于社会控制能力匮乏的表现。但是，汉代的国家形态相比于先秦，已经发生了巨大的改变。郡县制使得统治权力可以垂直地从中央层层传递，政府对社会的控制力大大加强，统一的法律理论上可以在空间上实现全覆盖，私人的复仇行为也就逐渐丧失了实际需要以及合法性。在荀悦的时代，复仇之风再度兴盛，乃至演变为家族之间的私斗，主要还是因为皇权衰弱，地方豪强坐大，统一的法律无法推行所致。另外，地方豪强坐大，豪族世家之间的利益纠纷也会导致族仇现象产生，这已经脱离了早期复仇是基于血亲之爱的范畴。这个现象一直绵延到三国时期，仍然

---

[1] 孙启治：《申鉴注校补》，中华书局 2012 年版，第 72 页。

十分猖獗，正如魏文帝黄初四年诏书所云："丧乱以来，兵革未戢，天下之人，互相残杀。今海内初定，敢有私复仇者皆族之。"①荀悦首先肯定复仇属于"古义"，在道义上具备儒家认可的合理性，但这个现象的泛滥则一定会动荡社会的正常秩序，所以不能"纵"。既肯定，又不能放纵，这就必须义、法双管齐下，将其纳入可控的范围。荀悦提出的调停的办法，是"使父仇避诸异州千里，兄弟之仇，避诸异郡五百里，从父从兄弟之仇，避诸异县百里"，如果被报复者不遵守这个规定，那么就要接受仇杀的结果；如果报复者不遵守这个规定，也是违法。荀悦此说其实是早期儒家处理类似两难问题的惯用办法，孔子说到赵盾时曾慨叹"赵宣子，古之良大夫也，为法受恶，惜也，越竟乃免"（《左传·宣公二年》），孟子谈到不忍人之心时曾举例"君子之于禽兽也，见其生，不忍见其死；闻其声，不忍食其肉。是以君子远庖厨也"（《孟子·梁惠王上》）。儒家在面对这种操作困境时，惯用的方法是通过规避来避免良心的谴责与道德的挞伐，而法家则会坚持从实际效用出发，做出名实相符的严格规定。以此也能够看出，在面对真正难以解决的社会症结时，荀悦的儒家本质又会凸显，无论他提出了多少符合法家标准的对策，但是，他的思维方式还是儒家的。

如第一节所言，荀悦在编纂完《汉纪》之后继续著作《申鉴》，是因为他不满于停留在复述历史的层面，还要对历史进行哲学的提升。在《汉纪》论议的基础上，荀悦于《申鉴》中对儒、法关系展开了进一步的思考，在儒、法之间建立了哲学的联系。在《政体》篇中，他首先断言，"凡政之大经，法教而已。教者，阳之化也；法者，阴之符也"②。"教"即是儒家的立场，将儒、法两家设定为阴、阳关系，荀悦已经从本体论的高度来思考这个问题。先秦道家较早谈阴阳问题，但是，他们所说的阴阳，均是

① 陈寿：《三国志·魏书》卷二，中华书局1982年版，第82页。
② 孙启治：《申鉴注校补》，中华书局2012年版，第5页。

指生成天地万物的两种气，是实指。[①] 在《易传》中，阴阳的地位获得了提升。《系辞下传》说："乾坤其易之门耶？乾，阳物也；坤，阴物也。阴阳合德而刚柔有体。"此处之阴阳，非指阴气与阳气，而是指阴性和阳性，抽象的意味已经很浓。《系辞上传》说"一阴一阳之谓道"，彻底将阴阳交替抬升到本体的高度。《春秋繁露·阴阳义》说"天地之常，一阴一阳，阳者天之德也，阴者天之刑也"，荀悦的说法与董仲舒的表达很相似，但是，董仲舒此语谈的仍然是纯粹的本体问题，并未落实到实践层面。荀悦的说法则是逆向推导，从实践（"法教"）出发，最终获得哲学的定位。从前引《汉纪》的文字中看，荀悦对于儒、法的应用，采取的是一种灵活的因时制宜的策略，但从哲学层面看，阴是从属于阳的。他将儒定位为阳，将法定位为阴，表明在思想深处，他依然有儒主法从的意识。

如果说编纂《汉纪》，使荀悦对世局兴亡有了历史层面的认识，那么在《申鉴》中，他依违于道、法之间的思考，则体现了他想把这种历史认知上升为哲学思考的痛苦。从定位个体价值和体悟历史哲学的层面看，道家思想给了他更多的慰藉；而惨淡的现实又迫使他思考如何利用法家的策略来挽救东汉帝国。在超越和世俗形成的张力中，他最终凸显了作为儒家学者的基本价值取向，虽然这种取向被随后而来的魏晋思潮所抛弃，但是，他关于儒、道、法三者关系如何搭配、定位的思考，仍然预示并参与了新时代的到来。

[①]《老子》第四十二章："道生一，一生二，二生三，三生万物。万物负阴而抱阳，冲气以为和。"《庄子·大宗师》："父母于子，东西南北，唯命之从。阴阳于人，不翅于父母。"《天运》："一清一浊，阴阳调和。"《秋水》："自以比形于天地，而受气于阴阳，吾在天地之间，犹小石小木之在大山也。"《老子》《庄子》所说阴阳，皆是实体之气，物质之气。

第七章　东汉子书与经学

经学是汉代的"王官之学"，同时也是汉代所有知识阶层共同的知识背景。虽然子书作者们不在经学的传承体系之内，但经学仍是他们无法绕开的"话语环境"，他们的学术思想在很大部分上是针对经学而展开的——无论是对古文经学的赞许还是对今文经学的批判。因此，对子书与经学之间关系的考察，就成为研究东汉子书学术特征与学术史意义的重要途径。

第一节　东汉的章句谶纬学

"章句"与"谶纬"原本并非同一概念，它们的合流构成了东汉前期经学的主流，也是东汉子书生存的学术环境。

"章句"是汉代经学特有的一种诠释方式，汉以后的经学并不存在真正意义上的"章句"体解经之作，比如著名的《四书章句》，它的形式和汉代的章句之学相去甚远。由于汉代的章句体著作亡佚殆尽，仅存的以"章句"为名的著作：赵岐的《孟子章句》和王逸的《楚辞章句》都是东汉末年章句大规模削减之后的作品，不足以反映章句的原本特征。更由于与"章句"有关的汉代经学其他相关概念，如"师法""家法""今学"等，历来解释不一，各家说法出入依违，所以，"章句"的内涵与外延也是各有说法，很少得到澄清。在现有研究中，钱穆先生的《两汉博士家法考》具有发凡起例之功，而林庆彰先生的《两汉章句之学重探》①与钱文观点接近，且论证更为详密，颇能自圆其说，现就根据林文的研究，对"章句"及其相关概念做一个梳理。

首先，"章句"并非西汉经学一开始就有的诠释形式，它与早期的解经方法有很大区别，《汉书·艺文志》云：

> 古之学者耕且养，三年而通一艺，存其大体，玩经文而已。是故用日少而蓄德多。三十而《五经》立也。后世经传既已乖离，博学者又不思多闻阙疑之义，而务逐意逃难，便辞巧说，破坏形体，说五千字之文，至于二、三万言。后进弥以驰逐，故幼童守一艺，白首而后能言；安其所习，毁所不见，终以自蔽。此学者之大患也。②

据林庆彰先生推测，这里的"古之学者"，可能就是指西汉初期的学者，他们研习经书的目的只是要从其中探寻圣人的大义，故方式简要；而所谓"后世学者"，就是指西汉中叶以后的博士经生们，他们太为现实的功利目标所遮蔽，所以导致经书的注解日益繁琐，而圣人大道也终于淹没在纸堆之中。关于形成"章句"的主要操作方法及现实目的，《汉书·儒林传》曰：

> （夏侯）胜从父子建字长卿，自师事胜及欧阳高，左右采获，

---

① 林庆彰：《两汉章句之学重探》，载《中国经学史论著选集》上册，文史哲出版社2008年版，第277—297页。
② 陈国庆：《汉书艺文志注释汇编》，《二十四史研究资料丛刊》本，中华书局1983年版，第96—98页。

又从《五经》诸儒问与《尚书》相出入者，牵引以此章句，具文饰说。胜非之曰："建所谓章句小儒，破碎大道。"建亦非胜，为学疏略，难以应敌；建卒自专门名经。①

"左右采获""牵引以次、具文饰说"是形成"章句"的具体方法，也就是经生要多处援引相关资料，然后顺着经文的脉络将援引的资料纳入经文各章，随后再加以引申阐述。这种解经方式，由于牵引资料太多，所以导致经文中蕴含的圣人之道淹没在资料之中，无法兼顾，因此，夏侯胜要批评他的侄儿是"章句小儒，破碎大道"。而作"章句"的重要目的，就夏侯建自述，乃是应敌而用，是为各家之间的经学论战准备的，它有明确的实用功能。而夏侯胜则是《汉志》中所提到的"古之学者"的代表，他继承了西汉初期的学风，训通诂而已，所以，夏侯建才反过来批评他是"为学疏略，难以应敌"。

与"章句"密切相关的概念是"师法"与"家法"。与"章句"相反，在《汉书》与《后汉书》中，关于"师法"的描述有很多，林庆彰先生据两汉书的材料，归纳出师法的几点表现。在官方的经学体系中，说经必须守师法，能守师法，相应的仕途发展就可能较为顺利，反之则可能意味着仕途的终结。比如孟喜：

喜好自称誉，得《易》家候阴阳灾变书，诈言师田生且死时枕喜膝，独传喜。诸儒以此耀之。同门梁丘贺疏通证明之，曰："田生绝于施雠手中，时喜归东海，安得此事？"……博士缺，众人荐喜，上闻喜改师法，遂不用喜。②

---

① 王先谦：《汉书补注》卷五十八，上海古籍出版社 2008 年版，第 5434 页。
② 王先谦：《汉书补注》卷五十八，上海古籍出版社 2008 年版，第 5247 页。

其次，经师教学时，也都必须遵守师法，如郑宽中：

> （李寻）治《尚书》，与张孺、郑宽中同师，宽中等守师法
> 教授。①

再次，经师可以根据实际需要增加师法，如秦恭：

> （秦）恭增师法至百万言，为城阳内史②

这里要特别注意的是"增师法至百万言"的这个表述形式，"师法"可以用文字来计算，那么"增加师法"也就是增加章句，"师法"与"章句"在很多时候是同义的。"用'章句'一词，是从当时经学的诠释方式来说的，用'师法'一词，是指此一诠释方式和精神，都是由某一始祖代代相承而来，而形成一种典范。既然是始祖所传，所以称为'师法'。"③

"家法"则是从师法衍生而来的一个概念，为东汉所特有。东汉章帝四年有诏书云：

> 汉承暴秦，褒显儒术，建立五经，为置博士。其后之学者精
> 进，虽曰师承，亦别名家。④

对于"虽曰师承，亦别名家"，李贤注曰："虽承一师之业，其后触类

---

① 王先谦：《汉书补注》卷四十五，上海古籍出版社 2008 年版，第 4908 页。
② 王先谦：《汉书补注》卷五十八，上海古籍出版社 2008 年版，第 5437 页。
③ 林庆彰：《两汉章句之学重探》，《中国经学史论著选集》上册，第 286 页。
④ 范晔：《后汉书》卷三，中华书局 1965 年版，第 137 页。

而长，更为章句，则别为一家之学。"也就是说，在同一个"师法"的大前提之下，弟子若能有所创进，衍生出新的章句，成一家之学的，则可称为"家法"。综合《后汉书》的记载，"家法"有如下的特征：首先，与"师法"一样，经师在教授学生时，要以"家法"传授；经生考试时，也要"试家法"①；其次，兼通数家家法的，反而会受到排斥，这与改易师法而导致仕途困顿也极为相似，比如张玄：

> （张玄）少习《颜氏春秋》，兼通数家言……会颜氏博士缺，玄试策第一，拜为博士。居数月，诸生上言玄兼说严氏、冥氏数家法，不宜专为颜氏博士。②

最后，家法可雠校。《蔡伦传》云：

> （安帝）元初四年，帝以经传之文，多不正定，乃选通儒谒者刘珍，及博士良史，诣东观，各雠校汉家法，令伦监典其事。③

"家法"可雠校与"师法"可增加的性质也是相同的，说明它们都是可以书于竹帛、见诸文字的，所以，"家法"在这个意义上也就是"章句"。

综合以上的梳理，我们可得出以下结论："章句"是汉代官方经学所特有的一种经学诠释方式，它的特点是资料众多，论说浩繁，以致在研习的过程中迷失了西汉早期经学探寻大义的精神；它通过"师法"与"家法"的支撑，形成了一个封闭而自足的系统，体系内的经生必须按照"师法"

---

① 见范晔：《后汉书》卷六一左雄的上疏。
② 范晔：《后汉书》卷七十九下，中华书局1965年版，第2581页。
③ 范晔：《后汉书》卷七十八，中华书局1965年版，第2513页。

与"家法"讲习经书，否则会受到惩罚。这个惩罚既来自师承体系内部的歧视，也来自政治权威的摈弃。总之，繁琐、封闭、保守是它的特征，并且通过"师法"可以衍生出"家法"的过程来看，这些特征越往后发展，表现就越明显。

构成"谶纬"的一些元素渊源甚早，它与先秦时期数术方技的知识和阴阳五行的思想有密切关联，但是，在汉代以前，它并不是一个成系统的知识和学说，所以并未对其时的思想和学术有重大影响。战国秦汉之际，尤其是汉代统一以后，随着以阴阳五行为基础的新天道观的建构，原本零星散落的一些关于天文、地理、历算、气象、博物的看法与经验，利用现成的结构为支撑，逐渐形成了较为系统的认知。同时，又随着儒家经典成为国家意识形态的文献载体，这些已经系统化的知识开始向经学渗透，形成"谶纬"学说，并逐步影响并改变着对经书的解读，最终与经学融合。[①]

应该说，西汉经学中的"谶纬"学说是一个充满活力的思想，它对西汉经学建构方法、对西汉儒生的"革命"思想，对王莽的最终代汉，都有莫大的影响。[②]但是，进入东汉，其命运发生转折，经历了一系列的变动之后，它与章句之学结合，活力丧失，成了保守的官方经学的组成部分。

由于谶纬在光复汉室的过程中起了重要的作用，可能还与刘秀的教育背景有关，[③]所以，刘秀个人对谶纬有着特殊的喜爱，《东观汉记》载：

> 光武以谶纬为号召，赖豪族大姓之力，复兴汉室。后尤深信

---

① 谶纬进入经学，与西汉时期的"齐学"关系至为密切。详见徐兴无：《谶纬文献与汉代文化构建》第二章之"谶纬与两汉经学"，中华书局 2003 年版，第 65—70 页。

② 参见顾颉刚：《秦汉的方士与儒生》第十四、十九、二十章，上海古籍出版社 1998 年版。

③ 刘秀在王莽年间曾赴长安学习经学，其时正是谶纬大盛之时，长安又是学术中心，故刘秀肯定会受到其时风气的影响。参见《后汉书·光武帝纪》。

谶纬，虽在军中，犹以余间讲经义，发图谶。[1]

在第一章中，我们论述了西汉儒家经学独尊与帝王个人爱好的关系，在中国传统社会，帝王握有最终权力，所以，他们的喜好对世风乃至其时的学术取向都有重要影响，光武帝之于谶纬也是如此。据《后汉书·儒林传》载，光武帝即位之初就曾命薛汉、尹敏校订图谶，[2] 又于中元元年（56年）"宣布图谶于天下"。[3]

一般来说，校订的过程也就是删改的过程，尤其是对具有官方背景的文献整理来说更是如此。光武对尹敏校订图谶的要求就是"蠲去崔发所为王莽著录次比"。我们知道，西汉谶纬学说的活力就在于它能够依据宇宙和道德的权威言说天命，灵活地而不是固定地对人事进行解说，王莽正是利用这一点，从中取自己所需，成功代汉。光武帝在光复汉室的过程中，其实也是在利用谶纬的这种灵活性。但是，他在取得政权之后，就要对活力四射的谶纬思想进行改造了，原因很简单，他与王莽两人均利用谶纬夺取政权，那么，谶纬的活跃难免会造就下一个夺权者，他只保留能为刘汉皇室找到合法依据的部分，"将无常的天命转变为永恒的天道"，[4] 这是对谶纬的删改，更是对西汉经学精神本质的阉割。

在经学章句与谶纬的融合方面，东汉官方的做法有两个，第一，以经校谶。这主要体现在对校订人的选择上，都是选择明习经书的经学家，《后汉书·儒林传》曰：

---

[1] 吴树平：《东观汉记校注》卷一，中华书局 2008 年版，第 9 页。

[2] 范晔：《后汉书》卷七十九，中华书局 1965 年版，第 2558、2573 页。

[3] 范晔：《后汉书》卷一（下），中华书局 1965 年版，第 84 页。

[4] 徐兴无：《谶纬文献与汉代文化构建》，中华书局 2003 年版，第 3 页。

尹敏……初习欧阳《尚书》，复受古文，兼善《毛诗》、《穀梁》、《左氏春秋》……帝以敏博通经记，令校图谶。

薛汉……世习《韩诗》，父子以章句著名。汉少传父业，尤善说灾异谶纬，教授常数百人。建武初，为博士，受诏校订图谶。[①]

第二，以谶校经。西汉中后期章句之学的迅速发展，导致解经日趋繁琐，而对经义的解释也是歧义频出，无论是从政治意识形态考虑，还是从经学内部发展的要求出发，统一经义都是东汉初期的迫切要求，白虎观会议就是为此而召开。值得观察的是其统一经义的标准，西汉石渠阁会议只是"讲《五经》同异"，是完全的经学内部的讨论与选择；但是，白虎观会议却已经将谶纬学说引入，与《五经》共讲。正如清人庄述祖所说，是"《论语》、《孝经》，六艺并录，傅以谶记，援纬正经"[②]。以谶校经代表了谶纬在东汉时期地位的大幅提升，因为它居然成了可以校订经义的标准。西汉中后期，谶纬虽然流行，但它毕竟只属于民间学说，而白虎观会议则等于承认谶纬的国家经典地位。与之相应的，谶纬也开始参与国家礼乐的制定，章帝时的曹褒，受章帝之命，"次序礼事，依准旧典，杂以《五经》谶记之文，撰次天子至于庶人冠昏吉凶终始制度，以为百五十篇"[③]。

章句与谶纬的逐渐融合，使得它们之间的界限逐渐泯灭，"章句"与"谶纬"也融合为一个概念，钱穆于《两汉博士家法考》中分析"章句内学"一说时曾有论曰："其时光武方好图谶，故官学博士亦不得不言图谶，图谶于章句本非一业，而在东汉初叶则同为随时干禄所需，故合称之曰'章

---

① 范晔：《后汉书》卷七十九，中华书局1965年版，第2558、2573页。

② 庄述祖：《白虎通义考》，见《白虎通疏证》附录。陈立：《白虎通疏证》，《新编诸子集成》本，中华书局1994年版，第609页。

③ 范晔：《后汉书》卷三十五，中华书局1965年版，第1203页。

句内学'。"①

前文已经提到，"章句之学"的特点是繁琐、封闭；而经过校订之后的谶纬之学也是统一的，有固定解释的，两相集合，使得东汉的官方经学愈发保守和僵化，它已经不能像西汉经学那般拥有宏大的气象与建构的气魄，再加上谶纬之学天生具备的"虚妄"特征，这些都既构成了东汉子书生存的学术环境，亦是他们学术批判的标靶和学术展开的基点。

第二节　信仰与学术：论桓谭、王充 对章句谶纬之学的批判

由于章句谶纬之学大盛于东汉初期，所以，考察子书对此学问的态度，写作于其时的《新论》与《论衡》是最为合适的选择。并且在子书之中，它们的学说也是针对章句谶纬之学最系统的反思。

前文已论，章句之学最大的弊病就是繁琐、封闭，经生为利禄所诱，沉迷其中，大都是"幼童守一艺，白首而后能言；安其所习，毁所不见，终以自蔽"；从逻辑上来说，"专守自蔽"的反面自然就是"博览多闻"，而这正是桓谭与王充的共同追求；同时，他们对"博览多闻"的认识也有内在的发展。

《后汉书》载桓谭上疏光武帝云：

> 陛下宜垂明听，发圣意，摒群小之曲说，述《五经》之正义，略雷同之俗语，详通人之雅谋。②

---

① 钱穆：《两汉博士家法考》，载《两汉经学今古文平议》，商务印书馆 2001 年版，第236 页。

② 范晔：《后汉书》卷二十八（上），中华书局 1965 年版，第 960 页。

所谓"群小之曲说",自然是指掺杂了谶纬的章句之学,桓谭在这里的表达是"述《五经》之正义",可见他对博通的要求还基本上局限在经学体系内部,是对经学本身的反拨。王充继承了桓谭的这一观点,其《论衡·别通》云:

> 夫富人不如儒生,儒生不如通人。章句之儒,不览古今,论事不实……或以说一经为是,何须博览?夫孔子之门,讲习《五经》,《五经》皆习,庶几之才也。颜渊曰:"博我以文"……颜渊之曰博也,岂徒一经哉?不能博《五经》,又不能博众事,守信一学,不好广视,无温故知新之明,而有守愚不览之暗,其谓一经是者其宜也。①

但是,王充这段议论更值得注意的则是它对桓谭观点的突破,所谓"览古今""博众事"云云显然已经不能局限在经学内部了,王充的"博通"实际已经在向更加广阔的范围里延伸。

综合《论衡》所述,王充所论"博通"范围,除了《五经》内部之外,还向三个方面延伸。首先,是向百家之言取资,其《别通》云:

> 百家之言,古今行事,其为奇异,非徒都邑大市也。游于都邑者心厌,观于大市者意饱,况游于道艺之际哉?大川旱不枯者,多所疏也;潢汙兼日不雨,泥辄见者,无所通也。是故大川相间,小川相属,东流归海,故海大也。海不通于百川,安得巨大之名?夫人含百家之言,犹海怀百川之流也,不谓之大者,是

---

① 黄晖:《论衡校释》,《新编诸子集成》本,中华书局 1990 年版,第 590—592 页。

谓海小于百川也。①

其次，是向历史知识延伸，其《谢短》云：

> 夫儒生之业，《五经》也。南面为师，旦夕讲授章句，滑习义理，究备于《五经》，可也。《五经》之后，秦、汉之事，无不能知者，短也。夫知古不知今，谓之陆沉，然则儒生，所谓陆沉者也。《五经》之前，至于天地始开，帝王初立者，主名为谁，儒生又不知也。夫知今不知古，谓之盲瞽。《五经》比于上古，犹为今也。图能说经，不晓上古，然则儒生，所谓盲瞽者也。②

最后，是通过实践或者阅读而达到博物的目的，其《别通》云：

> 禹、益并治洪水，禹主治水，益主记异物，海外山表，无远不至，以所闻见，作《山海经》。非禹、益不能行远，《山海》不造。然则《山海》之造，见物博也。董仲舒睹重常之鸟，刘子政晓贰负之尸，皆见《山海经》，故能立二事之说。使禹、益行地不远，不能作《山海经》；董、刘不读《山海经》，不能定二疑。③

应该说，王充的"博通"意识至少从理论上大大拓宽了其时汉代士人的知识范围。我们虽然说王充对桓谭的"博通"范围有所发展，但这只是基于现有文献的考察，为论文体系需要而做出的结论。由于桓谭的《新

---

① 黄晖：《论衡校释》卷第十三，中华书局 1990 年版，第 592 页。

② 黄晖：《论衡校释》卷第十二，中华书局 1990 年版，第 554—555 页。

③ 黄晖：《论衡校释》卷第十三，中华书局 1990 年版，第 598—599 页。

论》亡佚不全，他的学说全貌不可复见，但是，他与王充生活的时代相距不远，且在学识等方面相似，更由于王充对桓谭的极端推崇，我们相信桓谭在"博通"方面的识见不会局限于目前所见的范围与程度内。[①]桓谭与王充在东汉初期所开拓的这种"博通"风气对整个东汉的学风走向有着巨大的影响，它与经学系统之内萌发的"博学"之风互为呼应，而对后起的经学系统之外的子书影响则更为深远，在仲长统、应劭、荀悦、徐幹等人的著作中，都可以找到对这种"博通"之风的呼应。比如应劭就对"俗儒"与"通儒"有明确的区分：

> 若能纳而不能出，能言而不能行，讲诵而已，无能往来，此俗儒也。区别古今，居则玩圣哲之词，动则行典籍之道，稽先王之制，立当时之事，纲纪国体，原本要化，此通儒也。[②]

追求"博通"的直接后果是闻见之知的增强和理性精神的复苏，而由于"谶纬"天生具有"神秘""虚妄"等特征，所以，桓谭、王充基于对章句之学的反拨而产生的理性精神，就会很自然地用于对谶纬之学的批判上来。

在任何一种文明之中，对"天"的追问与探究都是带有本体论意义的课题。但是，在先秦时期，除了道家之外，其他各家都没有对以"天"为核心的宇宙论有过系统地探讨。西汉的思想家们基于数术方技知识和阴阳五行思想建构起来的天道观，则特别强调"天人感应"，于是，"天"有

[①]《新论》有《识通》篇，但今存文字中并没有对"博通"理论上的阐发，而是举了汉高祖、文帝、武帝和扬雄四个人的例子，桓谭认为此四人均建立了不朽的功业，但是都在不同方面因为不能"识通"而被蒙蔽，所以不能称为"通人"。见朱谦之：《新辑本桓谭新论》卷十，《新编诸子集成》本，中华书局 2009 年版，第 42—44 页。
[②] 王利器：《风俗通义校注》卷一《皇霸》注引，中华书局 1981 年版，第 17 页。

了人格，天命变成了可知、可以言说的理论，人事可由天象来反映。总之，"人"与"天"之间建立起了神秘的联系，它们之间是可以沟通的。而到了东汉，皇室更是通过符命来证明刘汉政权光复的合法性，将谶纬之学引入到国家意识形态之中，牢牢占据了理论的制高点。所以，对天道观的批判就成了桓谭、王充批判谶纬学说的基础。《后汉书》载桓谭上疏光武帝云：

> 观先王之所记述，咸以仁义正道为本，非有奇怪虚诞之事。盖天道性命，圣人所难言也。自子贡以下，不得而闻，况后世浅儒，能通之乎！今诸巧慧小才伎数之人，增益图书，矫称谶记，以欺惑贪邪，诖误人主，焉可不抑远之哉！臣谭伏闻陛下穷折方士黄白之术，甚为明矣，而乃欲听纳谶记，又何误也！①

子贡曾说，"夫子之言性与天道，不可得而闻也"，桓谭以儒家"不语怪力乱神"的信念为依据，批判图谶中对天道性命的解说。既然"天命"乃子虚乌有之物，那么，所谓的"灾异"，也就不足为怪了，《新论·遣非》云：

> 夫异变怪者，天下所常有，无世而不然，逢明主贤臣、智士仁人，则修德善政，省职慎行以应之，故咎殃消亡，而祸转为福焉。②

王充对谶纬天道观的批评，首先就是否认"天人感应"，所谓"人不

---

① 范晔：《后汉书》卷二十八（上），中华书局1965年版，第959—960页。
② 朱谦之：《新辑本桓谭新论》卷八，《新编诸子集成》本，中华书局2009年版，第22页。

能以行感天，天亦不随行感人"，① 在此基础上，他对灾异遣告之说做了全面的解剖，其《论衡·自然》篇云：

> 三皇之时，坐者于天，行者居居，乍自以为马，乍自以为牛，纯德行而民瞳矇，晓慧之心未形生也。当时亦无灾异，不名曰遣告，何则？时人愚蠢，不知相绳责末世衰微，上下相非，灾异时至，则造遣告之言矣。

王充认为，三皇之时，人们尚未开化，并不知道利用灾异遣告来达到自己的目的，他认为这些灾异遣告都是后世"晓惠之心"。王充进而认为：

> 夫今之天，古之天也，非古之天厚，而今之天薄也；遣告之语生于今者，人以心准况之也。诟詈不及五帝，要盟不及三王，交质子不及五伯；德弥薄者信弥衰，心险而行跛，则犯约而负教；教约不行，则相遣告，遣告不改，举兵相灭。由此言之，遣告之言，衰乱之语也。②

王充基于对历史的观察，对人之常情的体认，认为"灾异遣告"都是产生于衰乱之世，都是人们主观意愿的表现。这其实是用最基本的常识击破了"灾异遣告"的神秘性。

除了对天命灾异的批评之外，桓谭、王充对于谶纬学说另一个重要的理论反驳是基于"形神"问题和"鬼神"观而展开的。因为"神不灭论"

---

① 黄晖：《论衡校释》卷第十五，中华书局 1990 年版，第 672 页。

② 黄晖：《论衡校释》卷第十八，中华书局 1990 年版，第 783—784 页。

是谶纬学说的重要的理论支点，只有在这个问题上有所突破，才能真正完成对谶纬学说的批判。

《新论·袪蔽》云：

> 言精神居形体，犹火之然烛矣。如善扶持，随火而侧之，可毋灭而竟烛。烛无火亦不能独行于虚空。

桓谭肯定火是依赖于烛的，"烛无火亦不能独行于虚空"，由此说明精神必须依赖于形体，形神不可分离，由此进一步提出：

> 犹人之耆老，齿堕发白，肌肉枯腊，而精神弗为之能润泽，内外周遍，则气索而死，如火烛之俱尽矣。①

蜡烛燃尽，则好比人之残年，油尽灯枯，精神是绝对不会使干枯的身体重新恢复光泽的，而人死之后就如烛火熄灭一样，形神俱消。这是由形神相互依存而得出的形神最终同时消亡的结论，它瓦解了一切神秘学说的理论基础。

若依"神不灭论"的理论发展下去，就必然会推出人死之后有鬼神的结论。因此，对鬼神是否存在的辨析，也是对"形神"关系的清理，王充即着力于此。其《论衡·论死》篇开篇即云："世谓人死为鬼，有知，能害人。试以物类验之，人死不为鬼，无知，不能害人"，明确否认了鬼神的存在。然后又以人为精气所生，死则精气尽灭的理论来进一步否认鬼神的存在：

---

① 朱谦之：《新辑本桓谭新论》卷八，中华书局 2009 年版，第 32 页。

人之所以生者，精气也，死而精气灭，能为精气者，血脉也。人死血脉竭，竭而精气灭，灭而形体朽，朽而成灰土，何用为鬼？……人见鬼若生人之形。以其见若生人之形，故知非死人之精也。何以效之？以囊橐盈粟米，米在囊中，若粟在橐中，满盈坚强，立树可见。人瞻望之，则知其为粟米囊橐。何则？囊橐之形，若其容可察也。如囊穿米出，橐败粟弃，则囊橐委辟，人瞻望之，弗复见矣。人之精神藏於形体之内，犹粟米在囊橐之中也。死而形体朽，精气散，犹囊橐穿败，粟米弃出也。粟米弃出，囊橐无复有形，精气散亡，何能复有体，而人得见之乎！禽兽之死也，其肉尽索，皮毛尚在，制以为裘，人望见之，似禽兽之形。故世有衣狗裘为狗盗者，人不觉知，假狗之皮毛，故人不意疑也。今人死，皮毛朽败，虽精气尚在，神安能复假此形而以行见乎？夫死人不能假生人之形以见，犹生人不能假死人之魂以亡矣。……夫为鬼者，人谓死人之精神。如审鬼者死人之精神，则人见之宜徒见裸袒之形，无为见衣带被服也。何则？衣服无精神，人死，与形体俱朽，何以得贯穿之乎？[①]

王充关于"形神"关系的论述基本上没有超越桓谭理论所规划的范围，但是，其论证更加详密。又由于《论衡》之书在历史上的地位，所以，王充关于"形神俱灭"的理论对后世影响更大。

桓谭、王充二人对与谶纬相关的命题的批判还有一些，尤其在《论衡》里保存的更多，但是，由于"天命灾异"与"神不灭论"是神秘信仰中最重要的命题，所以二人关于这两部批判的梳理可以包括其余。以下想对他们反驳章句谶纬之学所用的方法做一个简要分析，这对理解二人学术取向

---

① 黄晖：《论衡校释》卷二十，中华书局 1990 年版，第 871—874 页。

的本质至关重要。由于《论衡》材料丰富，所以此段就以王充所用的具体方法为分析对象。

第一，是案诸可靠的历史文献，根据文献记载来考辨史实，得出恰当的结论。比如关于"孔子游七十国"之说，《论衡·儒增》云：

> 《书》说：孔子不能容于世，周流游说七十余国，未尝得安。夫言周流不遇，可也；言干七十国，增之也。案《论语》之篇、子书之书，孔子自卫反鲁，在陈绝粮，削迹于卫，忘味于齐，伐树于宋，并费与顿牟，至不能十国。传言七十国，非其实也。或时干十数国也，七十之说，文书传之，因言干七十国矣。[①]

与后世学术一样，王充可能认为《论语》是记载孔子言行最可靠的材料，他根据《论语》所载，对传统经学叙事方式进行了否定，从而达成对其意义的否定，对"七十国"之说做出了合理的解释。

第二，根据自然、博物知识判定真伪。比如对"武王伐纣，血流漂杵"之说的辨析，《论衡·艺增》云：

> 《武成》言血流浮杵，亦太过焉。死者血流，安能浮杵？案武王伐纣于牧之野。河北地高，壤靡不干燥。兵顿血流，辄燥入土，安得杵浮？且周、殷士卒，皆赍盛粮，无杵臼之事，安得杵而浮之？言血流杵，欲言诛纣，惟兵顿士伤，故至浮杵。[②]

王充的这个辨析未免使人有大煞风景之感，《武成》所言可能只是为

---

① 黄晖：《论衡校释》卷八，中华书局 1990 年版，第 366 页。
② 黄晖：《论衡校释》卷八，中华书局 1990 年版，第 391 页。

了强调伐纣之战的惨烈，乃是一种出于修辞考虑的夸张，但王充利用地理气候知识对这个传说进行澄清，与其宣称的"疾虚妄"精神还是一致的，也有其自身的意义。

第三，以对现实的观察来反驳具有神秘色彩的传说。比如对"仓颉作书，天雨粟，鬼夜哭"传说的态度，《论衡·感虚》云：

> 传书言："仓颉作书，天雨粟，鬼夜哭。"此言文章兴而乱渐见，故其妖变致天雨粟、鬼夜哭也。夫言天雨粟、鬼夜哭，实也。言其应仓颉作书，虚也。……建武三十一年中，陈留雨谷，谷下蔽地。案视谷形，若茨而黑，有似于稗实也。此或时夷狄之地，生出此谷。夷狄不粒食，此谷生于草野之中，成熟垂委于地，遭疾风暴起，吹扬与之俱飞，风衰谷集，坠于中国。中国见之，谓之雨谷。[1]

陈留雨谷发生于建武三十一年（55年），乃当时之事，从如此细致的描述来看，王充当亲历此事。他通过自己的观察，以现实发生的状况来比推传说中的情形，得出了比较理性的解释。

在《论衡》中，王充批判的对象可以说是五花八门，凡是他所闻所见的一切虚妄不实的现象都是他的批判对象，而他所运用的批判方法也很多，当能有继续细分的余地。但是，通过这些粗略的归纳，还是能够引起一些继续的思考。

前文已经提到过，出于对章句之学封闭保守的反弹，桓谭、王充对"博通"之风有着特别的推崇，而这股"博通"之风导致的知识范围的扩大，自然会带来闻见之知的增加与理性精神的复苏。于是我们看到，桓谭、王

---

[1] 黄晖：《论衡校释》卷五，中华书局1990年版，第249—252页。

充等人用以批判谶纬学说的依据与方法，对于生活在理性昌明的现代社会（当然这也是相对的）的我们来说，几乎都是常识。但是，在汉代思想史上，这种常识与谶纬的对立，更准确地说是与谶纬学说背后所代表的学术本质的对立，却具有特别的意义。

东汉的章句谶纬之学其实是对西汉经学，尤其是西汉今文经学的直接继承，只不过到了东汉丧失了活力而已，其基本特征还保留着；并且，当它最具活力的时候，它的特征表现也是最明显，所以，我们可以通过对西汉今文经学的考察来了解这门学问的基本属性和特征。

所以，我们先以公羊学为例。《公羊传》对《春秋》的解释方式很特别，可以用一个字概括，即"托"。其内涵我们可以从历史上最著名的两位公羊学大师的论述中得知。董仲舒释"托"云：

> 西狩获麟，受命之符是也。然后托乎春秋正不正之间，而明改制之义。[1]

康有为释"托"云：

> 孔子之意，专明王者之义，不过托于鲁以立文字。即如隐桓，不过托为王者之远祖，定哀为王者之考妣；齐、宋但为大国之譬；邾娄、滕侯亦不过为小国先朝之影。所谓其义则丘窃取之也……盖《春秋》之作，在义不在事，故一切皆托。不独鲁为托，即夏商周之三统，亦皆托也。[2]

---

[1] 苏舆：《春秋繁露义证》，中华书局1992年版，第60页。

[2] 康有为：《春秋董氏学》，中华书局1990年版，第27—28页。

由董、康二氏所言，我们可以明确地知道，《公羊传》是对《春秋》的一种寓意解释，公羊家把《春秋》视为一个庞大的寓意系统，这个系统中所涉及的具体史事不过是他们藉以表意的喻体，读者不必拘泥于这些故事的真伪，从这些故事中得到"义"，也就是道德的启示与教诲才是最重要的。

同样的情形也出现在谶纬文献中。在经学史上，有论者以为《孝经》乃是根据曾参就孝道提问、孔子作答的实录所辑而成。但是，谶纬文献《孝经钩命决》中却有这样的看法：

> 子曰："吾作《孝经》，以素王无爵禄之赏，斧钺之诛，与先王以托权，目至德要道题行。首仲尼以立情性，言子曰以开号，列曾子以示撰辅，书《诗》、《书》以合谋。"①

因为曾参在孔门中以孝而闻名，所以，孔子假与曾参对话而阐发孝道。在这里，孔子是否真的与曾参有过这一系列对话无关紧要，重要的是通过这个假托的形式而阐述了"孝"的重要。在汉代，《春秋》与《孝经》是对现实最具指导性的两部经典，同时它们与孔子的联系也最为紧密，②而在汉人的理解中，这两部经典都是孔子通过托言的形式为汉制作。这种理解蕴含着这样一个观念：价值评价的标准是基于信仰，来自神圣性的启发，具体来说也就是孔子的启发，而非历史事实的揭示。这种解释倾向和思维方式在西汉的经典研究中非常普遍。

而桓谭、王充的学术取向却与今文经生们有很大不同。他们希望用一种人的理智能够达到的标准对章句谶纬之学进行批判，他们希望将这种标

---

① ［日］安居香山、中村璋八：《纬书集成》，河北人民出版社1994年版，第1010页。
② 《孝经钩命决》云："孔子在庶，德无所施，功无所就。志在《春秋》，行在《孝经》。"

准控制在自己的手中。这种标准要么是在可靠的历史文献中有记载的，要么是博物的知识能够证明的，要么是能被日常生活经验所检验的。总之，引用葛兆光先生的话来说，就是"评价是非的标准由信仰转为理性"，"经验与知识、逻辑与理智被放置在了评价一切的尺度或标准的位置上"①，他还举了一个王充的例子，颇具代表性。《论衡·实知》云：

> 若孔子之见兽，名之曰狌狌，太史公之见张良，似妇人之形矣。案孔子未尝见狌狌，至辄能名之，太史公与张良异世，而目见其形。使众人闻此言，则谓神而先知。然而孔子名狌狌，闻《昭人之歌》；太史公之见张良，观宣室之画也。②

孔子知晓兽名，乃是其先听过《昭人之歌》；司马迁与张良并非同时期的人，他之所以能够说出其相貌，乃是因为先看过张良的肖像。王充的解说很像今天的科学家用"科学的理论"给我们解释未知现象，科学家们通过解释，要把一切未知现象限定在可控制的范围内，这个可控制的范围包括人类的经验和科学的理论。桓谭、王充也在那个时代扮演着这种类似"科学家"或者"博物学家"的角色，只不过他们解释的依据来自"博通"之风所带来的闻见之知的增加和理性精神的复苏。这种对理智和常识的追求发展到极致，甚至会反对思辨的倾向，《新论·启寤》云：

> 公孙龙，六国时辩士也，为坚白之论，假五取譬，谓白马非

---

① 葛兆光：《中国思想史》第一卷第四编第一节之"汉晋之间：固有思想与学术的转变"，复旦大学出版社 2005 年版，第 309 页。

② 黄晖：《论衡校释》卷二十六，中华书局 1990 年版，第 1079 页。

> 马，非马者言白所以名色，马所以名形也。色非形，形非色。常
> 论曰："白马非马"，人不能屈，后乘白马无符，传欲出关，关吏
> 不听，此虚言难以夺实也。①

思辨到了像"坚白同异"这样极致的诡辩阶段，其实已经在一定程度上抗拒理性了，它往往会使人产生不知所措，进而消解人们的稳定感。桓谭赋予这个老故事新的讲法，让关吏直接拒绝辩论，导出"虚言难以夺实"的结论，与其对理性之知的一贯追求相符。

总之，我们若能够客观地比较章句谶纬之学和桓谭、王充等人的学问，那么，我们就必须承认，它们是在最终取向上完全不同的两种学问。许倬云先生对它们之间的区别有较为精辟的分析，兹录如下："在任何神圣传统下，学问不是为了探索未知，而是在肯定神圣传统已经是圆足的前提下，重新组合神圣的内容，其目的在为先圣立言，搜寻未发挥的意义，以及引申神圣传统未解释、经典未载的事物或现象。这种知性活动，当可称为求智慧。智慧与知识实在是不同的。智慧求圆足，知识则不以圆足为其特点。以此标准，汉代经学家一型的学术活动，当属于求智慧，只有创作家的分型（指王充等有著作的学者），虽然往往是形而上学的思想家，其知性活动有求知识的趋向。"②

东汉经学内部也有对"博学"的追求，这导致了古文经学大盛，最终取代了今文经学的权威地位；由桓谭、王充发端的"博通"之风虽然对经学系统不可能没有触动，但其更直接的影响则是助推了东汉中后期子书社会批判思潮的涌动。由"博通"之风引起的理性思潮，将人们的注意力从谶纬之学关注的天道性命上拉回到了现实问题之中，使得独立思考的士人

---

① 朱谦之：《新辑本桓谭新论》卷七，中华书局 2009 年版，第 30—31 页。
② 许倬云：《秦汉的知识分子》，载《求古编》，新星出版社 2006 年版，第 382 页。

对生活的时代产生更多的思索。此时，东汉中后期严重混乱的统治秩序和种种社会不公引起了他们的注意，正是在这种背景下，王符、崔寔、仲长统等激进的社会批判家登上了思想的舞台，凭借对理性和现实的追求，通过自己的著述对现实社会展开激烈的批判。从这个意义上说，《潜夫论》《政论》和《昌言》等虽然基本上是政治批评类的子书，但其基本追求还是和《新论》《论衡》是一脉相承的。

第三节　子书对古文经学的突破

现代学术研究已经证明了所谓的"今古文之争"只是清代学人的"历史想象"，但是，不可否认的是，在汉代，今文经学与古文经学在治学方法与目的上都是有重大差异的。

由上节所引公羊学的例证所示，今文经学是将儒家经典看作其展示大义的载体，它依靠战国秦汉之际的新宇宙论为架构，通过对"六经"内在逻辑的推演，进而发展出一套对能对宇宙、社会、人生进行全面解释的理论。在这个体系内，儒家经典只是一个"喻体"，如上引许倬云先生所说，这种学问不是为了探索未知，而为了求得信仰。

但是，今文经学一旦和仕进制度挂钩，那么，它的目的就已经不能简单地用"求信仰"来概括了，如班固所言：

> 自武帝立《五经》博士，开弟子员，设科射策，劝以官禄，迄于元始，百有余年，传业者寖盛，枝叶藩滋，一经说至百余万言，大师众至千余人，盖禄利之路然也。[1]

---

[1] 王先谦：《汉书补注》卷五十八，上海古籍出版社 2008 年版，第 5457 页。

目的由"求信仰"转向"求禄利",为了本学派的壮大,同时也为了打击其他学派,争夺更多的话语权,于是,经学的解说越来越繁琐,乃至"一经说至百余万言";而"枝叶藩滋"的直接后果是导致众口异说,歧义纷出。

需要注意的是,这种歧义纷出并非是经学向其他学问如诸子学开放而导致的学术理念的自然交锋。如上一节所说,今文经学本身是一个封闭的系统,歧义纷出是因沾染世俗功利而导致的内部逻辑混乱,这是一门学问走向衰亡的征兆。同时,东汉初年经义解释的混乱也引起了官方的警觉,作为国家意识形态,它的意义必须得到比较统一的解释。反之,容易给异端思想留下缝隙,在极端情况下,还会导致政权的丧失,王莽代汉就是显例。因此,在经学内部要求和官方意愿的共同作用下,从东汉初年开始,就出现了统一经义的需求,而白虎观会议使这种需求得以实现。

刘师培释《白虎通义》之名曰:

> "通"以通经为旨,"义"取释义为名,名称既出汉儒,遵守宜迄于百世。①

"遵守宜迄于百世"表现了宏大的一统学术的雄心。虽然没有明确的资料可以表明白虎观会议以及《白虎通义》对于东汉经学发展的约束作用,但是,作为国家意识形态,它使官方经学的发展更趋穷途末路,所谓"博士倚席不讲,儒者竞论浮丽",②西汉今文经学那种活力彻底丧失。

我们这里所要关注的是在这种背景之下的古文经学的发展。古文经学家多为民间学者,从西汉开始,他们的治学就以追寻大义为目标,对于经

---

① 刘师培:《〈白虎通义〉源流考》,《白虎通疏证》附录,第784页。
② 范晔:《后汉书》卷三十二,中华书局1965年版,第1125页。

书是"训诂通而已"，不为章句之学，从西汉至东汉，他们在民间的传授
不绝如缕。但是，东汉的统一经义毕竟是国家意识形态，所以，对古文经
学来说，追寻大义的空间愈发狭窄，于是，他们的学术逐渐向"博学"方
向发展，这首先表现在他们兼通诸经上，这是他们相对于西汉经师极为明
显的区别。汉代官方经学专守一经一师的深层原因是"师法"与"家法"
的限制。古文经学并非官方学术，所以，他们并不受"师法"或"家法"
的约束，这使他们兼通诸经成为可能。更为重要的是，如前所说，学问的
目的无非是"求智慧"和"求知识"两种，当经义统一之后，"求智慧"
的路径越来越窄，而学者自然会把更多的精力用在对陌生知识的寻求上。
"智慧"的获得甚至可以不假文字，强调基于信仰之下的体验；但是，要
想获得更多的"知识"，则必须扩大求知范围，这使得兼通诸经成为必要。
在东汉中后期，兼通诸经成为风气，这从这一时期产生的著作的名称上就
可以看出，诸如《五经异义》《六艺论》等，这些经学通论式著作的出现，
必须建立在兼通诸经的基础之上。

　　向"博学"转向的第二个表现是注疏之学的兴起。注疏之学最基本的
目的是要使经典的本来意义显现，使人看得懂，而不是像西汉今文经学那
样去发挥大义；又由于《五经》乃是上古官学的总汇性文献，内容丰富，
按照今天的观点来看，它的学科分类是极为复杂的，所以，要对经典进行
注疏，必须博通万物，天文地理、名物制度都要涉及，所以，这就使得经
师们对知识的渴求更加强烈。

　　向"博学"的转向使得东汉古文经学相比于西汉今文经学，在求学的
目标上有了改变。徐兴无师在分析注疏之学的特点时有如下分析："就经
为注的诠释目标转向了理解和分析'五经'的文字意义，不再将经典的文
本或其中的文字当作类比'大义'的喻体。笺释的形式又开启了对诠释的
诠释，由此又出现了'集解''义疏''讲疏''大义''义赞'等或汇集诸
家之义，或发明一家之传，或诠解一家之注，或发明诸家之义的释经形

式，疏不破注，注不违经，皆是以经书与注解的文字意义作为诠释的对象。"①当古文经学发展到专以文字意义作为诠释对象的时候，它的困境也随之展现。

与今文经学相比，古文经学的优势在于名物训诂等文献的具体考证层面，但是，其致命的缺点是欠缺理论深度，缺乏形而上学的支撑。比如东汉古文注疏之学中有许多对礼制的注解与争论，这些争论自有价值。首先，它代表了对纯粹知识的追求；其次，由于在传统社会中，经学同时还担负着对现实生活的指导，所以，礼制的具体细则必须明确，以便现实操作。但是，"礼制的意义何在？各种生活准则之间的关系如何协调，如何站在哲学的高度对它们进行论证，所有这些重大问题，古文经学都回避了"②。后世学者，尤其是今天的诠释学，当然可以从浩繁的注疏中爬梳出种种义理，但这是后人的理论拔高与总结，从古文经学发展的内部逻辑来讲，它并不能自己发展出义理之学。注疏学属于考证之学，考证可以获得真实的知识，甚至可看清一定范围内的历史规律，却无法解决义理的困境，因为义理的获得必须要超脱"形而下"的考据手段而进行"形而上"的抽象与超越，单纯的历史方法无法取得哲学的突破。如果东汉古文经学仍然把获得"大义"作为其终极目的的话，那么，方法与目的之间的矛盾是无法调和的，这是东汉的古文经学难以超越的桎梏。

既然古文经学自身无法突破这个局限，那么，动力只能来自经学系统之外，东汉子书们在这方面自觉或不自觉的努力，为汉代经学向魏晋玄学的转变架起了桥梁。

由于古文经学是越往后发展，其大义迷失的缺陷越加明显，所以，子

① 徐兴无：《取义——中国经学思想史中的诠释传统》之"通义与经学统一"，蒋广学主编：《古代百科学术与中国思想的发展》，南京大学出版社2010年版，第30页。
② 余敦康：《魏晋玄学史》，北京大学出版社2004年版，第29页。

书自觉地对这个问题提出反思，是由汉入魏的徐幹。其《中论·治学》云：

> 凡学者大义为先，物名为后，大义举而物名从之。然鄙儒之博学也，务于物名，详于器械，矜于诂训，摘其章句，而不能统其大义之所极，以获先王之心。[1]

徐幹继承了东汉的"博学"的风气，非常注重"学"的重要性，其《中论》开篇即云：

> 昔之君子成德立行，身没而名不朽，其何故哉？学也者，所以疏神达思，怡情理性，圣人之上务也。[2]

但是，徐幹非常鄙视"鄙儒"斤斤于物名器械的考证，认为如果把学问的精力放在此处，将会造成大义的迷失。值得注意的是，除了对"大义"的提倡之外，他还特别指出"学"之于个人的目的是要"疏神达思、怡情理性"。可以说，对"大义"的倡导是对先秦乃至西汉初期学术精神的呼唤，而"疏神达思、怡情理性"的说法则已显现出魏晋学术的苗头。而这两者都为学习提出了超越知识层面的目的。

荀悦的《申鉴》是汉末另外一部重要的子书，它对汉代历史提出了许多虽不系统，但很具哲理意义的反思，本书第六章已有揭示。古文经学对知识的过度沉迷导致了对本体的忽视，大道之说一时消歇，《申鉴》主要是对历史的反思，但是，其反思的立足点是对大道的重建，是希望人们重拾对儒家"仁义"之本的重视，以此为基础，规划新的社会秩序。如《申

---

① 徐湘霖：《中论校注》，巴蜀书社 2000 年版，第 12 页。

② 徐湘霖：《中论校注》，巴蜀书社 2000 年版，第 1 页。

鉴·政体》云:

> 夫道之本,仁义而已矣。五典以经之,群籍以纬之,咏之歌
> 之,弦之舞之。前鉴既明,后复申之,故古之圣王,其于仁义
> 也,申重而已。①

除了对"大义""道本"等本体论的重视,体现了子书对古文经学治学格局的突破之外,王充提出的"诠订于内"的真理判断方式,也有特别重要的意义。经学注疏是一种实证的学问,它需要历史和实在的事物作为判定是非的标准,它是外向型的,其实,这与王充所提出的"疾虚妄""重实知"在本质上相同的。但是前文说过,王充的言说具有随意性,他的思想中不乏很多互相矛盾但极为珍贵的火花,"诠订于内"即是其一。他在《论衡·薄葬》中说:

> 夫论不留精澄意,苟以外效立事是非,信闻见于外,不诠订
> 于内,是用耳目论,不以心意议也。夫以耳目论,则以虚象为言;
> 虚象效,则以实事为非。是故是非者不徒耳目,必开心意。墨议
> 不以心而原物,苟信闻见,则虽效验章明,犹为失实。②

所有外在的知识要想升华为"形而上"的哲理,必须经过思想的沉潜,人的内心是闻见之知的"加工站"而不是"中转站"。在历史上,每当某一时期的学术转向"内在",那么,这一时期的学术必定是精致的,思辨性极强,反之则可能呈现出粗拙等特征。虽然王充的表述并没有上升到完

---

① 孙启治:《申鉴注校补》,中华书局 2012 年版,第 1 页。
② 黄晖:《论衡校释》卷二十三,中华书局 1990 年版,第 962 页。

整、周备的方法论，但是，他趋向"内心诠订"的思路仍然表明，东汉子书中已经出现了不同于古文经学的真理评价方法，这不但是对古文经学思维方式的反拨，也对魏晋思潮的展开具有启发意义。

东汉子书的这些针对本体论、方法论的讨论，与东汉古文经学形成了学术上的对立。尽管这些讨论是零星的、不成系统的，但这是东汉两百年中对主流学术不间断地反动。只要他们的星星之火不熄灭，当时代转移、新思潮涌起的时候，后起的思想家就能从他们身上汲取资源，化旧为新，这是东汉子书在思想史上的重要价值与意义。

第八章　子书与史学之关系及风俗批评

　　汉代是中国史学思维充分发达和史书写作大兴的时代，当然，最重要的标志是《史记》和《汉书》两大巨著的出现。东汉子书与史学也有重要的关联。他们的著作虽然是子书，但其中也有大量关于史学的内容，这些内容拓宽了正统史书的关注范围。若把子书中体现的史学意识放入汉代史学脉络中考察，更能凸显其特别的意义。而子书关于"风俗"批评的转向，亦可表现出两汉学风的不同。

第一节　子书与汉代历史思维的发展

　　首先从王充"颂汉"的问题谈起。王充称颂汉朝的内容，在《论衡》中所占篇幅之大，令人为之侧目。但是，由于现代学术研究普遍把王充塑造成"体制内的反叛者"，所以对于王充"颂汉"的内容，大多存而不论。即使讨论了，也把它看作是王充的无奈之举。比如通行的哲学史上有这样的表述：

　　　　他写《宣汉》等篇的心理是矛盾的，既有真诚赞美的成分，
　　又不都是由衷之言，用意之一是为他的思想批判作掩护，用对汉

朝空洞而过分的褒扬来预防可能引起的政治灾祸……①

或认为是王充的无知之言。比如徐复观先生就认为：

> 《论衡》中以极大的分量，从事于歌功颂德，这在古今值得
> 称为思想家中，实系最突出的现象。我的解释，除了他过分力求
> 表现的气质以外，和他身处乡曲，沉沦下寮，没有机会接触到政
> 治的中心，因而也没有接触到时代的大问题，有不可分的关系。
> 人情上，凡在追求想象中，不仅没有得到，并且也没有实际接触
> 到的事物，便自然是容易加以美化的事物，所以王充在政治方面
> 写下了繁复而异乎寻常的歌功颂德的文字，不必是他的品格上的
> 问题，而实际是由他的遭遇限制了他展望时代的眼光。②

这两个评价的结论虽然不同，但是有一方面却是相同的，那就是都认
为"颂汉"是错误的。其他的各家评价大同小异，也都是建立在"颂汉错误"
观点的基础上，为之寻找原因，对王充或维护、或批判。但是，如果我们
不带着指责的目光去评价王充，而是把他的"颂汉"说仔细考察，与其他
东汉其他子书相关的表述关联比较，就会发现这种现象并不只存在于王充
一人的身上，这些说法背后所展现的史学观念代表了汉代史学评价标准的
转折。

首先让我们对"颂汉说"做一个简要梳理。王充对汉代的赞颂主要分
布在《论衡》之《治期》《齐世》《讲瑞》《指瑞》《是应》《宣汉》《恢国》《验符》

---

① 任继愈：《中国哲学发展史》之秦汉篇"王充"，人民出版社1986年版，第281页。
② 徐复观：《两汉思想史》第二卷之"王充论考"，华东师范大学出版社2001年版，
　　第344—345页。

《须颂》《佚文》诸篇中。从言说逻辑上看，首先，他认为汉代从立国以来，一直是太平之世，即使偶有波澜，但也旋即平复。其《宣汉》篇云：

> 孔子曰："如有王者，必世然后仁。"三十年而天下平也。汉兴，至文帝时二十余年，贾谊创议以为天下洽和，当改正朔、服色、制度，定官名，兴礼乐。文帝初即位，谦让未遑。夫如贾生之议，文帝时已太平矣。汉兴二十余年，应孔子之言"必世然后仁"也。汉一世之年数已满，太平立矣，贾生知之。况至今且三百年，谓未太平，误也。且孔子所谓一世，三十年也；汉家三百岁，十帝耀德，未平，如何？夫文帝之时，固已平矣，历世治平矣。至平帝时，前汉已灭，光武中兴，复致太平。①

所以，汉朝是应该歌颂的，其《须颂》云：

> 汉家功德，颇可观见。今上即命，未有襃载，《论衡》之人，为此毕精，故有《齐世》、《宣汉》、《恢国》、《验符》。②

他对没有专书赞颂汉朝感到遗憾，并且批评那些拒绝赞颂汉朝的儒生。其《须颂》言：

> 汉家著书，多上及殷、周，诸子并作，皆论他事，无襃颂之言。

---

① 黄晖：《论衡校释》卷十九，《新编诸子集成》本，中华书局1990年版，第818—819页。

② 黄晖：《论衡校释》卷二十，中华书局1990年版，第854页。

> 儒者谓汉无圣帝，治化未太平……涉圣世不知圣主，是则盲者不能别青黄也；知圣主不能颂，是则暗者不能言是非也。然则方今盲喑之儒，与唐击壤之民，同一才矣。夫孔子及唐人言大哉者，知尧德，盖尧盛也；击壤之民云"尧何等力"，是不知尧德也。

在此基础之上，他非常自负地认为自己为汉称说与《春秋》为汉制法一样伟大，并详细说明了各篇在赞颂中的不同分工。《须颂》继续云：

> 古今圣王不绝，则其符瑞亦宜累属。符瑞之出，不同于前，或时已有，世无以知，故有《讲瑞》。俗儒好长古而短今，言瑞则渥前而薄后。《是应》实而定之，汉不为少。汉有实事，儒者不称；古有虚美，诚心然之。信久远之伪，忽近今之实。斯盖三增九虚所以成也，《能圣》《实圣》，所以兴也。儒者称圣过实，稽合于汉，汉不能及。非不能及，儒者之说使难及也。如实论之，汉更难及。谷熟岁平，圣王因缘以立功化，故《治期》之篇，为汉激发。治有期，乱有时。能以乱为治者优，优者有之。建初孟年，无妄气至，圣世之期也。皇帝执德，救备其灾，故《顺鼓》《明雩》，为汉应变。是故灾变之至，或在圣世。时旱祸湛，为汉论灾。是故《春秋》为汉制法，《论衡》为汉平说。

可以这么说，与《论衡》阐述其他问题时的零乱且时有矛盾相比，王充的"颂汉说"逻辑缜密，体系完备，堪称《论衡》中的精心佳构。并且，王充在"颂汉"目的的驱使下，往往会放弃其在阐述其他问题时的立场，比如他曾批评灾异遣告与符命的荒谬。但是，涉及"颂汉"时，他则亲自操刀，大讲祥瑞感应。这一系列的不寻常促使我们必须对"颂汉"说背后隐藏的观念做详细考察。

我们发现，王充在赞颂汉朝的同时，往往会强调传说中美好时代的不可信，眼中看到的、亲身经历的才是可以信赖的，正如他对拒绝赞颂汉朝的儒生给予的批评那样，"信久远之伪，忽近今之实"。这不由得使我们想到先秦法家对"先王之道"的蔑视。

《韩非子·显学》云：

> 孔、墨之后，儒分为八，墨离为三，取舍相反不同，而皆自谓真孔、墨，孔、墨不可复生，将谁使定后世之学乎？孔子、墨子俱道尧、舜，而取舍不同，皆自谓真尧、舜，尧、舜不复生，将谁使定儒、墨之诚乎？殷、周七百余岁，虞、夏二千余岁，而不能定儒、墨之真；今乃欲审尧、舜之道于三千岁之前，意者其不可必乎！无参验而必之者，愚也；弗能必而据之者，诬也。故明据先王，必定尧、舜者，非愚则诬也。[1]

在先秦诸家中，儒、墨两家因与古代官学的关系最为密切，所以他们动辄言称尧、舜，希望利用先王来增强自己学说的权威性。但是，韩非对儒、墨两家的做法极为蔑视，原因很简单，尧舜距今三千余年，其真假根本难以"参验"。其实儒、墨两家未必认为尧舜之说是真实的历史存在，他们推出圣王，只不过是一种理想主义的高悬。但是，理想主义在韩非这里是行不通的，他只看重可以验证的事实，是十足的功利主义，王充在这点上与其极为相似。

我们一般对功利主义持贬斥的态度，但是，这种思想进入历史学领域

---

[1] 王先慎：《韩非子集解》卷十九，《新编诸子集成》本，中华书局1998年版，第457页。

后，却能促使史学思维向更加理性的方向发展。章学诚曾有言，"六经皆史也。古人不著书，古人未尝离事而言理"，[1]"不离事而言理"是历史思维的基本特征，史学需要通过对历史的考察来发现规律，抽绎义理。但问题是，如何才能保证所考察的是真实的历史，是事实而不是虚妄的传说？当法家的这种功利主义进入史学后，就可以在一定程度上解决这个问题：因为上古先王难以参验，所以，历史重点考察的对象就应该是可以验证的近世或后王。同时，因为历史的最终目的是为现实服务，对离自身较近的近世后王的考察能够有效地达成这个目标。对这个理念最清晰的表述来自司马迁，其《史记·六国年表序》云：

> 战国之权变亦有可颇采者，何必上古。秦取天下多暴，然世异变，成功大。传曰"法后王"，何也？以其近己而俗变相类，议卑而易行也。学者牵于所闻，见秦在帝位日浅，不察其终始，因举而笑之，不敢道，此与以耳食无异。悲夫！

《史记》是一部通史，但从其"略古详今"的安排来看，司马迁坚持了对近现代史的重视，也就是对事实的重视，而汉初流行的对秦亡的反思也是这种史学思维的反映。

但是，随着儒学击败法家，在西汉取得官学地位之后，这种从可参验的事实中考察历史的风气随之消歇。儒家本来就称道先王，西汉儒家的理想主义精神又是空前高涨，他们必须用根本无法验证的先王的权威来规范甚至压制现世的君主，以达到他们淑世（"淑世"和"济世"意思相近，又多了一层主动干预的意思，建议保留）的目的。在经学之中，性质与后来的历史学著作最为接近的无疑是《春秋》，因此，西汉经学对历史的考

---

[1] 叶瑛：《文史通义校注》卷一，中华书局1985年版，第1页。

察基本上围绕着对《春秋》的解说而展开。公羊学是西汉经学解说《春秋》的正统，它的特殊的诠释方法本书已有所涉及，其"三统""三世"说完全是在安排历史为现实所用，和其他今文经学一样，公羊家也是把《春秋》当成了他们阐说"大义"的喻体。所以严格来说，公羊学虽然是对古代史的解说，但是因为其不具备依事言理的史学思维，所以，它和严格意义上的历史学很难有交集。

与西汉相比，东汉的《春秋》学则通过《左传》的崛起显示了向历史学回归的迹象。从现有文献看，子书亦参与了这个转向。《新论·正经》云：

> 《左氏传》于经，犹衣之表里，相持而成。经而无传，使圣人闭门思之，十年不能知也。[1]

关于《左传》的成书，司马迁说：

> 鲁君子左丘明惧弟子人人异端，各安其意，失其真，故因孔子史记具论其语，成《左氏春秋》。(《史记》卷十四《十二诸侯年表》)

班固说：

> 孔子因鲁史记而作《春秋》，而左丘明论辑其本事以为之传。[2]

无论"具论其语"还是"论辑其本事"，都是指《左传》为《春秋》

---

① 朱谦之：《新辑本桓谭新论》，《新编诸子集成》本，中华书局 2009 年版，第 39 页。

② 王先谦：《汉书补注》卷三十二，上海古籍出版社 2008 年版，第 4342 页。

大量补充了具体的事例，使读者能够通过明了历史原委而知晓孔子的原意。因此，《左传》与《春秋》的关系是要在事实和理性的基础上解释史事，而不是要向读者指示那位神圣的编辑者——孔子——的深奥意图。桓谭同样认为，若没有《左传》对历史事件的补充，人们便无法知晓《春秋》的微言大义，这样的批评，在西汉是难以看到的。这充分说明其时学者已经逐渐抛弃神圣的启示性而更倾向于在历史事实中沉潜。这种倾向到了汉末发展得更为明显。我们一般认为，司马迁的《史记》是中国传统史学的正式开端，而司马迁明确表示，他的《史记》是模仿《春秋》经而作。但是，到了汉末荀悦作《汉纪》，情况却发生了改变：

> 帝好典籍，常以班固《汉书》文繁难省，乃令悦依《左氏传》体以为《汉纪》三十篇。[1]

陈启云先生对这一现象有所分析："尽管《春秋》经被认为是一部专门以道德理想进行褒贬的经典，但《左传》却主要由事实的细节构成，以补充《春秋》经的简短记录，这被看成是有意用事实来表达道德理想。这与荀悦的历史观念基本一致，而荀悦的历史观念是，历史就是事实的贮藏所，它要用事实来表达人在复杂情势下的微妙特性和处境"。[2]

历史思维的回归促使人们对现实的反思，对于处在两汉之交的桓谭来说，他亲身经历了王莽的兴起和衰亡，这段历史成了他重点反思的对象，且看他对王莽的批评：

> 王翁嘉慕前圣之治，而简薄汉家法令，故多所变更，欲事事

---

[1] 范晔：《后汉书》卷六十二，中华书局1965年版，第2062页。

[2] 陈启云著，高专诚译：《荀悦与中古儒学》，辽宁大学出版社2000年版，第161页。

效古，美先圣制度，而不知己之不能行其事。释近趋远，所尚非务，故以高义退至废乱。①

如前文所说，王莽乃是西汉两汉之交知识阶层改革精神的寄托。因此，桓谭对其的评价不涉及道德因素。但是"简薄汉家法令""释近趋远"这样的批评显示了桓谭对汉家制度的信心，他可能并不认为王莽代汉是错误的，王莽的失败在于更改了行之有效的汉廷法令。桓谭能够对王莽做出批评，说明了质诸事实的历史思维的回归；而他批评所持的观点，则说明了东汉知识阶层，尤其是经学系统以外的子书作者更改了西汉儒生"法先王"的选择，选择了"法后王"，这是历史思维回归的必然结果。对他们来说，"后王"自然是指西汉王朝。因此，桓谭对王莽的批评与王充对不肯赞颂汉朝的儒生的批评，桓谭对汉家法令的推崇与王充的"颂汉说"都是前后呼应的。

汉末荀悦发展了这种对汉朝的赞颂，在《汉纪》的序言中，他将汉朝树立为王朝的典范：

> 明主贤臣，命世立业，群后之盛勋，髦俊之遗事。是故质之事实而不诬，通之万方而不泥。可以兴，可以治；可以动，可以静；可以言，可以行。惩恶而劝善，奖成而惧败。兹亦有国之常训，典籍之渊林。虽云撰之者陋浅，而本末存焉尔，故君子可观之矣。②

班固亦曾批评其时学风好言古典而忽视近世的缺陷，他曾言："今论

---

① 朱谦之：《新辑本桓谭新论》卷四，中华书局 2009 年版，第 13 页。
② 荀悦：《汉纪》,《两汉纪》合刊本，中华书局 2002 年版，第 2 页。

者但知诵虞夏之《书》，咏殷周之《诗》，讲羲和之《易》，论孔氏之《春秋》，罕能精古今之清浊，究汉德之所由。"[1] 虽然他撰著《汉书》，重在强调汉朝承继尧运以建立帝业的重要性，同时为东汉王朝找到合法性的来源，与子书作者们的目的有所差异，但他们之间思路的相似性在史学史上可以相互印证。

第二节　论子书风俗批评的转向

汉人对风俗一词的理解有所不同，本书在讨论《风俗通义》时已经有所分析。为论述需要，现重申如下。班固曰：

> 凡民函五常之性，而其刚柔缓急，音声不同，系水土之风气，故谓之风；好恶取舍，动静亡常，随主上之情欲，故谓之俗。孔子曰："移风易俗，莫善于乐"。言圣王在上，统理人伦，必移其本，而易其末，此混同天下一之乎中和，然后王教成也。[2]

应劭曰：

> 风者，天气有寒暖，地形有险易，水泉有美恶，草木有刚柔也；俗者，含血之类，像之而生。故言语歌讴异声，鼓舞动作殊形，或直或邪，或善或淫也。圣人作而均齐之，咸归于正，圣人

---

[1] 班固：《两都赋》，《文选》卷一，上海古籍出版社 1986 年版，第 38 页。

[2] 王先谦：《汉书补注》卷八《地理志》，上海古籍出版社 2008 年版，第 2461 页。

废则还其本俗。①

二人都认为风俗是人们不同情性的反映，如同自然界水土草木在性质上有差异一样，人们的情性也是千差万别，所以表现出来的"风俗"也是不一样的。二人又都强调统一风俗于正道的重要性，认为只有这样才能达成王教，使社会正常有序地发展。总之，风俗在古代中国是一个特别重要的概念，它是某一时期社会生活特征的集中反映，透过风俗，可以考见其时政治的状况、人心的走向，它成了评价社会是否正常运转的重要标志。所以，中国古代的政治批评往往通过评析风俗来实现，这在汉代体现得更为明显。

汉人对风俗特别重视，贾山所谓"风行俗成，万世之基定"②，所以，他们继承古代传统，地方官员继续负有"采诗"的责任，以观风俗。但是，比较西汉、东汉士人的风俗批评，仍有一些不同之处，这些变化可见出东汉尤其是东汉子书所体现的学风之于西汉的转移。

西汉士人对社会风俗的评论，往往会导出对帝王施政的批评。因此，他们风俗批评的重心在于对统治者的政治规劝，比如东方朔之于汉武帝，《汉书·东方朔传》曰：

> 时天下侈靡趋末，百姓多离农亩。上从容问朔："吾欲化民，岂有道乎？"朔对曰："尧、舜、禹、汤、文、武、成、康上古之事，经历数千载，尚难言也，臣不敢陈。愿近述孝文皇帝之时，当世耆老皆闻见之。贵为天子，富有四海，身衣弋绨，足履革？以韦带剑，莞蒲为席，兵木无刃，衣缊无文，集上书囊以为殿帷；

---

① 王利器：《风俗通义校注》，中华书局1981年版，第8页。
② 王先谦：《汉书补注》卷二十一，上海古籍出版社2008年版，第3788页。

以道德为丽，以仁义为准。于是天下望风成俗，昭然化之。今陛下以城中为小，图起建章，左凤阙，右神明，号称千门万户；木土衣绮绣，狗马被缋？宫人簪玳瑁，垂珠玑；设戏车，教驰逐，饰文采，蘻珍怪；撞万石之钟，雷霆之鼓，作俳优，舞郑女。上为淫侈如此，而欲使民独不奢侈失农，事之难者也。"①

作为一名汉代的士人，他不可能不知晓尧、舜、禹、汤这些圣贤的事迹，但是，这些只存在于传说中的典范，对于阴法阳儒的汉武帝来说，估计很难有很大的说服力，所以，他就用本朝评价很高的孝文皇帝的做法来规劝武帝。这一策略化的手段显示了他作为一名赋家的规劝才能，同时也从侧面说明他对其时的社会风俗并不一定有真切的了解，他只是就帝王的发问做出符合常理的推论，通篇展现的都是对汉武帝奢侈的描述与批评。

西汉人风俗批评的重心偏向于在上位的统治者，乃是基于对统治者示范力量的信仰。西汉初的陆贾曾说，"移风易俗，岂家至之哉？先之于身而已矣"②。认为改善风俗，不需要琐细至社会个体，只要帝王以身作则，即可有示范的力量。在先秦的经典中，上古的统治者几乎都是权力和道德结合的化身，所谓"圣王"，即是指此，这是先秦人对远古美好时代的想象。西汉士人去先秦不远，此等流风余韵，自然会有所触及。更重要的是，西汉的历史从某种角度来说也是儒家学说节节胜利的历史，儒家的理想主义水涨船高，他们高傲且理想的目光不怎么会触及实际的社会风俗，社会风俗的批评更多的是他们政治批评的手段。③

---

① 王先谦：《汉书补注》卷三十五，上海古籍出版社 2008 年版，第 4528 页。

② 王利器：《新语校注》卷上《无为》，《新编诸子集成》本，中华书局 1986 年版，第 67 页。

③ 司马迁与此不同，他在《史记·货殖列传》中对各地风俗进行了详细考察，见本书第五章的讨论。不过他的学术理想和手段在西汉并不属于主流。

东汉子书的风俗批评则与之不同，他们关注的是风俗凋敝导致的社会人性危机，崔寔说：

> 自汉兴以来，三百五十余岁，政令垢玩，上下怠懈，风俗凋敝，人庶巧伪，百姓嚣然。[①]

社会风俗是他们批评的主体，而绝非达成某种目的的手段而已。他们评析社会风俗，既不是为了展示传统士人固有的批判风采，也不是为了用耿直向统治阶层邀功乃至向士林博取虚名，批评本身在一定程度上就成了他们的目的，这颇有"为知识而知识"的精神，所以才会产生向《风俗通义》这样详细介绍、辨析具体风俗的著作。至于产生这种转变的背景原因，应劭说：

> 汉兴，儒者竞复比谊会义，为之章句，家有五六，皆析文便辞，弥以驰远；缀文之士，杂袭龙鳞，训注说难，转相陵高，积如丘山，可谓繁复矣。而至于俗间行语，众所共传，积非习贯，莫能原察。[②]

与利禄挂钩的章句之学消耗了大部分士人的才智与精力，在这种情况下，他们的目光不可能转向实际风俗的考察，所以，社会风俗只能是他们用来劝诫帝王的说辞。我们注意到，在劝诫帝王时，那些高悬理想的耿直士人，对社会风俗的描述只是一味地下判断，而罕见用具体的分析来论证；

---

① 严可均：《全上古三代秦汉三国六朝文》之《全后汉文》卷四十六，上海古籍出版社 2009 年版，第 26 页。

② 王利器：《风俗通义校注》，中华书局 1981 年版，第 4 页。

他们只是说其"不然"，而不说其"如何不然"。在"博学"学风与关注现实思潮影响下的东汉子书则与之相反，他们是"辨物类名号，释时俗嫌疑"①，从蹈空走向具体，这从《论衡》《风俗通义》到《潜夫论》等著作中可以得到明显的验证。

与之相对应的，则是在使用何种手段来改善风俗上的差异。董仲舒说：

> 南面而治天下，莫不以教化为大务。立大学以教于国，设庠序以化于邑，渐民以仁，摩民以谊，节民以礼。故其刑罚甚轻而不禁犯者，教化行而习俗美也。②

董仲舒继承了先秦儒家重视教化的传统，主张设立学校，推行教育，以达到"教化行而习俗美"的目的；但是，教育并非万能，它的局限需要用刑罚来弥补，所以，韩婴又说：

> 上陈之教而先服之，则百姓从风矣；邪行不从，然后侯之以刑，则民知罪矣。③

以儒家教化来弥补刑罚的不足，或者教化、刑罚并用，乃是西汉儒家对暴秦专尚法家的反拨。从这个角度讲，董仲舒和韩婴的建议意义重大，而问题的关键则是如何能够使教育和刑罚发挥恰当的作用，这就需要对措施施行的客体有较为深入、细致的了解，这正是董、韩所欠缺的。因为无论是提倡教育还是刑罚，都是以统治者为主体的立场，它们并不关注客体

---

① 范晔：《后汉书》卷四十八《应劭传》，中华书局1965年版，第1615页。

② 王先谦：《汉书补注》卷二十六，上海古籍出版社2008年版，第4028页。

③ 许维遹：《韩诗外传集释》卷三，中华书局1980年版，第47页。

的复杂性。

王充、应劭等人则通过自己的著作弥补了这一缺憾。应劭的《风俗通义》今存十卷，分别从十个不同的主题对社会风俗进行详细介绍，对这些风俗的流俗说法进行考辨，对历史传承进行总结。与之相比，王充在《论衡》中则更加注重对具体风俗的性质与利弊的辨析，更加凸显其理性与思辨精神。比如他在《四讳》篇中对汉代流行的"被刑为徒，不上丘墓"忌讳的考辨。《论衡·四讳》云：

> 讳被刑为徒，不上丘墓。但知不可，不能知其不可之意。问其禁之者，不能知其讳，受禁行者，亦不要其忌。连相放效，至或于被刑，父母死，不送葬；若至墓侧，不敢临葬；甚失至于不行吊伤，见佗之人柩。夫徒，罪人也，被刑谓之徒。丘墓之上，二亲也，死亡谓之先。宅与墓何别？亲与先何异？如以徒被刑，先人责之，则不宜入宅与亲相见；如徒不得与死人相见，则亲死在堂，不得哭柩；如以徒不得升丘墓，则徒不得上山陵，世俗禁之，执据何义？

"被刑为徒，不上丘墓"这个流行的忌讳是有其内在的深层意义的（观后文可知），但是，日常的经验告诉我们，很多习俗我们只是在传统力量的驱使下惯性地执行，而并不知道其背后的深层含义，知其然而不知其所以然。王充针对这个具体的忌讳所做的具体分析就揭示了这种矛盾。其文继续曰：

> 实说其意，徒不上丘墓有二义，义理之讳，非凶恶之忌也。徒用心以为先祖全而生之，子孙亦当全而归之。故曾子有疾，召门弟子曰："开予足，开予手，而今而后，吾知免夫。小子！"曾

子重慎，临绝效全，喜免毁伤之祸也。孔子曰："身体发肤，受之父母，弗敢毁伤。"孝者怕入刑辟，刻画身体，毁伤发肤，少德泊行，不戒慎之所致也。愧负刑辱，深自刻责，故不升墓祀于先。古礼庙祭，今俗墓祀，故不升墓。惭负先人，一义也。墓者，鬼神所在，祭祀之处。祭祀之礼，斋戒洁清，重之至也。今已被刑，刑残之人，不宜与祭供侍先人，卑谦谨敬，退让自贱之意也。缘先祖之意，见子孙被刑，恻怛惨伤，恐其临祀，不忍歆享，故不上墓。二义也。

王充引经据典，对这个忌讳背后的深层含义进行了说明。风俗禁忌背后可能有客观存在的象征意义，但是，这种象征意义无法自然显露，因为风俗禁忌是一种具体行为，并不是有文献传承的思想学说，所以，学者依靠自己的知识与智慧所进行的解释就非常重要，所谓"辨物类名号，释时俗嫌疑"，必须经过这样一个解释过程。

与主张利用教化和刑罚来引导、规范风俗的西汉学者不同，王充、应劭等人的努力显示了全新的气象。清人王鸣盛在评价《风俗通义》与《论衡》时云：

《应奉传》："奉子劭，撰《风俗通》，以辨物类名号，识时俗嫌疑，文虽不典，后世服其洽闻。论曰：'劭撰着篇籍，甄纪异知，虽云小道，亦有可观者焉。'"案劭著述今存者，惟《风俗通》……劭，汉俗儒也，《风俗通》，小说家也，蔚宗讥其不典，又云"异知小道"，可谓知言。《王充传》云："着《论衡》八十五篇，释物类同异，正时俗嫌疑。"此与《风俗通》品题略同，尤为妙解。①

---

① 王鸣盛：《十七史商榷》卷三十六，上海书店出版社2005年版，第256—257页。

西汉的儒者多是理想之士，他们也重视风俗，但这种重视有时似乎只是他们言说自己主张的"垫脚料"，而并不是真正重视社会风俗的实际情况。他们对社会风俗的改善也有一套办法，这些办法甚至都有经典依据，但任何办法在未施行之前都还只是理念，而所有理念一旦落实到现实中，总会因客观环境出现这样那样的偏差，有时甚至是巨大的偏差，与理念制定者的初衷产生冲突。面对这种理念被"异化"的状况，儒家的理想主义者们就会陷入手足无措的困顿之中，他们并不善于用实际办法来处理实际情况。所以我们才看到，尽管汉朝尤其是东汉很重视刑罚的制定和教育的实施，但是，社会风俗则是每况愈下，到了晚汉，《潜夫论》中所记载的风俗败坏已经到了触目惊心的地步。顾炎武曾在《日知录·两汉风俗》中称赞东汉士风：

> 汉自孝武表章六经之后，师儒虽盛，而大义未明，故新莽居摄，颂德献符者遍于天下。光武有鉴于此，故尊崇节义，敦厉名实，所举用者，莫非经明行修之人，而风俗为之一变。至其末造，朝政昏浊，国事日非，而党锢之流，独行之辈，依仁蹈义，舍命不渝，"风雨如晦，鸡鸣不已"，三代以下风俗之美，无尚于东京者。①

"鸡鸣不已"固然值得称赞，但这也只是士阶层自己的荣光而已。我们要追问的是，为何整个社会会出现"风雨如晦"的情形？这是否与儒家的理想只能停留在理念阶段而无法有效地落实到现实层面有关？

王鸣盛评价《风俗通义》和《论衡》同为俗书，讥应劭、王充同为俗儒，而我们则需要将评价的感情倾向略做调整。与西汉儒家的理想主义不

---

① 黄汝成：《日知录集释》卷十三，上海古籍出版社 2006 年版，第 752 页。

同，应劭、王充对社会风俗实际状况的关注，对具体风俗的辨析与解释，说明了他们将思考的基础放在了现世的合理性上面。他们引用经典，揭示出具体风俗后面的意义，似乎在做着沟通价值理性与工具理性的努力。我们要再次强调两汉之交的巨大变动给东汉士人尤其是东汉诸贤带来的巨大影响，原有的社会结构已经崩溃，那么，支撑这个结构的理念与学说自然应该受到怀疑，而代之以新的理念学说，甚至新的治学方法和价值倾向，这正是东汉子书论议风俗给我们带来的启示。

第九章　汉魏南北朝子书形式的发展

第一节　两汉子书形式的变迁

关于子书体例的研究，余嘉锡先生的一系列论点最为通达，他曾精辟地指出，先秦子书均曾单篇独行，很多是该学派讲义之汇编，最终结集乃其人晚年或者后世所为，其《古书通例》之"古书单篇别行之例"云：

> 古之诸子……因事为文，则其书不作于一时，其先后亦都无次第。随时所作，即以行世。论政之文，则藏之于故府；论学之文，则为学者所传录。迨及暮年或其身后，乃聚而编次之。其编次也，或出于手定，或出于门弟子及其子孙，甚或迟至数十百年，乃由后人收拾丛残为之定著。[①]

此论先秦子书，但是，我们翻检《汉书·艺文志》，发现西汉子书仍然大多是以单篇独行的形态存在。下面将《汉书·艺文志·诸子略》所著录的"儒家类"子书做一个简单的排列梳理，以此见出西汉子书的文本存在形态：

---

① 余嘉锡：《古书通例》卷三，中华书局 2007 年版，第 265 页。

《高祖传》十三篇。自注：高祖与大臣述古语及诏策也。

《陆贾》二十三篇。

《刘敬》三篇。

《孝文传》十一篇。自注：文帝所称及诏策。

《贾山》八篇。

《太常蓼侯孔藏》十篇。自注：父聚，高祖时以功臣封，臧嗣爵。

《贾谊》五十八篇。

河间献王《对上下三雍宫》三篇。

《董仲舒》百二十三篇。

《兒宽》九篇。

《公孙弘》十篇。

《终军》八篇。

《吾丘寿王》六篇。

《虞丘说》一篇。自注：难孙卿也。

《庄助》四篇。

《臣彭》四篇。

《钧盾冗从李步昌》八篇。自注：宣帝时数言事。

《儒家言》十八篇。自注：不知作者。

桓宽《盐铁论》六十篇。

刘向所序六十七篇。自注：《新序》、《说苑》、《世说》、《列女传颂图》也。

扬雄所序三十八篇。自注：《太玄》十九，《法言》十三，《乐》四，《箴》二。[1]

---

[1] 陈国庆：《汉书艺文志注释汇编》，中华书局 1983 年版，第 109—115 页。

以上著录子书的大部分都是以单篇形态存在的,比如《高祖传》十三篇和《孝文传》十一篇,都是帝王的诏书以及君臣之间对话的记录,它们肯定是以单篇的形式出现,时人或后人可能根据某一特定主题将这些诏书及记录分类汇编,就形成了《汉志》著录的子书,其他子书的成书情况也大都如此。因为西汉的子书是汇编而成,而并非作者本人生前手定,所以,这些子书并不是一个稳定的文本系统,《汉志》著录的子书名称也是后人所加,与作者本人基本无关。因此,在西汉,我们只能说存在高祖的多份诏书以及他和大臣多次对话的记录,而不能说存在《高祖传》这本书,其他子书的情况以此类推。

但是,这里面例外的是刘向和扬雄的情况。《汉书·楚元王传》载:

> 向睹俗弥奢淫,而赵、卫之属起微贱,逾礼制。向以为王教由内及外,自近者始。故采取《诗》、《书》所载贤妃贞妇,兴国显家可法则,及孽嬖乱亡者,序次为《列女传》,凡八篇,以戒天子。及采传记行事,著《新序》、《说苑》凡五十篇奏之。①

《汉书·扬雄传》载:

> (扬)雄方草《太玄》,有以自守,泊如也……雄见诸子各以其知舛驰,大抵訾圣人,即为怪迂,析辩诡辞,以挠世事,虽小辩,终破大道而或众,使溺于所闻而不自知其非也。及太史公记六国,历楚汉,记麟止,不与圣人同,是非颇谬于经。故人时有问雄者,常用法应之,撰以为十三卷,象《论语》,号曰《法言》。②

---

① 王先谦:《汉书补注》卷六,中华书局2008年版,第3291页。

② 王学谦:《汉书补注》卷五十七,中华书局2008年版,第5380、5403页。

　　刘向编选《新序》《说苑》《列女传》和扬雄撰著《太玄》《法言》，都是亲自定稿，且确定卷数或者篇数。因此，他们二人的著作可以说是有意识而为，在作者生前，可能已经形成了定本，与西汉其他子书的情况有所不同，更接近与东汉子书的情况。

　　相比于西汉，东汉子书的文本情况则有所不同。东汉当然也还存在一些作者生前单篇独行，后人为之整理结集的子书，但是，更多的则是在其出现之初，就已经是成书的形式。这从《后汉书》相关传记对其成书情况的记录，或者作者在子书中的夫子自道里就可以看出，以下略举几例：

　　《新论》：初，桓谭著书言当世行事二十九篇，号曰《新论》，上书献之，世祖善焉。(《后汉书》卷十八《桓谭冯衍列传》)①

　　余为《新论》，术辨古今，亦欲兴治也。何异《春秋》褒贬耶？(《新论·本造》)②

　　《风俗通义》：(应劭)撰《风俗通》，以辨物类名号，释时俗嫌疑。文虽不典，后世服其洽闻。(《后汉书》卷四十八《杨李翟应霍爰徐列传》)③

　　今王室大坏，九州幅裂，乱靡有定，生民无几。私惧后进，益以迷昧，聊以不才，举尔所知，方以类聚，凡十一卷，谓之《风俗通义》，言通于流俗之过谬，而事该之于义理也。(《风俗通义》应劭《自序》)④

----

① 范晔：《后汉书》卷十八，中华书局 1965 年版，第 961 页。

② 朱谦之：《新辑本桓谭新论》卷一，《新编诸子集成》本，中华书局 2009 年版，第 1 页。

③ 范晔：《后汉书》卷四十八，中华书局 1965 年版，第 1614 页。

④ 王利器：《风俗通义校注》，《新编诸子集成》本，中华书局 1981 年版，第 1 页。

《论衡》:（王充）著《论衡》八十五篇，二十余万言，释物类同异，正时俗嫌疑。(《后汉书》卷四十九《王充王符仲长统列传》)①

充……伤伪书俗文多不实诚，故为《论衡》之书。(《论衡·自纪》)②

《潜夫论》:自和、安之后，世务游宦，当涂者更相荐引，而（王）符独耿介不同与俗，以此遂不得升进。志意蕴愤，乃隐居著书三十余篇，以讥当时失得，不欲章显其名，故号曰《潜夫论》。(《后汉书》卷四十九《王充王符仲长统列传》)③

夫生于当世，贵能成大功，太上有立德，其下有立言。阘茸而不才，先器能当官，未尝服斯役，无所效其勋。中心时有感，援笔纪数文，字以缀愚情，财令不忽忘。刍荛虽微陋，先圣亦咨询。草创叙先贤，三十六篇，以继前训，左丘明五经。(《潜夫论·叙录》)④

《后汉书》对这些子书的创作背景有比较明晰的表述，说明它们是特定背景下的特定之作，而不像西汉子书那样，可能是作者生前随事而发的散乱单篇，只是经过后人整理方才成书；而各位作者自己也都表明了自己创作目的，甚至定下了书名和篇幅（卷数或者篇数），这在客观上说明了作者对这些子书拥有绝对的著作权，更重要的则是说明这些子书得到了作

---

① 范晔:《后汉书》卷四十九，中华书局 1965 年版，第 1629 页。

② 黄晖:《论衡校释》卷三十，《新编诸子集成》本，中华书局 1990 年版，第 1194 页。

③ 范晔:《后汉书》卷四十九，中华书局 1965 年版，第 1630 页。

④ 彭铎:《潜夫论笺校正》卷十，《新编诸子集成》本，中华书局 1986 年版，第 465 页。汪继培按:"草创"下数语，疑有脱误。

者生前的亲自修订，有了定本。

因此，我们可以这样说，有相当一部分东汉子书是作者有意识的著作规划下的产物，这与西汉的大部分子书截然不同。能够更加有力地证明这个观点的证据是在部分东汉子书中出现了"自序"，或者置于子书的开头，或者置于子书的末尾，就像最早出现自序的《史记》一样。比如上面举例的《风俗通义》《论衡》《潜夫论》三书就都有自序。司马迁在《史记·太史公自序》中详细地叙述了司马氏家族的光辉历史，介绍了自己的生平，并且用简要的语言介绍了《史记》每一篇的内容，在介绍的最后，他说：

> 凡百三十篇，五十二万六千五百字，为《太史公书》。序略，以拾遗补艺，成一家之言，厥协六经异传，整齐百家杂语，藏之名山，副在京师，俟后世圣人君子。太史公曰：余述历黄帝以来至太初而讫，百三十篇。

这个自序是如此详尽，以致司马迁将自己著作的篇数、字数、书名、文献来源以至对它的期待，都一一道来。这一切都表明，"自序"是将作者与著作紧密联系起来的纽带，而只有一部有明确著作意识，有详细著作规划的著作，才可能有自序，才需要有自序——作者要在自序里倾吐自己的创作心曲。那些单篇独行，经后人整理成书的子书，因为作者本人可能根本没有参与最后成书的过程，所以不可能对"整部"书做总结。从这个意义上讲，部分东汉子书有自序流传，正说明了它们有比较完整的、自足的结构，它们是一部书，而不是许多可能并无内在关联的单篇的集合。

西汉子书单篇独行，东汉子书却以成书的形式出现，导致这个差异的原因是什么？这是接下来要探讨的问题。首先还是让我们回到《汉书》来考察西汉子书的相关情况，比如《汉志》"儒家类"排在第二位的《陆贾》

二十三篇"，《汉书·陆贾传》曰：

> 高帝……谓贾曰："试为我著秦所以失天下，吾所以得之者，及古成败之国。"贾凡著十二篇。每奏一篇，高帝未尝不称善，左右呼万岁，称其书曰《新语》。[①]

在这段记述中，我们看到了《新语》的雏形是如何产生的。刘邦于马上得天下，对兴败存亡之道缺乏认识，所以，他希望陆贾这样的文化人能够总结秦亡汉兴的历史以及以往的成败经验，以资借鉴，于是就有了陆贾的十二篇奏章。而"左右呼万岁，称其书曰《新语》"，则说明《新语》的书名来自时人对这十二道奏章的认识，而并非陆贾亲定。这个例子可以作为西汉子书形成的典型代表：即出于实用目的而写。这个目的可能来自帝王的要求，也可能来自作者本人对某个实用目的的追求。而从另一方面讲，实用往往代表着功利，所以，西汉子书比较追求流通性，作者们必须让自己的作品流动起来，及时地产生作用，所以，陆贾是写完一篇即上奏，以图能够迅速地影响帝王，所谓"每奏一篇，高帝未尝不称善"。总之，这样的子书在其产生之初一定是处在单篇流动的不稳定状态。从理论上说，它的最终成书篇幅是可大可小的，因为这取决于编纂者能够得到的单篇的数量。《四库全书总目》之《新语》提要云：

> 案《汉书》贾本传著新语十二篇，《汉书·艺文志·儒家》"《陆贾》二十七篇"，盖兼他所论述记之。[②]

---

① 王先谦：《汉书补注》卷十三，上海古籍出版社 2008 年版，第 3495 页。

② 永瑢等：《四库全书总目》卷九一"子部，儒家类一"，中华书局 1965 年版，第 770—771 页。

刘向、歆父子在校书时可能得到了陆贾其他的奏章，所以，他们把陆贾献给刘邦的十二篇与其他数篇奏章合在一起，著录为"儒家类"之"《陆贾》二十七篇"，这样，属于陆贾的子书在篇幅上就比他当初上书刘邦时有所扩大了。余嘉锡先生曾言：

> 《庄子》之《天下篇》之论宋鈃、尹文曰："上说下教，强聒而不舍也。"夫上说者，论政之语也，其体为书疏之类。下教者，论学之语也，其体为论说之类。①

根据上文的分析，《汉书·艺文志》中著录的西汉子书，大部分属于"上说"的"论政之语"，正是因为出于论政的实用目的，西汉子书需要根据政治要求的变化而随时随事言说，所以，它的文本形态必定是单篇独行的；而与之相反，东汉子书大多属于"下教"的"论学之语"，这个特征在一定程度上决定了东汉子书摆脱了西汉的"单篇独行"，而以较为完整的成书形式出现。

首先要点出的是东汉诸贤——也就是我们要讨论的东汉子书的作者们的社会地位。如前文所说，他们大都沉沦下僚，这使得他们著作的目的一般不可能是向上言说，即使他们的著作是在比较纯粹的政论的情况下。比如王符的《潜夫论》：

> 自和、安之后，世务游宦，当涂者更相荐引，而符独耿介不同与俗，以此遂不得升进。志意蕴愤，乃隐居著书三十余篇，以讥当时失得，不欲章显其名，故号曰《潜夫论》。②

---

① 余嘉锡：《古书通例》卷二，中华书局2007年版，第243页。
② 范晔：《后汉书》卷四十九，中华书局1965年版，第1630页。

地位的低下使他们摒弃了实用的目的，而在一定程度上将"著书"本身当作了目的，于是就产生了像王充这样穷愁著书的典范：

> 充好论说，使若诡异，终有理实。以为俗儒守文，多失其真，乃闭门潜思，绝庆吊之礼，户牖墙壁各置刀笔。著《论衡》八十五篇，二十余万言，释物类同异，正时俗嫌疑。①

一般来说，当目的由实用转向学术之后，作者自然会对自己的著作进行比较整体的规划，整理全书的内在逻辑，这一点我们在先秦子书的发展上也可以看出来。先秦儒家早期之《论语》和中期之《孟子》，其内容都是孔、孟言行之记录，孔、孟并非有意为书，所以，即便经过弟子整理，在内容与结构上都难有逻辑可言。这是因为孔、孟平日实用性的政治活动居多，需要游说诸侯、指点国君，所以，他们的言论并无一体的考虑，而更多是随事而发。而到了战国中后期的《荀子》，情况却发生了转变。荀子本人固然还是一个较为热心的政治活动家，但同时开始具备专业学者的特色，能将学术放在一个相对独立的位置，他平日的讲学一定是有详细规划的。所以，作为荀子学派思想的总结与汇编，《荀子》一书无论是从内容还是结构上，都显得层次分明，逻辑发展线索清楚，是一部精心结构之作。这种情形同样可以用来比况东汉的子书及其作者。在个人社会地位低下、向上无望的背景之下，同时也在我们前面所讲的"著作"意识觉醒的刺激之下，东汉诸贤会对自己的著作产生极大的期待，会将自己的学术看法较为严密、符合逻辑地展现开来；而严密完整地展现自己的学术看法就使得自己的著作必须要有较为完整的形式和结构，这也就是东汉子书均能以较为完整的成书形式展现的重要原因。从整体上看，西汉子书作者用世

---

① 范晔：《后汉书》卷四十九，中华书局 1965 年版，第 1629 页。

之意多，无意为文，故后人只能辑其平日奏章而为子书；东汉诸贤更倾向于学术本身，所以能够创造出较为完整的子书。

一般来说，我们想到子书，都会想到一名作者和他的著作，这部著作有着比较明确的思想倾向和学术主张，有着较为严密的、自足的结构，但事实上，真正能够将一名诸子和他的著作如此紧密相连的恐怕要从西汉末的刘向、扬雄开始，而本书所讨论的东汉子书则是这种情况普遍化的代表。换个角度说，东汉以前的子书和它"挂名"的作者之间并无十分紧密的联系。在先秦，"作者"很可能只是托名，以"作者"命名的子书中大多是该学派先师与后学言行的汇总；在西汉，子书有很大一部分乃是"作者"生前的奏议文章，其身后再经整理结集。总之，先秦、西汉的子书基本上均以单篇独行的散乱状态出现，开始并无成书的"打算"。而只有到了东汉，作者才有意识、有规划地著作一部完整的子书，以作为自己名山事业的寄托。这种诸子完全拥有著作权，类似"思想家独白"的有意识创作的子书，似乎只存在于东汉魏晋时期，隋唐以后几乎是凤毛麟角，这是中国思想史上值得注意的现象。

第二节 《文心雕龙》与魏晋南北朝子书的变迁

东汉以后，魏晋南北朝的子书写作继续发展，但传统形式的子书日趋稀少。《文心雕龙》继承了传统子书的某些特征，而有了新变，体现了子书在中古时代的新发展。

在《文心雕龙》问世之后的两部最重要的目录书中，《隋书·经籍志》将其列入集部"总集"类，《四库全书总目》将其列入集部"诗文评"类，今人则将《文心雕龙》视作文学批评的一部专书，无疑是延续了以《四库全书总目》为代表的古代目录学对《文心雕龙》的定性。但是，在这样的主流认知之外，古今学界均有将《文心雕龙》视作"子书"者。据杨明照先生《增订文心雕龙校注·著录》的统计，明清两代有 7 种书目将《文心雕龙》著录在"子部"①。今人治此书者亦有类似之见，如刘永济先生云"彦和《序志》，则其自许将羽翼经典，于经注家外，别立一帜，专论文章，其意义殆已超出诗文评之上而成为一家之言，与诸子著书之意相同矣"②；周勋初先生亦云"刘勰之撰《文心雕龙》，是在写作一部子书……走上立言不朽之路"③；邬国平先生详细比勘了该书《诸子》篇中对诸子的赞誉和《序志》篇中作者的自我期许，确认"刘勰本人是将《文心》当作子书来写的"④。但是，上述研究都未能回答一个基本问题：什么是"子书"？如果能够为"子书"提供一个边界清晰、内容明确的定义，然后再用这个定义去检核《文心雕龙》，那么，问题自然就水落石出。但事实上，在传统的四部分类中，"子部"的范围最难划定，哪些作品可以归类为"子书"也是言人人殊。因此，直接判定《文心雕龙》是否为子书缺乏定性标准。本文的讨论基于以下前提，即《文心雕龙》与我们一般理解中标准的子书——先秦子书——相比，确有相似之处，但更值得重视的是它们之间的不同。如果将子书看作是从先秦绵延到魏晋南北朝的一个复杂的、流动的学术系统，《文心雕龙》则是这个系统发展过程中特殊而重要的一环。相比于先秦诸子的作品，它的著作动机、内容和结构均发生了很大的变化，体现了子书在中古时期的变迁。揭示并分析这种变化，不仅将加深对"子书"这一重要范畴的认识，也会使我们对《文心雕龙》有新的理解。

---

① 杨明照：《增订文心雕龙校注》，中华书局 2012 年版，第 627 页。

② 刘永济：《文心雕龙校释》，中华书局 1962 年版，第 1 页。

③ 周勋初：《文心雕龙解析》，凤凰出版社 2015 年版，第 278 页。

④ 邬国平：《〈文心雕龙〉是一部子书》，《上海大学学报》(社会科学版)2013 年第 5 期。

一、"不朽"观念影响下的著述形式选择

在汉人看来，先秦子书皆是应运而生，其目的则殊途同归，司马谈所谓"夫阴阳、儒、墨、名、法、道德，此务为治者也"（《史记·太史公自序》）。也就是说，从总体上看，先秦子书的著作动机是行道救世，孟子那段著名的自我表白，可为佐证：

> 予岂好辩哉？予不得已也！天下之生久矣，一治一乱……我亦欲正人心，息邪说，距诐行，放淫辞，以承三圣者。岂好辩哉？予不得已也！①

有趣的是，刘勰在表达自己创作《文心雕龙》的动机时，袭用了孟子的部分言辞，其《序志》云：

> 形同草木之脆，名踰金石之坚，是以君子处世，树德建言。岂好辩哉？不得已也！②

同样是"不得已"而作，孟子是出于对周孔大道丧失的忧惧，而刘勰关心的，则是肉体消灭之后，自己的声名是否能够如金石一般长久流传，也就是所谓的"不朽"。"树德建言"云云，明显承继了《左传》中提出的"三不朽"说，《文心雕龙》用骈文写就，考虑到骈文特殊的表达形式，刘勰在这里省略了"三不朽"中的"立功"；再考虑到作者的实际经历，"树德建言"乃偏义单指，刘勰在这里真正想表达的就是通过"建言"来实现人生永恒，也就是上引刘永济先生、周勋初先生所说的"成一家之言"

① 焦循：《孟子正义》，中华书局1987年版，第446页。
② 范文澜：《文心雕龙注》，人民文学出版社1958年版，第725页。

和"立言不朽"。从"务为治"到"立言不朽",《文心雕龙》相比于先秦子书在创作动机上发生了明显的变化,但问题也随之而来:作为一个古老的命题,"立言不朽"是在何时、何种背景下与子书创作相关联? 其意义何在? 而《文心雕龙》在这一学术发展历程中又居于何种位置? 以下试做考察。

先秦之"立言"非创作子书,《左传·襄公二十四年》:

> 穆叔曰:"以豹所闻,此之谓世禄,非不朽也。鲁有先大夫曰臧文仲,既没,其言立,其是之谓乎!"[1]

《文公十七年》:

> 襄仲如齐,拜穀之盟。复曰:"臣闻齐人将食鲁之麦。以臣观之,将不能。齐君之语偷。臧文仲有言曰:'民主偷必死'。"[2]

鲁文公十七年,上距臧文仲去世已经七年,襄仲仍然引其语来判断齐君的言论,这就是叔孙豹所说的"既没,其言立"。而从"民主偷必死"这句话来看,先秦所谓"不朽"之"立言",实乃充满道德感和智慧的简短言辞。

汉人关于"立言不朽"的表述可以司马迁为代表,其《报任少卿书》云:

> 所以隐忍苟活,幽于粪土之中而不辞者,恨私心有所不尽,鄙陋没世,而文采不表于后也……亦欲以究天人之际,通古今之

---

[1] 孔颖达:《春秋左传正义》,阮刻"十三经注疏"本,艺文印书馆 2007 年版,第 609 页。
[2] 孙颖达:《春秋左传正义》,阮刻"十三经注疏"本,艺文印书馆 2007 年版,第 717 页。

变，成一家之言。①

从结构到内涵，司马迁的自我剖白与上引刘勰在《序志》篇中的表述高度一致，但是，他们选择的"立言"形式却完全不同。司马迁的时代没有独立的"史学"观念，《汉书·艺文志》将《史记》著录在"六艺·《春秋》"类之下，这也符合作者本人对《史记》的期待。《太史公自序》云：

> 太史公曰："先人有言：'自周公卒五百岁而有孔子。孔子卒后至于今五百岁，有能绍明世，正《易传》，继《春秋》，本《诗》《书》礼乐之际？'意在斯乎！意在斯乎！小子何敢让焉。"

不仅是创作动机，《史记》的体例也是模仿《春秋》而来。②司马迁在学术思想上并不宗主一家，汉武帝"独尊儒术"的国策在写作《史记》的时代也并未能对士人有普遍、深刻的影响，但是，在司马迁看来，继承孔子所开创的整理、缵述经典的事业，可以实现不朽。这个志向提示我们，随着西汉意识形态由尊崇"黄老"向古代"王官学"转移，③士人们也自觉地将个人价值与整理、阐述和发展古代经典相关联，从这个角度讲，司马迁著作《史记》与武帝以后经生们大规模注疏经典有相似处。如果说在先秦时期，基于"不朽"观念之"立言"，是指留下充满道德感和智慧的简

---

① 萧统：《文选》，上海古籍出版社1986年版，第1865页。

② 刘知几：《史通·列传》："盖纪者，编年也；传者，列事也。编年者，历帝王之岁月，犹《春秋》之经；列事者，录人臣之行状，犹《春秋》之传。"浦起龙：《史通通释》，上海古籍出版社2009年版，第41页。

③ 汉武帝的文化政策表面上是"罢黜百家，独尊儒术"，实则是要超越诸子学术，恢复古代的"王官学"。详见钱穆：《秦汉史》第三章第二节"武帝之政治"，生活·读书·新知三联书店2004年版，第87—96页。

短言辞；在从司马迁开始的汉代大部分时间里，是指整理、阐述和发展古代经典；而到了东汉末期，"立言"所选择的形式又发生了新的变化，刘勰创作《文心雕龙》，就是承继这一变化而来。

曹丕在《与吴质书》中论"建安七子"之徐幹、应玚有言：

> 伟长（徐幹）……著《中论》二十余篇，成一家之言，词义典雅，足传于后，此子为不朽矣。德琏（应玚）常斐然有述作之意，其才学足以著书，美志不遂，良可痛惜。[①]

建安七子俱以诗文名世，曹丕对徐幹（当为"徐幹"，需全文统一）的评价高出侪辈，全因其留下了《中论》这部公认的子书，进而优入不朽之域。他对应玚未能著子书而深为惋惜，更加深了子书可以不朽的印象。曹丕本人也著有一部子书《典论》，时人对此也有极高评价，魏明帝时，曾有诏书云："先帝昔著《典论》，不朽之格言，其刊石于庙门之外及太学，与石经并，以永示来世。"[②]我们可以确切地说，到了汉魏之交，"立言不朽"的观念才真正与子书的创作密切相连。如果我们把《文心雕龙》看作子书，那么，刘勰希望不朽而著书的动机是受汉魏子书写作的传统影响，而并非先秦。刘永济、周勋初先生以"成一家之言"为标准判定刘勰是在创作子书，也是根据汉魏以来的认知。

值得注意的是在魏明帝的诏书中，将《典论》与石经并列这一非同寻常的现象。汉代经学鼎盛时期，子书往往被视为异端。汉元帝时，东平王刘宇上疏求诸子书，大将军王凤言："诸子书或反经术，非圣人，或明鬼

---

① 萧统：《文选》，上海古籍出版社 1986 年版，第 1897 页。
② 陈寿：《三国志》裴松之注引《搜神记》，中华书局 1982 年版，第 118 页。

神，信物怪……不宜在诸侯王，不可予。"①《论语》载子夏言："虽小道，必有可观者焉"，何晏《集解》曰："小道谓异端"，郑玄注云："小道，如今诸子书也"②。郑注并非子夏之言确解，却很能反映经学体系中人对子书的认知。以曹丕、徐幹为代表的汉末三国士人，则以子书为不朽之标志，充分显示了这一时期学术对两汉经学的突破，而这一突破发展至刘勰手中，则显得别有意味。众所周知，《文心雕龙》有很明显的"宗经"立场，刘勰如何在自己设定的"宗经"氛围笼罩下为创作子书寻求合法性？其《诸子》篇云：

> 至鬻熊知道，而文王谘询，馀文遗事，录为《鬻子》。子目肇始，莫先于兹。及伯阳识礼，而仲尼访问，爰序道德，以冠百氏。然则鬻惟文友，李实孔师，圣贤并世，而经子异流矣。

《汉书·艺文志》云："诸子十家……虽有弊短，合其要归，亦《六经》之支与流裔。"③从《庄子·天下》篇开始，诸子学术就被认为是古代大道分裂后的产物，汉代经学兴起后，将此大道界定为以"六经"为代表的古代王官学，《汉书·艺文志》的表述是这种看法的集大成，诸子遂成经学流裔，经子之间，高下立判。而刘勰在《诸子》篇中，则从鬻熊与周文王、孔子与老子的关系入手，重新定位经子关系。文王和孔子皆为造作经典的圣人，而子书最初的两个作者——鬻熊和老子——则分别是他们的朋友与老师，那么，"经"与"子"就绝不是先后的源流关系，而是并列发展"异流"。刘勰此处为子书"出身"的辩白颇有几分狡狯意味，可以看出他在

---

① 王先谦：《汉书补注》，上海古籍出版社 2008 年版，第 5079 页。

② 刘宝楠：《论语正义》，中华书局 1990 年版，第 739 页。

③ 王先谦：《汉书补注》，上海古籍出版社 2008 年版，第 3007 页。

"宗经"思想与"成一家之言"的形式之间努力寻求平衡。"宗经"于他而言是观念上的，在著述形式上，他不会回到汉代经学的陈旧道路上。再举一处对比，以证成以上论断，并结束这一部分的讨论。东汉赵岐在解释自己之所以要作《孟子章句》时说："惟六籍之学，先觉之士，释之辩之者既已详矣。儒家惟有《孟子》，闳远微妙，缊奥难见，宜在条理之科。"①《文心雕龙·序志》云："敷赞圣旨，莫若注经，而马、郑诸儒，弘之已精，就有深解，未足立家。唯文章之用，实经典枝条……于是搦笔和墨，乃始论文。"赵岐和刘勰有着共同的"焦虑"，那就是汉代经学对"六经"的注疏太过发达，已经无法再在这一领域有所突破。面对着同样的实现自我的困境，赵岐选择了汉代经学家们相对忽视的《孟子》，继续注疏的事业，而刘勰则开始了以"论文"为核心的子书创作。如果我们同意《汉书·艺文志》的看法，先秦诸子是古代王官学流裔，那么与之对照，作为子书的《文心雕龙》，则是汉代的新王官学——经学——解体后，中古士人追求个人不朽的产物。

二、从"博明万事"到"适辨一理"

从著作动机的角度来考察，刘勰秉承并深化了汉魏以来的子书认知；若从内容角度考察，《文心雕龙》相比与之前的子书，则发生了革命性的变化。

《诸子》篇的末尾，在详细叙述、评论了先秦诸子之后，刘勰提到了从陆贾《新语》到杜夷《幽求》在内的 7 部汉晋作品：

> 研夫孟荀所述，理懿而辞雅……吕氏鉴远而体周，淮南泛采
> 而文丽，斯则得百氏之华采，而辞气之大略也。若夫陆贾《新

---

① 焦循：《孟子正义》，中华书局 1987 年版，第 25 页。

语》，贾谊《新书》，扬雄《法言》，刘向《说苑》，王符《潜夫》，
崔寔《政论》，仲长《昌言》，杜夷《幽求》，或叙经典，或明政术，
虽标论名，归乎诸子。何者？博明万事为子，适辨一理为论，彼
皆蔓延杂说，故入诸子之流。

刘勰在这段表述里，为他心目中的子书在内容方面订立了标准，即
"博明万事"，这 7 部作品虽然皆以"论"名书，但是，其写作均能符合
"子"的标准，故进入了《诸子》篇的讨论视野。若以这个标准返观自身，
那么，《文心雕龙》是决然不能进入子书行列的。虽然《文心雕龙》的
涉及面要比现代意义上纯粹的文学理论更为宽广，但这也只是因为古今
对"文学"的涵义理解不同，刘书从内容本质上来说，仍然是一部专门
从"为文之用心""雕缛成体"，即思维与美感两方面入手来探讨"文学"
的专书。从这个角度讲，按照刘勰的定义，将《文心雕龙》归属为"适
辨一理"的"论"更为合适。刘勰在书中的前后自述，也可为内证。在
《论说》篇中，"论"的特征被概括为"弥纶群言、研精一理"，其《序志》
篇则云：

　　唯文章之用，实经典枝条……于是搦笔和墨，乃始论文。详
观近代之论文者多矣：至如魏文述典，陈思序书，应玚文论，陆
机《文赋》，仲治《流别》，弘范《翰林》，各照隅隙，鲜观衢
路……又君山、公干之徒，吉甫、士龙之辈，泛议文意，往往间
出，并未能振叶以寻根，观澜而索源。不述先哲之诰，无益后生
之虑……夫铨序一文为易，弥纶群言为难……

刘勰明确了是书乃专论文章之"一理"，非"博明万事"；而其所论，
又不是向壁虚造，他历数了从曹丕开始的近代十家论文者，表明了自

已要在批判前人的基础上有所创新，是所谓"弥纶群言"。《论说》与《序志》两相对照，《文心雕龙》在内容上更接近"论"而非"诸子"已显而易见。

上文的讨论已经明确刘勰是想创作一部子书以实现不朽，那么如何解释著作动机与内容呈现之间的矛盾？我们首先要关注刘勰对上文所述汉晋7部子书的论断，在肯定它们皆为子书之后，刘勰进而评论曰：

> 夫自六国以前，去圣未远，故能越世高谈，自开户牖。两汉以后，体势浸弱，虽明乎坦途，而类多依采，此远近之渐变也。

刘勰将子书写作分为"六国以前"和"两汉以后"两个阶段，[①] 在列举具体作品时，用"若夫"二字从文气上隔断，在评价上则褒远贬近。所谓"自开户牖"，是指先秦子书"有创见，能自立门户"[②]，而范文澜先生释"类多依采"则云："依傍儒学，採掇陈言……所谓谰言兼存，璅语必录，几至不能持论矣。"[③] "不能持论"即无创见，不能提出自己的理论主张，范注可谓直探刘勰心曲。在《论说》篇中，刘勰曾经批评曹植的《辩道论》"体同书抄，才不持论，宁如其已"[④]，这与对两汉子书"类多依采"的判断如

---

① 《淮南子》虽然成书于刘邦立汉以后，但是其各项特征仍然与先秦子书相似，而不类从《新语》开始的两汉子书，所以《诸子》篇将其纳入"六国以前"讨论。

② 周振甫：《文心雕龙注释》，人民文学出版社1981年版，第196页。

③ 范文澜：《文心雕龙注》，人民文学出版社1958年版，第325页。

④ 此句通行本作"体同书抄，言不持正，论如其已"，唯明汪一元私淑轩刻本作"才不持论，宁如其已"。曹植《辩道论》见严可均辑《全三国文》卷十八，范文澜先生论其文"列举当时道士迂怪之语，辩其虚诞，义颇近正，而文实冗庸"，故此句当以汪刻本为佳。

出一辙，考虑到作为文体的"论说"与子书有着明显的承继关系，^①刘勰实际上是给"诸子"与"论说"提出了相同的标准，即能持论，有自己的论点与主张。近人章太炎论汉代子书时也曾云："后汉诸子渐兴，讫魏初几百种，然其深达理要者，辩事不过《论衡》，议政不过《昌言》，方人不过《人物志》。此三家差可以攀晚周，其余虽娴雅，悉腐谈也。"^②虽然在具体作品的评价上略有差异，但其对两汉以后子书的基本看法与刘勰极为相似，"深达理要"与"持论"表达的是同样的意思。至此，我们可以做出以下结论：虽然刘勰主观上希望创作子书，然而，他同时也十分清楚，自两汉以来，子书即便依旧"博明万事"，但已经普遍不能"持论"，丧失了先秦子书"自开户牖"的本质。对"持论"的追寻，既是魏晋玄学兴起后南朝学术对思辨能力的普遍要求，也是深受佛教因明学影响的刘勰的自发需要。因此，他的著作就不再泛滥于万事万物，而将关注点集中于"文章"之上，研精一理，这是《文心雕龙》相比于先秦两汉子书在内容选择上的一个重要转变。当然，这种转变并非发轫于刘勰，章太炎提到的刘劭《人物志》，就是一部专门辨析、评论人物的子书，但是，它在"持论""研精一理"上的成就远逊《文心雕龙》，是《文心雕龙》，而不是其他作品，为子书的这种转变贡献了成功的范式。

最后要附论一个问题：为何《淮南子》以前的子书能够在博明万事（有广度）的同时自开户牖（能持论），而两汉以后的子书只是类多依采而不能持论？刘勰只是揭示了这个现象，并没有回答这个问题，尤其是考虑到刘勰所持的"征圣"观，这个问题有可能被简单化地理解为两汉以后作者与先秦诸子的水平差异。余嘉锡先生关于古书体例的论述也许会启发我们

---

① 比较《诸子》与《论说》两篇中的界定，作为文体的二者似乎只有体量的差异，其他方面的相似度极高。刘勰叙述"论"的发展史时所举的第一篇作品就是《庄子》中的《齐物论》，这个例子很能看出刘勰观念中"子"与"论"的关系。

② 章太炎：《国故论衡》，上海古籍出版社2003年版，第82页。

更好地理解这个现象，其《古书通例·案著录第一》云：

> 传注称氏，诸子称子，皆明其为一家之学也……自陆贾、贾谊以下不称子者，学无传人，未足名家也。[1]

余嘉锡认为"诸子"称"子"，就如同汉代经学传注称"氏"一样，乃是"一家之学"的标志。学术能够名家的必要条件是学有传人，形成学派。考先秦诸子内涵丰富且影响后世者，莫不其然。比如学界公认现存《庄子》三十三篇中，《内篇》可能是庄周本人手笔，而《外篇》《杂篇》乃是庄周后学而成，这是诸子有学派的文献学证据。如果考虑到唐代以前文献传播基本以手抄为主，文本始终处于"流动"之中，那么，到刘歆时代为止，即便是《内篇》，也可能并非全然是庄周手定，更有可能是庄子学派经过数百年的讨论、辩难而最终形成。这也许能解释为什么汉魏以后的子书在水准上远远不如先秦诸子，因为汉魏子书的作者均是"孤军奋战"，余嘉锡所谓"学无传人，未足名家也"。先秦诸子著作基本上是经过数十年乃至数百年往复讨论、辩难，淘沙漉金始得，而汉魏子书往往是作者奋其私智、闭门造车而成，个人的才力再过出类拔萃，也难以兼顾"博明万事"和"自开户牖"，难敌诸子学派历史形成的群体智慧（《淮南子》是刘勰在《诸子》篇中肯定的最后一部子书，而它恰恰也是最后一部由集体创作的子书）。因此，两汉以后诸子学派的消失决定了两汉以后的子书，若想保证质量，只能舍弃万物，而研精一理。刘勰著作动机（创作子书）与内容选择（专论"文章"）之间产生的矛盾，充分体现了汉魏诸子学术的变迁；而《文心雕龙》虽然未能"博明万事"，转而专论"文章"，但是却能"自开户牖"，成为持论鲜明的文学批评史巨著，可以说是在更高层次上复活

---

[1] 余嘉锡：《古书通例》，中华书局 2007 年版，第 206—207 页。

了先秦子书。

三、双枢轴结构

章学诚称《文心雕龙》"体大而虑周"(《文史通义·诗话》),尤其是对照后世诗话的零散琐碎,学人更是惊叹于刘书的结构完整、体系严密。已有研究指出,"刘勰著作体系意识的重要来源正是子书的传统,他吸取了子书的著述形式经验,加强了对著作整体性的把握和构思"①。然而,本文所要指出的是,早期的子书编纂并无建构体系的自觉,今本《论语》分为二十章,《孟子》分为七篇,但是,各篇章之间并无逻辑联系。当然,无体系并不代表缺乏思想与理论,只不过《论语》《孟子》的理论需要读者从散乱的篇章中去梳理、提炼,这和通过严密的结构自足的呈现思想是有明显区别的。结构完整、体系严密是先秦子书发展到晚期始具有的特征,《吕氏春秋》几乎是唯一能做到自觉建构完备体系的先秦子书。秦亡汉兴,继之而起的《淮南子》也以体系完备而闻名。因此,泛说《文心雕龙》的著作体系意识来源于子书传统似乎并不严谨,在这一点上,它仅仅和《吕氏春秋》与《淮南子》相似。

将《吕氏春秋》《淮南子》与《文心雕龙》进行对比,确实很能启发我们对于《文心雕龙》精密结构背后所包涵观念的理解。《吕氏春秋·序意》云:"尝得学黄帝之所以诲颛顼矣,爰有大圜在上,大矩在下,汝能法之,为民父母。盖闻古之清世,是法天地。凡十二纪者……上揆之天,下验之地,中审之人,若此,则是非可不可,无所遁矣。"②吕氏以其时流行的黄帝之学为知识基础,以天人同源互感关系为依据,以仿效天道循环的"十二纪"为基本框架,整合了先秦各家的知识和思想,自创新说。从

---

① 邬国平:《〈文心雕龙〉是一部子书》,《上海大学学报》(社会科学版)2013年第5组。
② 陈奇猷:《吕氏春秋新校释》,上海古籍出版社2002年版,第654页。

"是非可不可无所遁"所表现出的自负来看,《吕氏春秋》欲裁判诸家、统一思想的宗旨非常明显。《淮南子》的文本结构以阴阳、四时、五行的宇宙图示展开,通过精密的文本结构,试图将儒、法两家纳入道家的思想体系中。我们似乎可以得出这样一个观察:仅有的两部结构完整、体系严密的子书——《吕氏春秋》《淮南子》——都带有明显的折中群言、统一思想的特征,而这个特征是先秦其他子书所不具备的,完备的体系与思想的统一似乎是形式与观念之间的必然搭配。

相比于《吕氏春秋》和《淮南子》,《文心雕龙》在体系建构上不遑多让,《序志》篇云:

> 盖《文心》之作也,本乎道,师乎圣,体乎经,酌乎纬,变乎骚:文之枢纽,亦云极矣。若乃论文叙笔,则囿别区分,原始以表末,释名以章义,选文以定篇,敷理以举统:上篇以上,纲领明矣。至于剖情析采,笼圈条贯,摛《神》《性》,图《风》《势》,苞《会》《通》,阅《声》《字》,崇替于《时序》,褒贬于《才略》,怊怅于《知音》,耿介于《程器》,长怀《序志》,以驭群篇:下篇以下,毛目显矣。位理定名,彰乎大易之数,其为文用,四十九篇而已。

刘勰建造了如此宏大的结构,并将其分为三个层次,层次之间的逻辑关系十分清晰。若从对《吕氏春秋》和《淮南子》所得结论出发,即子书完备的结构体系通常蕴含着统一思想的内在要求,那么,刘勰也必然希望通过这样的结构,将纷繁复杂的文体发展史和文学批评史在更高的层次上实现统一。他称前五篇为"文之枢纽",意即"论文叙笔"与"剖情析采",均以前五篇蕴含的内容为关键和核心,换而言之,他要用"文之枢纽"来统一文体发展的历史和文学批评的演进。五篇之间的关系,历来有不同看法，但若从目的论角度出发，《宗经》才是"文之枢纽"的真正核心。《原道》所论之"道"，乃自然之道，也是先秦诸家共同接受的哲学背景；经过圣人（《征圣》）的转化与实践，此道演变为儒家的形而上学，蕴含于经书之中；也唯有通过"五经"各具特色的形而下的展示，后世作文才能找到真正的典范。也就是说，文之道与文之形，皆汇聚于经书。纬书（《正纬》）与楚辞（《辨骚》），是经书之后的文学样式，它们展现出与经书外貌不同的新奇。但是，刘勰需要对这些新奇进行裁汰，所谓"执正以驭奇"（《定势》），留下不违背经书本质的部分，才能进入"文之枢纽"。

如果我们认同"宗经"是全书体系的关键，刘勰用"宗经"来统一文学史和文学批评的发展，那么，《文心雕龙》就从学术性格上消解了先秦两汉子书的"私学"特征。《汉书·艺文志》认为先秦诸子是"《六经》之支与流裔"，钱穆先生接续章学诚等人的讨论，明确"王官学"与"百家言"之分：

> 古代学术分野，莫大于王官与家言之别。鲍白令之有言："五帝官天下，三王家天下"，"官"言其公，"家"言其私。百家言者，不属于王官而属于私家，易辞言之，即春秋以下平民社会新兴之自由学术也。王官学掌于"史"，百家言主于诸子……①

所谓"私学"，就是钱穆所说的"平民社会新兴之自由学术"。作为"私学"的先秦诸子学术，是对三代王官之学的突破，体现了对官学自觉地疏离，批判性是私学的本质特征。两汉的许多子书很好地继承了这个属性。汉代子书面对的王官学是经学，尤其是今文经学，其全部特征发展到东汉

---

① 钱穆：《两汉经学今古文平议》，商务印书馆 2001 年版，第 191 页。

中前期，已经全部呈现，集中体现在章句之学的流行上，而其时的子书如《新论》《论衡》等，对此展开了集中批判。刘勰撰著《文心雕龙》，并无官方背景，但是，作为私人著述，却以作为官方学术的儒家经学为指南，充分说明了产生汉代以后子书的生存环境已经越发不同，先秦子书的批判"基因"渐趋泯灭。章学诚曾言，"诸子不难其文，而难于宗旨之卓然有其不可灭"[1]，《文心雕龙》通过严密的结构展现了明确的"宗经"宗旨，这是它不同于大部分汉魏子书的一面，但是，却消解了先秦子书的批判特征，构成了子书发展史上的悖论。

如果说"宗经"是运行《文心雕龙》的第一条枢轴，属于显性的，那么，该书还有第二条枢轴存在，它隐默地支撑着全书的结构。线索来源于刘勰自述全书体系的末尾句，即"位理定名，彰乎大易之数，其为文用，四十九篇而已"。该句比照《易传·系辞》"大衍之数五十，其用四十有九"之说，王弼注云：

> 演天地之数所赖者曰五十也，其用四十有九，则其一不用也。不用而用以之通，非数而数以之成，斯易之太极也。[2]

刘勰用此说解释他的结构设计，那么，"其一不用"之"太极"究竟指哪一篇就显得非常重要。有论者认为"其一不用"指的是《原道》篇，比如王元化先生就认为，"刘勰没有明言《文心雕龙》五十篇中哪一篇属于不用之一，但就全书的思想体系看，显然指的是《原道篇》。因为他以为道（亦即太极——作者原注）是派生天地万物包括文学在内的最终原因，

---

① 仓修良：《文史通义新编新注》，浙江古籍出版社2005年版，第355页。
② 孔颖达：《周易正义》，阮刻"十三经注疏"本，艺文印书馆2007年版，第152页。

正如《易传》所说的太极作用一样"①。元化先生的理由当源自《原道》篇中"人文之元，肇自太极"一语，从文学发生论的角度看，作为自然之道本初的太极，固然是全书理论体系的起点，但刘勰在《序志》篇中用此句却是在阐述文本架构，并非推演理论体系，故"其一不用"当另有所属。仔细阅读刘勰自述，有三点值得注意：其一，"其为文用，四十九篇"，《原道》属"文之枢纽"，乃文用之一端，当属四十九篇之中，而《序志》则自述心志，非专门论文，不属"文用"范畴；其二，"文之枢纽"是整体设计，若《原道》单列，则会割裂这一整体；其三，刘勰明言，"长怀《序志》，以驭群篇"，此语当是仿效太极驭使二十八宿的天道观而来（《史记·太史公自序》："二十八宿环北辰"）。故"其一不用"当指《序志》篇。

如前所述，《序志》并不论文，除了解释书名的涵义、全书的结构以外，主要是作者自抒怀抱与创作动因，并寄托自身与著作共不朽的期待，《序志》全篇凸显的是刘勰个人的存在。"其一不用"之"太极"，原是易学中的概念，指宇宙之本根，但是，经过汉儒的改造，"太极"不但指根本之道，亦指发生之始，②张岱年先生更指出，"本根"还包含"统摄义"③。如将《序志》篇中显露的作者强烈的个人意识与"太极"之内涵相比照，那么，"长怀《序志》，以驭群篇""位理定名，彰乎大易之数，其为文用，四十九篇而已"这两句话告诉我们的是：文体的发展与文学批评的演进固然从未停止，但是，若没有刘勰，则无从呈现，并且这种呈现完全处于刘勰个人智慧的统摄之下。据此，刘勰在有意识突破古典的"作者"观。

在先秦，"作"最初是指上古圣王对文字、器物等的发明，《世本·作》篇云：

---

① 王元化：《读文心雕龙》，新星出版社 2007 年版，第 49 页。

② 汉儒的改造过程与逻辑，徐兴无师言之甚详，可参看。徐兴无：《释"诗者天地之心"》，《岭南学报》复刊第三辑，第 54 页。

③ 张岱年：《中国哲学大纲》，中国社会科学出版社 1982 年版，第 8 页。

> 苍颉作书，史皇作图，容成作历，大挠作甲子，羲和作占
> 日，恒羲作占月，后益作占岁，隶首作数，燧人氏钻木出火，黄
> 帝作火食，神农作耒，古者垂作耒耜，黄帝作冕，神农作琴，蚩
> 尤作兵……①

随后，"作"的范围扩大到对思想文化的创发，随之也产生了"作"与"述"的区别。《礼记·乐记》曰："知礼乐之情者能作，识礼乐之文者能述。作者之谓圣，述者之谓明。"②通观《世本》与《乐记》所载，无论"作"是指文字器物的发明，还是指思想文化的创发，皆为圣人特权。如果说《乐记》总结的"作""述"之分在先秦只是儒家独有的认知，那么到了汉代，随着儒学独尊、王官复辟，这种认知就对士人形成了普遍的束缚。司马迁著《史记》，扬雄著《太玄》，客观上都以凡人而自居作者，皆遭受诘难或严厉批评。③刘勰虽然也称引《乐记》"作者曰圣，述者曰明"之说（《征圣》），但那只不过是"释名以章义"的需要，并不表明他还认可古典的作者观。事实上，刘勰非常重视个人在文学历史上的作用。其《原道》云："惟人参之，性灵所钟，是谓三才。为五行之秀，实天地之心。心生而言立，言立而文明。"只有人能够体察天地之心，进而用言的形式来表达，道的文理才得以阐发。此处之"人"，非特指圣人，乃是包括圣人在内的所有人，圣人只不过是树立了范式而已。唯其如此理解，发展才成为可能，否则，

---

① 孙冯翼：《世本八种》，中华书局 2008 年版，第 3 页。

② 孔颖达：《礼记正义》，阮刻"十三经注疏"本，艺文印书馆 2007 年版，第 669 页。

③ 壶遂曾质疑《史记》妄比圣人作《春秋》，司马迁辩白自己是"述而不作"，见《太史公自序》。《法言·问神》："述而不作，《玄》何以作？曰：其事则述，其书则作。"面对压力，扬雄作了比较勉强的申辩，他只承认《太玄》从形式上看是"作"，但是其义理内核仍然是"述"，不敢自居"作"者。汪荣宝：《法言义疏》卷八，中华书局 1987 年版，第 164 页。另据《汉书·扬雄传》载，"诸儒或讥以为扬雄非圣人而作经，犹春秋吴楚之君僭号称王，盖诛绝之罪也"。

文学的历史将随着圣人的消失而中断；也正因为有这样的认识，刘勰才会热情地赞颂"不有屈原，岂见离骚"（《辨骚》）。基于以上分析，刘勰对于《序志》在全书结构中的特殊安排便顺理成章，充分显示了刘勰对于古典作者观的突破，以及他个人意志与智慧对于全书的掌控，《序志》中显现的"作者"意识也就成了继"宗经"之后，运转《文心雕龙》整体结构的第二条枢轴。从历史哲学的层面看，包括文学史在内的一切文明史的发展，都是合目的性与个人动机的交织。自汉武帝以来，文学始终伴随经学的变迁而发展，因此，以"宗经"为枢轴展开论述，实乃文学史发展对作者立场的必然要求；这种必然要求与刘勰个人的动机、智慧相结合，才最终呈现出《文心雕龙》的面貌。

进而言之，自两汉子学衰微，经学兴起，浩如烟海的经书注疏成为学术演进的渊薮，但众所周知，经学时代的思想创发力不如先秦，一个重要的原因就是无论注疏的内涵多么丰富，最后都要受到经典文本的牵制。欲想突破束缚，自铸伟辞，两汉之后的士人就必须突破古典作者观的笼罩。就笔者所见，汉代自觉冲击古典作者观的代表人物，恰恰是子书的作者：桓谭和王充。[1] 但是，此二人的作品要么散佚，要么长期不受重视，理念没有著作实绩支撑，未能给这种突破奠定范式。《文心雕龙》以成功的实践最终完成了这种突破，刘勰用经过改造的子书，为汉代以后的学术发展、思想创发，找到了不同于注疏的新形式。

《文心雕龙》论述了二十类文体的发展史，涵括古今，前文已经说明，若按照刘勰自己订立的标准，其书并不适合归入"诸子"，反而更宜划进"论说"，但刘勰在主观上却很想创作一部子书，以实现"立言不朽"。这

---

[1] 桓谭在《新论》开篇即云："余为《新论》，术辨古今，亦欲兴治也。何异《春秋》褒贬耶？"朱谦之：《新辑本桓谭新论》卷一，中华书局 2009 年版，第 1 页。王充在《论衡》的《须颂》《定贤》《文儒》等篇章中，表达了类似观点。

个矛盾正可以彰显《文心雕龙》在文体发展史上承前启后的特殊地位。在中古时代，相比于诗文的勃兴，子书的形式已是明日黄花，刘勰的著作动机与理想，带有浓厚的复古色彩。然而，任何理念落实为实践，都会发生不同程度的异化，这种异化充分体现了其时学术的整体演进。士人实现自我价值的形式，除了创作诗文，更有写作子书，并且在汉代被视为"异端"的子书，更能体现士人对经学信仰的冲决；除了注疏以外，刘勰又重拾古老的子书作为创发思想的样式；但重拾并不代表重复，《文心雕龙》相比于先秦子书，其论述范围明显缩小，这主要受制于子书创作主体由学派变为个人；中古的意识形态并非儒学一家独大，但是，经过两汉四百年的经学一统，"宗经"意识对刘勰已经沦肌浃髓，《文心雕龙》也因此弱化了先秦诸子的批判性格，而代之以建构特征；这种建构以个人的智慧与意志为枢轴，反过来又体现了中古士人在"宗经"氛围下寻求个人主体性的努力。凡此种种加于一身，《文心雕龙》既体现了脱胎于子书传统的痕迹，又显示了时代对于传统的改造。从历史主义的角度看，任何一种文体都不会彻底消失，只会变形地存在，这种变形正是学术发展的关捩所在。

结　语

　　先秦子书，乃是某一学派绵延数十年甚至上百年学术精粹的汇编，书非成于一人之手，思想也非出自一人之胸臆。春秋战国，辩论之风盛行，诸家观点往来攻守，最后落实为文字，自是精博并擅，牢笼古今。而后世子书，或乃实用奏章之汇编（如西汉），或乃一事一理之辨析（如魏晋），随说随记，未经时间历练，且格局较为狭窄，自然难以匹敌先秦诸子。唯东汉诸贤如王充等人，僻处一乡，穷愁著书，以一人之力，希图颉颃先秦诸子，虽说经时间考验，证明其经典性逊于先秦诸子，但其规模与格局是后世子书无法比拟的。

　　欲详考汉代学术，经学自然是最主要的研究对象，事实上，这也是历来汉代学术研究的重点。东汉子书并非学术界研究的热门，但是，在桓谭、王充、仲长统、应劭、荀悦等人的身上，确实又有足够多的共同点将他们归为学术的同类。这些共同点包括：他们中的大部分没有很高的社会地位，沉沦下僚，思以学问名世；他们共同生活在经学的大环境中，但学术思想均在不同程度上体现出了对经学的反叛；他们彻底打破了从先秦以来"圣人"对著作权的垄断，在经学章句之风或注疏之风流行的时代中，都孜孜于创作能使自己不朽的"一家之言"；他们的创作都在不同程度上体现了学术视野的转移；也体现了东汉时期道家、法家思想的复兴；等等。考察一时代之学术，不能只从正面突破，从侧面进入往往能够看到以往研究中容易忽略的现象。东汉子书是汉代学术中的异类，是侧面，从对他们兴起条件的考察，和兴起后与经学之间的关系的考察，以及他们各自著作主旨的考察，我们能更加全面、深入地体认汉代学术的整体风貌和本质特征，同时也凸显出东汉子书本身的意义。

考察东汉子书的角度，不仅是要将其与汉代学术作横向的比较研究，同时还应该将其放在诸子学发展的纵向脉络中观察。诸子学风行先秦数百年，是汉代学术的直接源头。以往考察先秦与汉代学术之间的关系，多采用"交相胜"的角度，其实他们之间"交相生"的成分更多。经学比诸子学更加适应西汉的时代需要，但是，诸子学的形式虽然衰微，其以"家言上抗王官"，挑战政治权威的精神气质却被西汉经学继承。王莽代汉的失败使得西汉经生的"革命理想"破灭，这直接导致了东汉诸子学的复兴。从这个角度来说，东汉子书写作的繁盛，与先秦诸子学和西汉经学，有着非常明显的繁衍关系。将这个逻辑延伸下来，我们可以据此推断，东汉子书对魏晋学术也有明显的导源作用。以上，就是"子书与东汉学术转型"这一课题得以展开的理据。

从整体上看，在汉魏六朝学术发展的历程中，子书写作的繁盛与诸子学整体的衰微，构成了一个值得探究的悖论，而东汉是这个悖论集中展现的时期。诸子学的衰落并非始自东汉，汉武帝立"五经"博士，将诸子学从教育体系和仕进制度中清除，诸子学就失去了继续繁荣的传授体系和制度保障。汉武帝的做法，是统一的郡县制帝国对文教制度和意识形态管理的必然要求，也体现了诸子学这一特定学术类型对政治制度的依赖。但是，东汉子书写作的繁盛，以及这些子书中蕴含的百家"基因"，却向我们表明：萌芽、生长于先秦分封制土壤中的诸子学，仍然是后世思想、学术发展中的重要变量，是每个学术发展转折期返古开新的重要资源。从东汉的例子出发，我们可以得出这样的判断：探究先秦之后任何一个时期的学术思潮，都必须仔细考量诸子学牵涉其中的范围与深度，方能较为圆满地进行分析和阐释。

附论:《孟子正义》的诠释特色与启示

东汉除了子书写作兴盛,对先秦和西汉子书的注解同样兴盛,在本书的绪论中,我们已经用图表的形式展现了这一盛况。非常可惜的是,大部分子注作品都已经散佚,只有高诱注《淮南子》《吕氏春秋》和赵岐注《孟子》得以留存。其中,高注以音义训诂为特色,思想性不强。赵注则比较明显地体现了晚汉学术的新变,徐兴无师的《论赵岐〈孟子章句〉》(见下注)做了深度的阐发。在本书写作过程中,笔者研读《孟子章句》,同时关注焦循对《章句》的进一步疏解,特草成此文,以展示子学注疏的生命力。

《孟子正义》(以下简称《正义》)是扬州学派代表人物焦循晚年的精心结构之作(焦循生前完成了资料长编及《正义》初稿三十卷,手录清稿十二卷而殁,其子廷琥、其弟征续录完帙),可视为焦循一生的学术总结。在注疏史上,面对同一部经典,不同的解经者往往从其特定的学术或人生背景出发展开诠释,因而呈现出不同的解经风貌。就《孟子》学史而言,赵岐是晚汉清流,迭遭政治祸患,所以,他的《孟子章句》特别重视表彰《孟子》书中的士人气节,以抗乱世之浮云;[①]《孟子集注》成书于宋孝宗淳

---

① 《孟子章句》的写作背景见赵岐在《孟子题辞》中的自述。焦循:《孟子正义》卷一,《新编诸子集成》本,中华书局 1987 年版,第 24—25 页。本文所引《孟子正义》皆据此本,以下随文标注卷数及页码。关于赵岐在注解中疏发士人气节的研究,参见徐兴无:《论赵岐〈孟子章句〉》,《古典文献研究》第一辑,南京大学出版社 1992 年版,第 420—422 页。

熙四年（公元 1177 年），[1] 朱熹时年四十八岁，其理学思想架构已经初成，因此，朱熹是带着理学关注的课题来观照《孟子》，《孟子集注》也成为展示二程及朱熹思想的重要载体。与之相比，焦循在疏解《孟子》时最值得关注的背景则是他的易学造诣。焦循自述云：

> 循传家教，弱冠即好孟子书，立志为《正义》，以学他经，辍而不为，兹越三十许年。（《正义》卷三十，第 1052 页）

其弟焦征云：

> 先兄壬戌会试后闭门注《易》。癸酉二月，自立一簿，稽考所业，戊寅春《易学三书》成。又以古之精通《易》理，深得伏羲、文王、周公、孔子之旨者莫如孟子，生孟子后而能深知其学者莫如赵氏……自戊寅十二月起稿，逮己卯七月撰成《孟子正义》三十卷……（《正义》目录，第 7—8 页）

焦循虽弱冠即立志写作《正义》，但其后的三十余年，因"学他经"而并未付诸实践，而我们也知道，焦循虽然在《毛诗》《尚书》《礼记》《左传》《论语》等经典的研究中也取得了重要的成绩，但《易》学才是焦循一生用力最勤、取得成就最大的领域。据焦征所云，焦循在完成著名的《易学三书》之后即着手释《孟》的原因是孟子最能通达易理。因此，无论从作者的学术擅长、《正义》的写作时间还是作者本人的研究预期来看，《正义》都和焦循的易学研究有着密切的关联，具体来说，就是焦循频繁运用易学的"通变观"来诠解《孟子》。关于焦循"以《易》释《孟》"

---

[1] 王懋竑：《朱熹年谱》卷二，中华书局 1998 年版，第 76 页。

的问题，学界有所讨论，但多有批评之言。黄俊杰先生认为，焦循"撰写《孟子正义》，常称引《易经》为据，然颇多方枘圆凿，格格不入之处"①。陈居渊先生虽然肯定焦循"以易学的通变理论来观照孟子思想，具有重要开辟理论远景的意义"，"但在论证过程中，焦循却摒弃了孟子的性善说，成为告子人性论的维护者。至于重塑孟子的理想人格，焦循终究未能翻出儒家在现世社会生活的背景下，以道德实践为根本内容来构建理想人格的旧轨"。②早在20世纪30年代，钱穆先生在其《中国近三百年学术史》中也认为焦循学问之"奇思奥旨，往往寄之治《易》诸书，不知《易》之为书，未必即是孔门之教典也"。③黄书的批评主要着眼于易理与孟学之扞格；陈文的批评认为焦循通过"以《易》释《孟》"的方法，得出的部分结论违背了《孟子》的本意；钱书的批评则指出《周易》与孔门关系悬而未解，孟子未必即是以《易》立说。以上三家之言可作为学界针对本书的代表性观点。此三家观点都是对焦循"以《易》释《孟》"成败的定性评价，本书则想转换角度，试图完成以下两个方面工作：首先揭示焦循是如何"以《易》释《孟》"的，发掘此注疏方法的学理依据及展开过程，展示"以《易》释《孟》"的学术创造力；进而探明《正义》所运用的"经典互证"方法在经学诠释史上的特殊价值。

一、"以《易》释《孟》"的研究预设及其展开

以《易》释《孟》，首先需要明确《周易》之所以能够诠解《孟子》的学理"合法性"。《孟子》文本中并没有学《易》或用《易》的直接证据，

---

① 黄俊杰：《孟学诠释史文献选编注释》，《中国孟学诠释史论》附录，社会科学文献出版社2004年版，第480页。

② 陈居渊：《论焦循〈孟子正义〉的易学诠释》，《孔子研究》2000年第1期。

③ 钱穆：《中国近三百年学术史》第十章，商务印书馆1997年版，第526页。

其他文献中也未记载孟子与《周易》有何关联。① 焦循处理这个问题的方法是跨越文献证据，直接从哲学和历史两个层面给出预设。

赵岐在《孟子章句》序言中说孟子是"通《五经》，尤长于《诗》《书》"，焦疏云：

> 至于道性善，称尧舜，则于通德类情，变通神化，已洞然于伏羲、神农、黄帝、尧、舜、文王、周公、孔子之道，独《诗》《书》云乎哉！（《正义》卷一，第9页）

众所周知，"通德类情，变通神化"是易学的一贯宗旨，而众经之中，能将渊源上推至传说中的伏羲，也唯有《周易》，② 所以，焦循在此处虽未明言，但其以孟子精通《周易》之意甚为明显。③ 焦循认为《孟子》以易旨为则（"则于通德类情，变通神化"），可见在其理念中，《周易》与《孟子》并非是单纯而平等的学理相通关系，《周易》相比于《孟子》具备形而上的优先性，换句话说，《孟子》全书是易理普适化的例证。这是焦循之所以"以《易》释《孟》"的哲学预设。

除了明确《孟子》以易理为则，在上引疏文中，焦循还说明此易理乃是从伏羲传衍至孔子，这个表述在后续疏文中反复出现。我们很容易发现这就是中唐以来在儒者著述中经常出现的"道统"说，只不过将常见的"道

---

① 托名陶渊明的《集圣贤群辅录·八儒》曾记载孟子弟子公孙丑传《易》，今人袁行霈辨其为伪作，其说可参。袁行霈：《陶渊明集笺注》，中华书局2003年版，第598页。

② 《易·系辞下》："古者包羲氏之王天下也……于是始作八卦，以通神明之德，以类万物之情……神农氏没，黄帝、尧、舜氏作，通其变，使民不倦，神而化之，使民宜之。易，穷则变，变则通，通则久。"

③ 在注疏中，焦循直接断定"《孟子》全书，全是发明《周易》变通之义"。（焦循：《正义》卷十五，中华书局1987年版，第532页）

统"源头从尧、舜前推至伏羲，这当然是为了配合关于《周易》作者的传说。下文将会详细分析焦循如何用"通变观"重新解释这个道统，在这里，我们只想指出，焦循在疏文中频繁强调易理历经"伏羲、神农……孔子"的悠久传承，绝不是毫无意义的"重复套语"，它实际上是在表明：《周易》相比于《孟子》的哲学优先性，还代表了一种历史权威。经过"古史辨"思潮洗礼的现代学术早已认定伏羲、神农云云只是后世想象性的建构，但历史权威所依托的并不一定是曾经发生的经验事实，更多的是文化的传统和价值体系，《汉书·艺文志》就说《周易》是"人更三圣，世历三古"，这是焦循此说较早的根据。鉴于此，我们可以简单概括焦循"以《易》释《孟》"的研究预设：《周易》蕴含了从伏羲到孔子的"道"，是哲学和历史的双重权威，孟子精深易学，继承此道，所以"以《易》释《孟》"，最能发明《孟子》之旨。

厘清《正义》"以《易》释《孟》"的预设之后，我们还要考察焦循是如何在预设的指导下进行实践的。《正义》"以《易》释《孟》"的操作基本上采取以下四种形式：1. 引《周易》经文以训诂文义；2. 引《周易》传文以训诂文义或发明义理；3. 直言《孟子》经文发明《周易》；4. 未明言《周易》文献本身，但暗用易理疏解《孟子》经文。如下表所示（表格中所标数字乃所据《正义》页码，同页不止一次引《易》，按实际次数计）：

表 4 《孟子正义》引《易》一览表

	训诂文义	发明义理	总引次数
《经》	25、47、90、127、155、175、190、200、271、307、469、469、558、791、822、881、904、912		18

续表

	训诂文义	发明义理	总引次数
《传》	14、25、48、49、116、122、147、193、219、225、281、301、332、333、399、404、415、437、444、444、449、452、485、485、503、514、523、527、572、585、585、598、614、734、797、810、860、870、870、886、889、890、895、904、906、907、908、912、964、970、995、1014、1028、1044	71、77、77、112、226、239、241、241、317、365、389、389、418、419、419、419、421、484、559、585、585、586、586、586、586、614、743、755、756、773、777、777、777、884、895、895、906、907、908、919、938、969、1041、1044	98
明言《孟子》发明易理	167、204、219、253、392、461、474、487、498、525、532、557、558、559、561、569、571、575、587、652、727、734、746、747、755、860、884、895、896、904、918、919、993、1035、1050		35
暗用易理疏解《孟子》	9、10、45、171、219、249、374、400、560、569、575、652、727、734、746、879、900、920		18

　　博证文献是清人治经的典型特征，根据学者的统计，《孟子正义》共征引先秦两汉文献133种，其中直接征引《周易》110次。① 以征引次数论，不计《说文》《尔雅》《毛传》等训诂专书，《周易》排在《礼记》《毛诗》《吕氏春秋》等之后，列第13位，并非最突出。但是，征引其他文献在大多数情况下都是出于训诂文义的目的，而征引《周易》则以发明义理的情况居多，即使有时表面上是训诂，实则还是与义理有关，比如下面这个例子：

---

① 葛莱：《焦循〈孟子正义〉研究》，扬州大学2012年博士论文，第67—80页。该论文只统计直接征引《周易》文本的次数，且并不完全，但诸文献被引次数比例大体准确。

《孟子·公孙丑上》："必有事焉而勿正，心勿忘，勿助长也。"

赵注：言人行仁义之事，必有福在其中，而勿正但以为福，故为仁义也。但心勿忘其为福，亦勿汲汲助长其福也。

焦疏：忘通妄，即《易》"无妄"之妄。事即"通变之谓事"之事。正通止，即"终止则乱"之止。通变则为道为义，勿止则自强不息，勿妄则进德修业，此孟子发明《周易》之旨，故深于《易》者，莫如孟子也。(《正义》卷六，第203—204页)

焦循以《周易》为据径改"忘"为"妄"，对"事"与"正"的训解也以《周易》为根据，表面上是做文字的疏通，实则挂心于易理的发挥，与赵岐严格依循经文解释有着很大的不同。当然，即便在疏文中不时假训诂而明义理，但是，训诂的形式对于思想的创发终究还是一种束缚，焦循在疏文中经常脱离文献学的路径，利用易理，直接展开对孟学关键命题的解释和孟学的重新建构。

三、"通变观"对孟学关键命题的解释

孟子思想涵盖甚广，若以今天的学科划分，大致包含了道德哲学、政治学、历史学、文献学、教育学、修辞学等领域，而涉及的每个领域又由若干个关键命题组成。焦循利用《周易》"通变观"至少对以下十三个孟学的关键命题进行了重新解释，它们是：1.辟异端；2.仁政；3.道统（孔孟关系）；4.四辞；5.性善；6.言必称尧、舜；7.赤子之心；8.尽心知性；9.人之异于禽兽者几希；10.深造自得；11.《诗》亡然后《春秋》作；12.知人论世；13.经权。相对于以上命题的通行解读，焦循的疏解既有发展、有补充、有背离，也有另辟蹊径，都在不同程度上对传统解释构成了挑战。下面我们就选取三个有代表性的命题进行分析，展示"以《易》释《孟》"的学术创造力。

（一）辟异端

孟子生当战国乱世，以孔子信徒自居，一生处在与其他学派不停的论争中，主要的论争对手是杨朱学派和墨家。一般认为，孟子"距杨墨"以辟异端的原因是杨、墨的学说与孔子思想相抵触，其目的是扫荡邪说，恢复儒家大道。比如颜之推曾说："墨翟之徒，世谓热腹，杨朱之侣，世谓冷肠；肠不可冷，腹不可热，当以仁义为节文尔。"[①] 杨、墨的学说因为与"仁义"相抵触，皆在"不可"之列。颜说可视为汉唐学术对这一问题的典型看法，宋人朱熹对孟子"距杨墨"的理解与颜之推一脉相承，他在《孟子集注》中疏解"逃墨必归杨"章时指出，"此章见圣贤之于异端，距之甚严，而于其来归，待之甚恕。距之严，故人知彼说之为邪；待之恕，故人知此道之可反，仁之至，义之尽也"[②]。"距"字点出彼此之间有严格的界限，界限的两端是不相容的，且有正邪之分，邪说唯一的出路在于向儒家靠拢，回归大道。朱熹的看法贯穿于他对《论语》的理解中，他在解释《论语》"攻乎异端"一语时也说："这处须看他如何是异端，如何是正道……习于彼，必害于此；既入于邪，必害于正。"[③] 相较于前人，焦循对这个命题的理解有者明显的不同：

> 何为异端？各持一理，此以为异己也而击之，彼亦以为异己也而击之，未有不成其害者。杨墨各持一说，不能相通，故为异端。孟子之学，通变神化，以时为中，易地皆然，能包容乎百家，故能识持一家之说之为害也。苟不能为通人，以包容乎百家，持己之说，而以异己者为异端，则辟异端者，即身为异端

---

① 王利器：《颜氏家训集解》，《新编诸子集成》本，中华书局1993年版，第338页。
② 朱熹：《四书章句集注》，《新编诸子集成》本，中华书局1983年版，第371页。
③ 黎靖德：《朱子语类》，中华书局1994年版，第586页。

也。(《正义》卷一，第 10 页)

　　《易·系传》云："天下何思何虑，天下同归而殊涂，一致而百虑。"途既殊，则虑不可不百，虑百则不执一也。杨子为我，执一于为我也。墨子兼爱，执一于兼爱也。孟子所以距杨墨，距其执一也……圣人之道，善与人同，执两端以用其中，故执中而非执一……孟子学尧舜孔子之道，知道在变通神化，故杨墨之执一，不知变通，则距之。不然，杨朱屏气虚名，齐生死，固高旷绝俗之士。至墨翟以救世为心……读其书，岂不谓之仁人君子？(《正义》卷二十七，第 917—920 页)

　　焦循首先认为，所谓"异端"，就是各持己见，且己见与他说不能相通，进而排斥异己者。如果按照这个界定，一般理解中"距杨墨"的孟子本身即为"异端"，所谓"以异己者为异端，则辟异端者，即身为异端也"。所以，孟子所距者，非杨、墨学说本身，而是杨、墨对待其他学说时"执一"的态度（"距其执一也"）。焦循肯定了思想多元的合理性（"虑不可不百"），并且认为孟子秉持《周易》"变通"之道，批驳杨、墨，是为了并存诸家（杨朱乃"高旷绝俗之士"，墨翟以"救世为心"，皆"仁人君子"），通过"变"，实现"通"，相互融合（"善与人同，执两端以用其中"）。我们可以这样说，在过往的解释中，杨、墨之非在于他们的学说内容与儒家相背离，儒家学说为"正统"，则杨、墨学说必为"异端"；而在焦循的解释中，杨、墨之非在于他们排斥异己，绝不包容的态度与品格，而在学说内容上，焦循则并未强调儒家的中心地位，他重视的是各家之间的"变通"融合。

（二）道统

　　儒家圣人之间有直接或间接的传承关系，这种传承从中唐开始被学者所重视，开始有意识地梳理，最终创制了圣人传承的谱系，这就是所谓的

"道统"。虽然在唐宋两代有不同的"道统"说并存，但影响最大的还是韩愈在《原道》中提出的"尧、舜、禹、汤、文、武、周公、孔、孟"相传说。孟子"言必称尧、舜"（《滕文公上》），他曾表示自己私淑孔子（《离娄上》），这些应该都是韩愈建构"道统"的重要文献依据，换言之，《孟子》与中唐之后"道统"说的建构关系密切。焦循在《正义》中也特别重视对这个问题的探讨，他明确了孟子承继孔子的内涵，在"道统"谱系中加入了伏羲、神农和黄帝，并对此做出了解释，而这些，也都是在"通变"说的关照下完成的。

唐宋儒学的一个重要贡献是"发现"孟子，将其列为直接承继孔子的圣人，但是，孟子究竟是在什么意义上传接孔子？韩愈的回答是"博爱之谓仁，行而宜之之谓义，由是而之焉之谓道……斯吾所谓道也……孔子传之孟轲"[1]，也就是孟子继承并实践了孔子的"仁义"学说，这是他能进入圣人谱系的理由。焦循对这个问题的解释却是另辟蹊径。根据记载，公孙丑曾经请孟子比较评价过伯夷、伊尹和孔子三人：

> 曰："伯夷、伊尹何如？"曰："不同道。非其君不事，非其民不使；治则进，乱则退：伯夷也。何事非君，何使非民；治亦进，乱亦进：伊尹也。可以仕则仕，可以止则止，可以久则久，可以速则速：孔子也。皆古圣人也。吾未能有行焉；乃所愿，则学孔子也。""伯夷、伊尹于孔子，若是班乎？"曰："否。自有生民以来，未有孔子也。"（《正义》卷六，第 215—216 页）

孟子大大赞赏了孔子一番，并表示愿意学习孔子，这是孟子承继孔子的直接证据，焦循以此为本，展开诠释：

---

[1] 马其昶：《韩昌黎文集校注》第一卷，上海古籍出版社 1987 年版，第 18 页。

《易》之道，大中而上下应之，此志帅气之学也。分阴分阳，迭用柔刚，通其变使民不倦，神而化之使民宜之，此"可仕可止，可久可速"之学也。至于通变神化，而集义之功，极于精义，求心之要，妙于先心，此伏羲、神农、黄帝、尧、舜、文王、周公相传之教，孔子备之，而孟子传之。（《正义》卷六，第219—230页）

"可仕可止，可久可速"的意思是指孔子对于做官，进退无常，完全根据时势和道义来决定，焦循认为这就是"通变神化"之学。① 从《孟子》经文来看，孟子之所以要学习孔子，就是因为孔子"可仕可止，可久可速"，所以，孟子是在"通变"这个层面上承继了孔子。因此，焦循在疏解《孟子》"唐虞禅，夏后、殷、周继，其义一也"一语时，直接点明"义者，宜也，孟子私淑孔子，全得其通变神化之学。"（《正义》卷十九，第652页）焦循还指出"通变神化"之学发源于伏羲，这当然是为了自圆其说，因为《易传》中记载了伏羲画卦，但是，孟子只是"言必称尧、舜"，并未有一语言及伏羲，对于这个矛盾，焦循疏云：

明庶物，察人伦，始于伏羲氏，其时民全不知有人伦之序，同于禽兽，直可谓之昧，不可谓之去。人道既定，庶民虽愚，皆知有人伦矣，故其不仁义也，非昧也，是去之也。舜明之察之，通变神化，使之由仁义行，由即"民可使由之"之由。是时民皆知有仁义，而莫不曰行仁，莫不曰行义，以仁济其不仁，以义济其不义，盖行仁义，正所以去仁义也。由仁义行，则百姓日用而

---

① 焦循认为"神化"是"通变"后的效果，"大而化之之谓圣，圣而不可知之之谓神，神化者，通其变而民不知也"。（焦循：《正义》卷二十六，中华书局1987年版，第895页）

不知，乃正所以存仁义也。此孟子所以不称伏羲氏而称尧舜也。
（《正义》卷十六，第 568—569 页）

"仁义"是人伦既定后的价值观，伏羲处在蒙昧时代，他的民众没有"仁义"观念是正常的。但是，正因为伏羲开创了人文，使得处于文明时期的尧舜才能通过"通变神化"之功让民众在仁义之路上不自觉地前行。尧舜是最早运用"通变神化"之学的圣人，但是，要建立在伏羲画八卦、定人伦的基础上，这就是孟子只称尧舜，而焦循却要将伏羲列入"道统"的缘由。与韩愈在《原道》中创制的"道统"说相比，其他"道统"说基本是在孟子之后做文章，试图将荀子、扬雄、王通等人纳入圣人谱系，[①]焦循却是反其道而行之，在《周易》"通变"观的指导下，他将"道统"的源头前推至伏羲，另立一说，似乎并未引起太多的注意，故特提出讨论。

（三）性善

人性论是孟子学说的核心，但是，如何理解孟子的"性善"说却是一个复杂的问题，焦循在《正义》中利用"通变观"对这个问题做出的解释，与古今学者的一般看法有所背离，其疏"性犹杞柳"章云：

> 盖人性所以有仁义者，正以其能变通，异乎物之性也。以己之心，通乎人之心，则仁也。知其不宜，变而之乎宜，则义也。仁义由于能变通，人能变通，故性善；物不能变通，故性不善，岂可以草木之性比人之性……杞柳之性，可戕贼之以为桮棬，不可顺之为仁义，何也？无所知也。人有所知，异于草木，且人有所知而能变通，异乎禽兽，故顺其能变者而变通之，即能仁义

---

① 周炽成：《唐宋道统新探》，《哲学研究》2016 年第 3 期。

也。(《正义》卷二十二，第 734—735 页)

焦循似乎并不把人性看作是一个用来思辨讨论的客观存在，而是一个主体性问题，"性善"是人作为主体，具有了"通变"意识，然后进行抉择的结果。从这个意义上说，孟子的"性善论"并非是一种阐明人类道德生活的超越真理，而只是一种经验理论。也就是说，焦循认为"性善"的本质是"人性向善"，而非"人性本善"。但是，一般持"人性向善"说的学者依然承认"人性"与"物性"在根本上是不同的，孟子本人也曾严厉地批评告子："然则犬之性犹牛之性，牛之性犹人之性与？"(《告子上》) 但是，焦循却认为"人""物"之性是相同的，其疏"食色性也"章云：

> 饮食男女，人之大欲存焉。欲在是，性即在是。人之性如是，物之性亦如是。惟物但知饮食男女，而不能得其宜，此禽兽之性，所以不善也。人知饮食男女，圣人教之，则知有耕凿之宜，嫁娶之宜，此人之性所以无不善也。人性之善，所以异于禽兽者，全在于义。义外非内，是人性中本无义矣。性本无义，将人物之性同。(《正义》卷二十二，第 743 页)

焦循不仅认为"人""物"之性同，而且认可告子"义外非内"之说。在《性善解》这篇专题论文中，他也明确表示，"性善之说，儒者每以精深言之，非也。性无他，食色而已。饮食男女，人与物同之"[1]。一般而言，注疏不能提出与经文原意明显背离的解释，焦循何以如此"激进"？我们认为这与他所持的"通变"说有关，或者说这是"通变"说逻辑推演的必

---

[1] 焦循：《雕菰集》卷九，《焦循诗文集》，广陵书社 2009 年版，第 158 页。

然要求。焦循认为，人有"知"而物无"知"，有"知"才能"通变"，唯有"通变"才能有"仁义"，才能实现"性善"。他说"以己之心，通乎人之心，则仁也。知其不宜，变而之乎宜，则义也"。那么，"通变"不仅是实现仁义的手段，"通变"其实也是仁义的内涵。他说"义外非内，是人性中本无义"，即"通变"对于人性来说是一种外在而高悬的大道，指导着人性从与物性相同的蒙昧中走向"仁义"的善境。所以，"通变"不仅是方法，更是焦循人性探讨中真正的本体，而只有预设人性与物性本原相同，才能凸显"通变"的神化之功。对于思想型的诠释者来说，在诠解的过程中，尊重原典与建构解释体系之间经常出现矛盾，而他们的选择往往是体系建构优先，焦循对于《孟子》"性善"说的诠释也不例外，而这种进路也成为汉代以后中国学术创发思想的主要途径。

四、思想体系的建构

《正义》区别于其他清人经疏的超绝之处，在于它不仅对孟学的关键命题做出了精当的新解，更在于这些解释能够融会贯通，形成了既属于《孟子》，更属于焦循的新的思想体系。虽然《正义》所采取的逐句注经的形式，在一定程度上阻碍了思想的贯通，然而仔细梳理，通过以点带面的还原，还是能够彰显"隐藏"其中的思想结构。

如何判断思想是否形成"体系"，似乎难以有一个所有人公认的标准。刘笑敢在讨论中国的哲学诠释学时，曾就判定一个人的思想是否形成哲学体系提出了四个标准：1. 思想必须以讨论哲学问题为主；2. 有丰富、多侧面的内容；3. 多侧面的思想之间有内在的统一性和连贯性；4. 思想有相当的独特性和创造性。① 这四个标准大致可以成立，用其对照《正义》，我

---

① 刘笑敢：《经典诠释与体系建构：中国哲学诠释传统的成熟与特点刍议》，载李明辉编：《儒家经典诠释方法》，喜马拉雅基金会 2003 年版，第 43—44 页。

们能更加清晰地认知焦循的思想创发与建构。① 由于本文第三部分已经充分展示了《正义》"以《易》释《孟》"有着丰富的内容，并且这些内容具备很强的创新性，所以，我们在此将讨论的重点放在上述四个标准的第三项，即以"《易》释《孟》"所表现出的丰富内容是否具备内在的统一性和连贯性。

焦循在《正义》中使用"通变"（或"变通"）一词，其词性基本为动词，而一个词只有实现名词化，才能成为概念或范畴，围绕它的思想或哲学讨论才能展开，但这不妨碍焦循在他的思想体系中赋予"通变"以本体的地位。"道"是中国各家思想进行本体论探讨时都接受的概念，焦循在《正义》中对其有如下界定：

> "一阴一阳之谓道"，道者，反复变通者也。（《正义》卷十六，
> 第 559 页）

焦循将"道"这个名词概念的实质界定为"反复变通"，其实已经赋予了"通变"以本体的地位。

"通变"不仅是本体，也是方法，其疏"曾元养曾子"（《离娄上》）云：

> 孟子深于《易》，悉于圣人通变神化之道……盖不独平天下
> 宜如是也。人伦日用，均宜如是……如父之教子，宜以正矣；有
> 时而"势不行"，则宜变通，使"易子而教"。（《正义》卷十五，
> 第 525 页）

---

① 刘笑敢用这四个条件来衡量"哲学体系"是否创立，而《正义》所探讨的问题领域并不局限于哲学，只不过很多讨论最后上升到了哲学的层面。是否所有能够称为"思想"的理念都是"哲学"的，仍然是一个有争议的问题，所以在文章中我们指称焦循建立的是"思想体系"，而并不称之为"哲学体系"。

父亲以"正"教养子女是经常法则，但是，随着情势的不同则需要变通，"易子而教"虽然与经常法则背离，属于"权"的范畴，但是，"权者，变而通之之谓也，变而通之，所谓反复其道也"（《正义》卷十五，第522页），依然没有离开"道"的笼罩。从平天下到人伦日用，"通变"的方法是普适的。焦循对于"通变"作为本体的特征并未有过多的讨论，他重视的是"通变"作为"用"的面向，所以，他在疏解"徒法不能以自行"（《离娄上》）时强调"非法，无以为通变神化之用也"。（《正义》卷十四，第484页）

但是，任何"通变"都不是奋其私智的结果，需要历史的运用，在历史传承中实现，也就是要有所谓的"因"：

> 孟子之学，在习先圣之道，行先王之道；习先圣之道，行先王之道，必诵其诗，读其书，博学而详说之，所谓因也。仰观于天，俯察于地，近取诸身，远观于物，伏羲所因也。神农则因于伏羲，黄帝、尧、舜则因于神农，惟其因，乃有所变通。（《正义》卷十四，第474页）

这是就圣王创造历史而言，要有所"因"，而个人的修习也应如此，其疏"深造自得"（《离娄下》）云：

> 博学而不深造，则不能精；深造而不以道，则不能变；精且变，乃能自得；自得，乃能不疾而速，不行而至，为至神也。非博学，无以为深造之本；非深造，无以为以道之路；非以道，无以为自得之要；非自得，无以为致用之权。（《正义》卷十六，第559页）

"致用之权"就是指在人伦日用中践行"通变"，这需要博学有所"因"作为基础。焦循特别重视博学，认为这是能够"通变"的根本，圣人也不例外：

> 孔、孟所以重博学者，即尧舜变通神化之本也。人情变动，不可以意测，必博学于古，乃能不拘一端。彼徒执一理，以为可以胜天下，吾见其乱矣。（《正义》卷十六，第 561 页）

焦循在《正义》中数次批评明人学问空疏，因此，他对于"通变"必有所"因"的强调，有清学反动明学的时代色彩。同时，从认识论的层面来看，我们依靠经验来认识世界，唯有博学有因才能尽可能地扩充经验，不被自己的狭隘蒙蔽，进而更好地进行"通变"。

除了有"因"、能"用"，"通变"还要有"规矩"，其疏"不以规矩，不能成方圆"（《离娄上》）云：

> 圣人既竭目力，仍必继之以规矩准绳。规矩准绳，但准目力，先王所制而用也，虽圣人不能不继述之。惟其继述规矩准绳，而目力所竭，乃能不穷其用；倘舍去规矩准绳，但准目力，方圆平直必不能以臆成之，而其用穷矣。不可胜用犹云用之不穷。圣人原非全恃规矩准绳而不竭目力，然其通变神化，在耳目心思，而必继述规矩准绳，而耳目心思所竭乃能通变神化，运用不穷也。（《正义》卷十四，第 485 页）

焦循并没有明确"规矩准绳"的内涵，但结合《孟子》本章的上下文来看，此"规矩准绳"无疑是指在先王之道指导下建立起来的伦理原则和礼法制度。"通变"作为处理个人与外部世界关系以及自我修习的一种原则与方法，有其适用的范围，就是不能突破先王之道确立起来的"规矩准绳"。

综上所论，在《正义》中，焦循确立了"通变"的本体地位，同时通过有"因"、能"用"以及"规矩"三个维度，交互编织，构建起"通变"观解说下的孟子学体系。如果按诸《孟子》原典，这个体系难免罅隙，但是注疏学的生命力就从这些罅隙处蓬勃而生。

五、经典互证

《正义》以《周易》诠解《孟子》，不仅给予孟学的关键命题以新的解释，构建起新的孟子学，它的实践还是经学注疏学史上一种特殊诠释方法的代表，这种方法我们称之为"经典互证"。"经典"，自然是指汉代确立的"五经"，以及至宋代衍生完成的"十三经"。所谓"互证"，并不是指在特定的两部经典之间一定要进行双向解释——比如在《正义》中，焦循以《周易》诠释《孟子》是单向的——而是指在整个经典系统内部，任何一部经典从理论上都可以用来诠释另一部经典，在全部经典之间形成可以相互解释、证明的循环。这种现象在经学注疏史上并不罕见，西汉经学确立之时，这种现象已经存在，《汉书·眭两夏侯京翼李传》载：

> （夏侯建）又从《五经》诸儒问与《尚书》相出入者，牵引以次章句，具文饰说。

由于文献阙如，我们无法一睹夏侯建《尚书》章句学的原貌，但是，他采择其他经典中"与《尚书》相出入者"来构建他的学说，无疑是运用"经典互证"法较早的例子。古人运用这种方法是自觉的，但是，对于这种方法得以成立的前提、运用的原则以及该方法的效果与意义，都缺乏主动的探究，只有一些笼统的认识，比如王安石作《诗义》时就多"以《礼》解

《诗》"，原因是他认为"《诗》《礼》足以相解，以其理同故也"①。这样的认识无疑需要扩展和深化，我们在此以《正义》为例，尝试对上述问题做出初步的回应。

经典互证方法得以成立的前提，应该是基于如下的认知，即各种经典原本就是一个整体，共同承载了上古遗留下来的大道。《汉书·楚元王传》载刘歆云：

> 昔唐虞既衰，而三代迭兴，圣帝明王，累起相袭，其道甚著。周室既微而礼乐不正，道之难全也如此。是故孔子忧道之不行，历国应聘。自卫反鲁，然后乐正，《雅》《颂》乃得其所；修《易》，序《书》，制作《春秋》，以纪帝王之道。

周室衰微导致大道破碎，孔子重整"五经"的目的就是为了恢复大道之"全"，"五经"本是整体的涵义不言而喻。《论语》《孟子》等后起经典，是大道的衍生，与"五经"在本质上并无不同，赵岐说《论语》是"五经之錧鎋，六艺之喉衿"（《正义》卷一，第14页），焦循在《正义》中也一再强调孟子是从伏羲到孔子的道统的继承者，所以，《论语》《孟子》等后起经典加入互证的体系，并无学理上的障碍。经典虽同为整体中的部分，但各自承担的使命不同，《史记·太史公自序》司马迁转述董仲舒之语云：

> 《易》著天地阴阳四时五行；《礼》经纪人伦；《书》记先王之事；《诗》记山川溪谷禽兽草木牝牡雌雄；《乐》乐所以立；《春秋》辩是非。

---

① 王安石：《答吴子经书》，《王文公文集》卷七，上海人民出版社1974年版，第88页。

如果把全部经典看作是一个整体结构，每部经典承担着不同使命就说明它们在这个结构中有着不同的地位和作用，是有机地结合在一起的。经典互证，也就是有机部分之间的转相发明更足以揭示整体——也就是大道——的特征。

经典互证，从根本上说，是用一部经典特有的思想或哲学去理解另外一部经典，就如同在《正义》中，焦循用《周易》的"通变"思想去诠释《孟子》。但是，如何保证这种理解不是望文生义甚至是兴到乱说？或者说如何保证阐释的客观性？我们认为主要的原则是要实现阐释的意义（significance）与被阐释经典的文本意义（meaning）之间的融通。以《正义》为例，这种融通有两种途径，其一是被诠释经典的文本意义（meaning）自然呈现出与阐释意义的（significance）相同或相似。比如《离娄下》孟子评价商汤：

汤执中，立贤无方。(《正义》卷十六，第569页）

"无方"就是无常，通变无定之意，这说明焦循所持的"通变观"在《孟子》文本中是有根据的。其二是被诠释经典不自然呈现出这种融通，需要诠释者进行阐释，比如同章孟子评价周公：

周公思兼三王，以施四事，其有不合者，仰而思之，夜以继日，幸而得之，坐以待旦。

周公通过苦思终于获得承继三王的要旨，但是，"思"与"得"中间的曲折，孟子并未明言。焦循疏云：

细审此章之指，云"兼三王"，明三王不相沿袭可知也。云

"其有不合,仰而思之",则所以通变神化可知也。(《正义》卷
十六,第571页)

通过阐释,我们知道周公之所以能够承继三王,还是紧扣"通变神
化"。这样的理解置于《孟子》文本之中,并不违背其文本意义(meaning),
是正当而成功的。这种阐释可以说是第一层级的阐释,作用是消解阐释者
的思想与文本之间的鸿沟,只有实现了这样的融通,真正的思想创造才能
展开。

最后略谈一下经典互证方法的作用与意义。从汉代确立"五经"开始,
儒家的文献体系基本确立,但是,儒家的思想一直在发展,主要的创发形
式是经典注疏。注疏如果只是单纯的文本考证和经义训诂,显然不能取得
哲学的突破,有时过分关注字义、句义的训释反而会阻碍思想的发展。那
么,庞大的经典注疏中一定存在着丰富的创造意义的手段,比如我们熟知
的宋代理学家在注释《四书》时曾援禅宗思想入儒家。焦循以《周易》解
释《孟子》则代表了另一种方法,即在儒家经书内部互相印证,这种方法
表面上看来是从文献体系层面维护了儒家的保守性,事实上却展现了一种
创造性,即在保证经学文献体系不变的情况下,通过内部整合,丰富或者
说复杂了经典的意义结构。即便从价值的角度来说,这种新创依然是保守
的,比如《正义》的诠释并未从根本上挑战汉代以来儒家的基本价值观,
但是,论证此价值的哲学思维却获得了新的发展。

参考文献

A

［日］安居香山、中村璋八：《纬书集成》，河北人民出版社 1994 年。

［日］岸本美绪：《"风俗"与历史观》，（台湾）《新史学》第 13 卷第 3 期。

B

班固：《两都赋》，《文选》，上海古籍出版社 1986 年版。

C

陈国庆：《汉书艺文志注释汇编》，中华书局 1983 年版。

陈来：《古代宗教与伦理——儒家思想的根源》，生活·读书·新知三联书店 1996 年版。

陈立：《白虎通疏证》，吴则虞点校，《新编诸子集成》本，中华书局 1994 年版。

陈奇猷：《吕氏春秋新校释》，上海世纪出版股份有限公司、上海古籍出版社 2002 年版。

陈启云：《儒学与汉代历史文化》，《陈启云文集》第二卷，广西师范大学出版社 2007 年版。

陈启云：《荀悦与中古儒学》，高专诚译，辽宁大学出版社 2000 年版。

陈寿祺：《尚书大传辑校》，《皇清经解续编》本第十册，凤凰出版集团、凤凰出版社 2005 年版。

陈振孙：《直斋书录解题》，徐小蛮、顾美华点校，上海古籍出版社1987年版。

崔适：《史记探源》，中华书局1986年版。

D

杜预：《春秋经传集解》，《春秋左传正义》，阮刻"十三经注疏"本，艺文印书馆2007年版。

F

范文澜：《文心雕龙注》，人民文学出版社1958年版。

范晔：《后汉书》，中华书局点校本，中华书局1965年版。

范希曾：《书目答问补正》，瞿凤起点校，上海古籍出版社1983年版。

弗雷泽：《金枝》(*The Golden Bough*)，徐育新等译，新世界出版社2006年版。

傅斯年：《战国子家叙论》，刘梦溪主编：《中国现代学术经典·傅斯年卷》，河北教育出版社1996年版。

富谷治：《木简竹简述说的古代中国》，刘恒武译，人民出版社2007年版。

G

高亨：《周易大传今注》，齐鲁书社1998年版。

葛兆光：《中国思想史》，复旦大学出版社2005年版。

顾颉刚：《春秋时代的孔子和汉代的孔子》，《顾颉刚古史论文集》第二册，中华书局1988年版。

顾颉刚：《秦汉的方士与儒生》，世纪出版集团、上海古籍出版社1998年版。

郭庆藩：《庄子集释》，王孝鱼点校，中华书局 2004 年版。

高原：《试论作为"子书"的〈红楼梦〉》，《中国古代小说戏剧研究丛刊》2008 年第 2 期。

H

汉学研究中心：《两汉诸子研究论著目录（1912—1996）》，汉学研究中心 1998 年版。

韩林合：《维特根斯坦〈哲学研究〉解读》，商务印书馆 2010 年版。

贺昌群：《魏晋清谈思想初论》，辽宁教育出版社 1998 年版。

胡适：《先秦名学史》（ *The Development of the Logical Method in Ancient China* ），《先秦名学史》翻译组，学林出版社 1983 年版。

何志华：《高诱注解发微：从〈吕氏春秋〉到〈淮南子〉》，香港中文大学 2007 年版。

胡适：《中国哲学史大纲》，上海古籍出版社 1997 年版。

黄晖：《论衡校释》，《新编诸子集成》本，中华书局 1990 年版。

黄汝成：《日知录集释》，栾保群、吕宗力点校，上海世纪出版股份有限公司、上海古籍出版社 2006 年版。

黄侃：《汉唐玄学论》，滕志贤编：《新辑黄侃学术文集》，南京大学出版社 2008 年版。

黄俊杰：《中国孟学诠释史论》，社会科学文献出版社 2004 年版。

J

蒋伯潜：《诸子通考》，浙江古籍出版社 1985 年版。

姜生：《〈风俗通义〉等文献所见东汉原始道教信仰》，《宗教学研究》1998 年第 1 期。

焦循：《孟子正义》，沈文倬点校，中华书局 1987 年版。

焦循：《易馀籥录》，《焦循诗文集》本，刘建臻点校，广陵书社 2009 年版。

金春峰：《汉代思想史》，中国社会科学出版社 2006 年版。

金谷治：《邹衍的思想》，司有伦、葛荣晋译，辛冠华等编：《日本学者论中国哲学史》，中华书局 1986 年版。

靳希平：《亚里士多德传》，河北人民出版社 1997 年版。

［德］伽达默尔著，洪汉鼎译：《诠释学Ⅱ：真理与方法》，商务印书馆 2007 年版。

K

卡尔·雅斯贝斯：《历史的起源与目标》（*The Origin and Goal of History*），魏楚雄、俞新天译，华夏出版社 1989 年版。

康有为：《春秋董氏学》，中华书局 1990 年版。

L

李开元：《复活的历史》，中华书局 2007 年版。

李零：《简帛古书与学术源流》，生活·读书·新知三联书店 2004 年版。

李零：《去圣乃得真孔子——〈论语〉纵横读》，生活·读书·新知三联书店 2008 年版。

李零：《人往低处走——〈老子〉天下第一》，生活·读书·新知三联书店 2008 年版。

李零：《说"黄老"》，《李零自选集》，广西师范大学出版社 1998 年版。

李零：《先秦诸子的思想地图》，《何枝可依》，生活·读书·新知三联书店 2009 年版。

李零：《中国方术正考》，中华书局 2006 年版。

李学勤：《申论〈老子〉的年代》，《古文献丛论》，上海远东出版社

1996 年版。

李金松：《述学校笺》，中华书局 2014 年版。

李约瑟：《中国古代科学思想史》，陈立夫主译，江西人民出版社 2006
年版。

林庆彰：《两汉章句之学重探》，《中国经学史论著选集》上册，（台北）
文史哲出版社 2008 年版。

刘宝楠：《论语正义》，高流水点校，中华书局 1990 年版。

刘文典：《淮南鸿烈集解》，冯逸、乔华点校，中华书局 1989 年版。

刘小枫：《儒教与民族国家》，华夏出版社 2007 年版。

刘跃进：《秦汉文学论丛》，凤凰出版社 2008 年版。

刘明怡：《从应劭著述看汉末学术风气的变迁》，《许昌学院学报》第
25 卷第 6 期。

刘笑敢：《经典诠释与体系建构：中国哲学诠释传统的成熟与特点刍
议》，载李明辉编：《儒家经典诠释方法》，台北喜马拉雅基金会 2003 年版。

吕思勉：《经子解题》，《中国文化思想史九种》上册，《吕思勉文集》
本，上海古籍出版社 2009 年版。

柳诒征：《中国文化史》，上海古籍出版社 2001 年版。

楼宇烈：《老子道德经注校释》，《新编诸子集成》本，中华书局 2008
年版。

M

马其昶：《韩昌黎文集校注》，上海古籍出版社 1987 年版。

蒙文通：《孔子与今文学》，《经史抉原》，巴蜀书社 1995 年版。

N

聂学慧、刘思禾：《"诸子问题"与帝国逻辑的演绎》，《探索与争鸣》

2013 年第 7 期。

P

潘吉星：《中国科学技术史》，科学出版社 1998 年版。

彭铎：《潜夫论笺校正》卷十，汪继培笺，《新编诸子集成》本，中华书局 1986 年版。

皮锡瑞：《经学历史》，周予同注释，中华书局 1959 年版。

Q

钱存训：《书于竹帛》，上海书店出版社 2006 年版。

钱穆：《〈易传〉与〈小戴礼记〉中之宇宙论》，《中国学术思想史论丛》第二册，安徽教育出版社 2004 年版。

钱穆：《国学概论》，商务印书馆 1997 年版。

钱穆：《两汉博士家法考》，载其《两汉经学今古文平议》，商务印书馆 2001 年版。

钱穆：《秦汉史》，生活·读书·新知三联书店 2004 年版。

钱穆：《先秦诸子系年》，商务印书馆 2001 年版。

钱穆：《中国近三百年学术史》，商务印书馆 1997 年版。

清水茂：《纸的发明与后汉的学风》，《清水茂汉学论集》，蔡毅译，中华书局 2003 年版。

R

任继愈：《先秦无六家说》，《中国哲学史论集》，上海人民出版社 1981 年版。

任继愈：《中国哲学发展史》，人民出版社 1986 年版。

S

司马迁：《史记》，中华书局标点本，中华书局 1982 年版。

苏舆：《春秋繁露义证》，中华书局 1992 年版。

苏舆：《春秋繁露义证》，钟哲点校，中华书局 1992 年版。

孙诒让：《周礼正义》，王文锦、陈玉霞点校，中华书局 1987 年版。

孙诒让：《札迻》卷七，雪克、陈野点校，许嘉璐主编：《孙诒让全集》本，中华书局 2009 年版。

孙少华：《桓谭年谱》，社会科学文献出版社 2012 年版。

孙少华：《诸子"短书"与汉代"小说"观念的形成》，《吉林大学社会科学学报》第 53 卷第 3 期。

孙启治：《申鉴注校补》，《新编诸子集成》本，中华书局 2012 年版。

《睡虎地秦墓竹简》整理小组：《睡虎地秦墓竹简》，文物出版社 1977 年版。

T

唐晏：《两汉三国学案》，吴东民点校，中华书局 1986 年版。

田晓菲：《诸子的黄昏：中国中古时代的子书》，《中国文化》第 27 期。

田晓菲：《烽火与流星：萧梁王朝的文学与文化》，中华书局 2010 年版。

W

汪荣宝：《法言义疏》，陈仲夫点校，中华书局 1987 年版。

王国维：《观堂集林》，中华书局 1959 年版。

王利器：《风俗通义校注》，中华书局 1981 年版。

王利器：《新语校注》，中华书局 1986 年版。

王鸣盛：《十七史商榷》，黄曙辉点校，世纪出版集团、上海书店出版社 2005 年版。

王先谦:《汉书补注》,上海师范大学古籍整理研究所整理,世纪出版股份有限公司、上海古籍出版社 2008 年版。

王先谦:《荀子集解》,沈啸寰、王星贤点校,中华书局 1988 年版。

王先慎:《韩非子集解》,钟哲点校,中华书局 1998 年版。

王夫之:《张子正蒙注》,中华书局 1975 年版。

王晓葵:《"风俗"概念的近代嬗变》,《文化遗产》2010 年第 3 期。

王元化:《读文心雕龙》,新星出版社 2007 年版。

王懋竑:《朱熹年谱》,何忠礼点校,中华书局 1998 年版。

魏征等:《隋书》,中华书局 1973 年版。

温公颐:《关于胡适的〈先秦名学史〉》,《先秦名学史》所附。

巫鸿:《中国古代艺术与建筑中的纪念碑性》,李清泉、郑岩等译,上海人民出版社 2009 年版。

吴根友、黄燕强:《博明万事为子——诸子学在当代开展的新思考》,《社会科学战线》2013 年第 7 期。

吴树平:《东观汉记校注》,中华书局 2008 年版。

X

徐复观:《两汉思想史》,华东师范大学出版社 2001 年版。

徐公持:《应劭:从官员到文士的华丽转身》,《文史知识》2013 年第 1 期。

徐湘霖:《中论校注》上卷,巴蜀书社 2000 年版。

徐兴无:《谶纬文献与汉代文化构建》,中华书局 2003 年版。

徐兴无:《刘向评传》,南京大学出版社 2005 年版。

徐兴无:《取义——中国经学思想史中的诠释传统》,蒋广学主编:《古代百科学术与中国思想的发展》,南京大学出版社 2010 年版。

徐兴无：《经纬成文：汉代经学的思想与制度》，凤凰出版社 2015 年版。

徐中舒：《经今古文问题综论》，《纪念顾颉刚先生学术论文集》，巴蜀书社 1990 年版。

许维遹：《韩诗外传集释》，中华书局 1980 年版。

许倬云：《求古编》，新星出版社 2006 年版。

许逸民：《金楼子校笺》，中华书局 2011 年版。

Y

严耕望：《严耕望史学论文选集》，中华书局 2006 年版。

严可均：《全上古三代秦汉三国六朝文》，上海古籍出版社 2009 年版。

阎振益、钟夏：《新书校注》，中华书局 2000 年版。

杨伯峻：《春秋左传注》，中华书局 1990 年版。

杨明照：《抱朴子外篇校笺》，《新编诸子集成本》本，中华书局 1997 年版。

杨树达：《汉书窥管》，上海古籍出版社 2006 年版。

杨树达：《论语疏证》，上海世纪出版股份有限公司、上海古籍出版社 2006 年版。

姚振宗：《后汉艺文志》，《二十五史补编》本，中华书局 1955 年版。

姚名达：《中国目录学史》，《蓬莱阁丛书》本，上海古籍出版社 2002 年版。

叶瑛：《文史通义校注》，中华书局 1985 年版。

永瑢等：《四库全书总目》，中华书局 1965 年版。

余敦康：《魏晋玄学史》，北京大学出版社 2004 年版。

余嘉锡：《古书通例》，中华书局 2007 年版。

俞伟超：《含山凌家滩玉器和考古学中研究精神领域的问题》，《文物研究》第五辑，1989 年版。

袁行霈:《陶渊明集笺注》，中华书局 2003 年版。

Z

查屏球:《纸简替代与汉魏晋初文学新变》，《中国社会科学》2005 年第 5 期。

章太炎:《国故论衡》，上海古籍出版社 2003 年版。

章宗源:《隋书经籍志考证》，《二十五史补编》本，中华书局 1955 年版。

张岱年:《中国古典哲学概念范畴要论》，中国社会科学出版社 1987 年版。

郑樵:《通志二十略》，王树民点校，中华书局 1995 年版。

周中孚:《郑堂读书记》，上海书店出版社 2009 年版。

周炽成:《唐宋道统新探》，《哲学研究》2016 年第 3 期。

朱骏声:《说文通训定声》，武汉古籍书店 1983 年版。

朱谦之:《新辑本桓谭新论》,《新编诸子集成》续编本，中华书局 2009 年版。

诸祖耿:《战国策集注汇考（增补本）》，凤凰出版传媒集团、凤凰出版社 2008 年版。

庄述祖:《白虎通义考》，见《白虎通疏证》附录。

后　记

　　本书源自我的博士论文《东汉诸子的兴起》，2010年5月在南京大学获得通过。2011年，以该论文为基础，我申报并获批国家社科基金青年项目，2017年提交鉴定并结项，本书即为结项成果。国家社科基金项目有明确规定，最终结项成果相比于博士论文，必须有本质的修改，所以本书约百分之八十的篇幅是重新撰写，主要集中在《新论》《论衡》《潜夫论》《风俗通义》和《申鉴》五部书的个案研究上。即便如此，基本的判断和思路还是沿着博士论文而展开。

　　因为源自博士论文，所以本书在一定程度上可以看作是自己学业的总结。我要真诚地感谢导师徐兴无教授，虽然整体写作仍然欠缺扎实与丰厚，但一些略有心得的判断无不来自兴无老师的启发。更重要的是，读博三年，兴无老师课上、课下的教诲与提点，深刻影响并塑形了我的观念和行事。回想博一在鼓楼校区老文科楼六楼，博二、博三在逸夫楼十八楼会议室每周一次的师生见面会，至今仍然感念不已。

　　工作九年来，江苏第二师范学院的领导和师长对我的专业发展一直很关心，尤其是冯保善教授，他始终关注着本书的写作和出版，对我多有鼓励。责编宰艳红女士为本书出版付出了很多辛劳，她的宽容与细心给我留下了深刻印象。

　　最后，我要将本书献给我的父母和妻子。父母用无言之爱支撑我完成了学业；妻子在写作最困难的时刻，给予我巨大的鼓励。

杨思贤

2019年9月于南京龙江

责任编辑：宰艳红

责任校对：白　玥

图书在版编目（CIP）数据

子书与东汉学术转型/杨思贤 著. —北京：人民出版社，2019.11
ISBN 978－7－01－021216－6

Ⅰ.①子⋯　Ⅱ.①杨⋯　Ⅲ.①学术思想-思想史-研究-中国-东汉时代

Ⅳ.①B234.05

中国版本图书馆 CIP 数据核字（2019）第 189718 号

子书与东汉学术转型

ZISHU YU DONGHAN XUESHU ZHUANXING

杨思贤　著

人民出版社 出版发行

（100706　北京市东城区隆福寺街 99 号）

环球东方（北京）印务有限公司印刷　新华书店经销

2019 年 11 月第 1 版　2019 年 11 月北京第 1 次印刷
开本：710 毫米×1000 毫米 1/16　印张：20
字数：270 千字

ISBN 978－7－01－021216－6　定价：70.00 元

邮购地址 100706　北京市东城区隆福寺街 99 号
人民东方图书销售中心　电话 （010）65250042　65289539